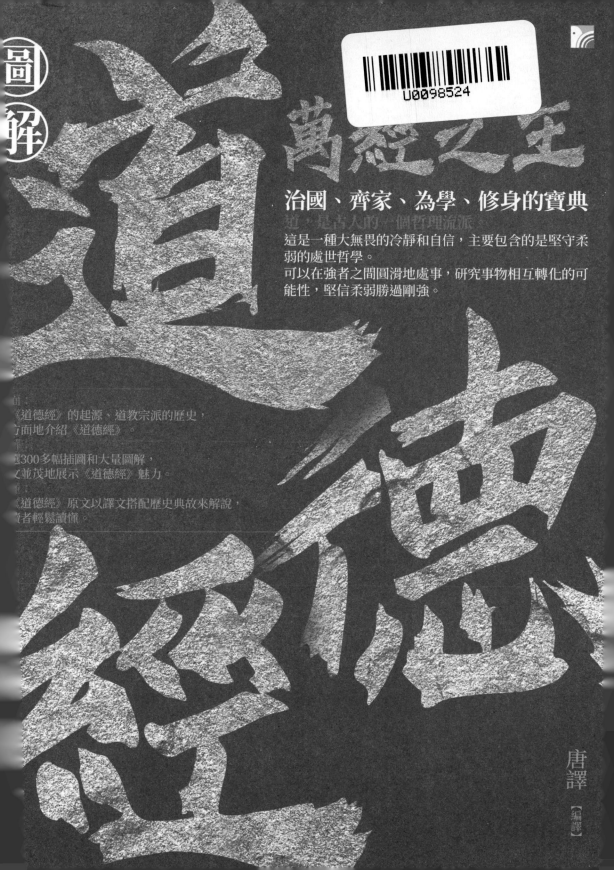

圖解

道德經

萬經之王

治國、齊家、為學、修身的寶典

道，是古人的一個哲理流派。
這是一種大無畏的冷靜和自信，主要包含的是堅守柔
弱的處世哲學。
可以在強者之間圓滑地處事，研究事物相互轉化的可
能性，堅信柔弱勝過剛強。

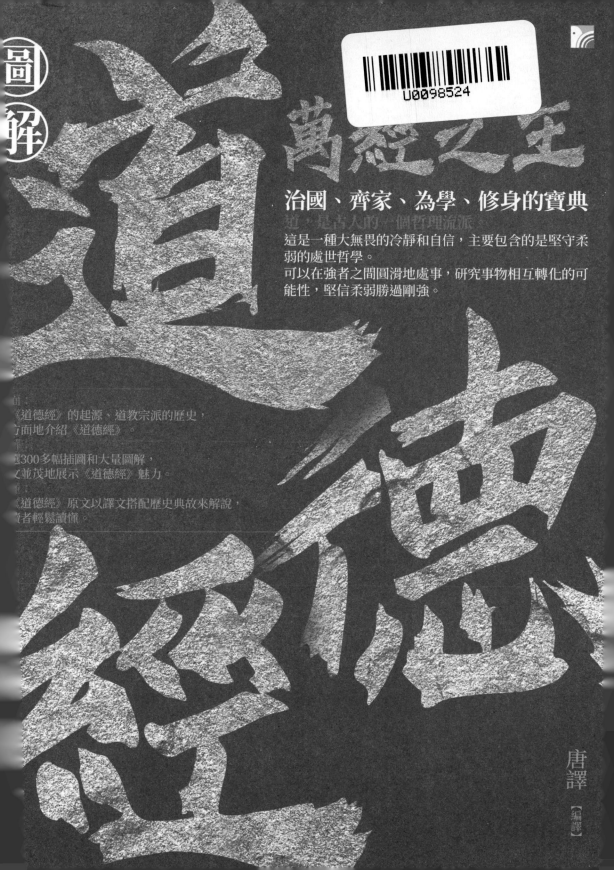

《道德經》的起源、道教宗派的歷史，
方面地介紹《道德經》。

逾300多幅插圖和大量圖解，
文並茂地展示《道德經》魅力。

《道德經》原文以譯文搭配歷史典故來解說，
讀者輕鬆讀懂。

唐譯
【編譯】

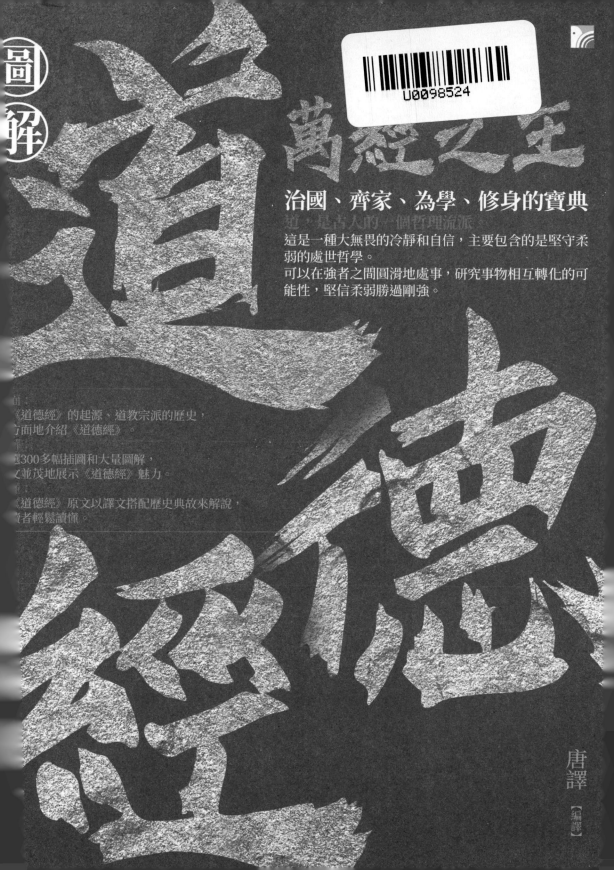

U0098524

國家圖書館出版品預行編目資料

圖解：道德經 ／ 唐譯作，-- 一版，-- 臺北市
：海鴿文化，2020.10
面；　公分. －－ （文瀾圖鑑；53）
ISBN 978-986-392-334-3（平裝）

1. 道德經　2. 研究考訂

121.317　　　　　　　　　　　107003729

書　　　名	圖解：道德經

編　　　著：　唐譯
美 術 構 成：　騾賴耙工作室
封 面 設 計：　斐類設計工作室
發 　行 　人：　羅清維
企 畫 執 行：　林義傑、張緯倫
責 任 行 政：　陳淑貞

出　　　版：　海鴿文化出版圖書有限公司
出 版 登 記：　行政院新聞局局版北市業字第780號
發 　行 　部：　台北市信義區林口街54-4號1樓
電　　　話：　02-27273008
傳　　　真：　02-27270603
信　　　箱：　seadove.book@msa.hinet.net

總 經 銷：　創智文化有限公司
住　　　址：　新北市土城區忠承路89號6樓
電　　　話：　02-22683489
傳　　　真：　02-22696560
網　　　址：　www.booknews.com.tw

香港總經銷：　和平圖書有限公司
住　　　址：　香港柴灣嘉業街12號百樂門大廈17樓
電　　　話：　（852）2804-6687
傳　　　真：　（852）2804-6409

出 版 日 期：　2020年11月01日　　　二版一刷
　　　　　　　　2023年04月01日　　　二版五刷

定　　　價：　450元
郵 政 劃 撥：　18989626　　　　　　戶名：海鴿文化出版圖書有限公司

《道德經》是中國著名的哲學經典，被道教奉為主要的經書之一，作者是老子。《道德經》屬於韻文哲理詩體，文詞樸實精煉。總共有八十一章，分為《道經》和《德經》兩部分，以天地之間的道理來印證人間的道理，取法於自然，復歸於自然。

　　老子提倡「有道之士，以慈為寶，對人慈，利而不害；對己慈，為而不爭」，遠離危險和侮辱，平淡快樂地度過一生。血肉身軀本來就是虛無的，若干年後就會自動消失，所以人應該在擁有的時候好好珍惜。研讀學修《道德經》，致力於敬弱守柔，順勢而為，為而不爭，做到不自戕、不自辱，著眼於長治久安，以求達到自然而為的境界。

　　古往今來，修道者數不勝數，但是大徹大悟的卻少之又少。有的人懵懂度過一生，或誤於名，或誤於利，或誤於仙，或誤於佛，或誤於聖。稱道的人，未必真正有道，能夠堅持不懈地追求的人，真正明瞭通達的人，天下也沒有幾個。

　　佛道之學，都是人們智慧的結晶，內容廣大而高深。有些人不能深究細研，反而讓其流於世俗。世俗的佛道，可以作為生活的冷卻劑，能夠使人心境平和，心懷慈悲，行為謙讓，鬥志消散，生活的色彩變得單純，這給競爭日益激烈的經濟社會帶來的益處並不大，所以年輕的人們，都不怎麼去學習。但是當人們年過半百，行將就木的時候，粗略地學一些，能夠在殘年弱勢的時候，慰藉自己的雄心，坦然地面對人生的平淡和寂寥，由平淡和寂寥走向自然平和的心境，以從容的態度，面對人生的最後之旅。

　　道，是古人的一個哲理流派。主要包含的是堅守柔弱的處世哲學。人們為了生存，能夠在強者之間圓滑地處事，研究事物相互轉化的可能

性，堅信柔弱勝過剛強，這是一種大無畏的冷靜和自信，當然也是一種對客觀世界的無奈。

《道德經》也是一部修身、齊家、治國、平天下的哲學古典奇書。後人可以依循其所說的道理去治國，也可以藉助其來修習自身的品德。國家屬於一個小宇宙，人體也可以看做是一個小宇宙，將治國的方針運用在人們的修養身心上，其實也是可以的。

同樣是在闡述治國之策，道儒的側重點各不相同。道以人君的高度俯瞰，講的是帝王之術，主要闡述如何當一個長治久安的聖君。儒站在臣子的角度，主張竭盡忠誠，主要論述如何做一個忠臣孝子。所以，古代聖君帝王，治國用道，秘而不宣；教化用儒，大張旗鼓。

《道德經》治國主要有兩個觀點有別於人修身養性：一是聖人無為，二是強者無為。聖人無為，就是君主應該主張無為治國，長而不宰，也就是否定君權專斷。用現代人的觀點來看就是否定一人獨斷的制度，倡導少數服從多數的民主政體。民眾占社會的多數，是社會的根本。治國應該順應民心，聽從民意，也就是玄德敬弱的本意。強者無為，就是一些持有大權的強者，他們應該遵紀守法，「夫使智者不敢為也」就是要讓這些強大的人無為。強者主要是指社會上有權有勢的群體，比如皇親貴族、官吏大戶、奴隸主階層、地主階層、資本家階層、官僚階層、富貴階層、黑社會勢力等等，要他們守法度，不可傷害百姓或為禍作亂。

《道德經》的偉大，在於它的生命歷經千年而不衰，它的精神超越了時空的限制。玄德敬弱，至善守柔；謙虛禮讓，抑強扶弱；為而不爭，返璞歸真，以及天下至公的理想，這些基本的論點和精神，一直流傳著，滋潤著人們乾涸的心靈。

閉戶著書多歲月 種松
皆作老龍鱗

安素先生托道高棲日著書
萬言與如之風真逸士許其次
公應逃遊才清脣與予有疇昔
世誼遠亭遠高寫此代賀
歲丙午秋明遠人畫

總 述

《道德經》的起源

　　《道德經》被譽為「萬經之王」。這部神奇的寶典，對中國古老的哲學、科學、政治、宗教等，都產生了深刻的影響。無論對中華民族性格的鑄成，還是對政治的統一與穩定，《道德經》都有著不可估量的作用。它的世界意義也日漸顯著，越來越多的西方學者不遺餘力地探求其中的科學奧秘，尋求人類文明的源頭，深究古代智慧的底蘊。

《道德經》的概述

　　《道德經》為韻文哲理詩體。《莊子‧天下》括其旨曰：「以本為精，以物為粗，以有積為不足，澹然獨居神明居。……建之以常無有，主之以太一，以濡弱謙下為表，以空虛不毀萬物為實。」《道德經》主要以天人合一作為依據，窮究作為天地萬物本原及宇宙最高理則的「道」，並以其作為宗極，而提出修身、治政等人道。所謂「人法地，地法天，天法道，道法自然」，人道當取法於地，究其本原可知「道」的根本就是自然。道的理則，被老子分為無、有兩面。道常無，無名無形，先於天地鬼神，而為天地萬物之始；道常有，生天地萬物，具無窮之用。道的理則貫穿於萬物的存在之中，表現為萬有皆相對而存，極則必反，終必歸，屬於自然的規律。而有之用，常以無為本，「有生於無」。聖人體道之無，法道之自然無為，以之修身，當無欲而靜，無心而虛，不自見自是、自伐自矜，為而不恃，功成而不居，懷慈尚儉，處實去華，以之治天下。當「處無為之事，行不言之教」，還刀兵，離爭鬥，不尚賢，不貴難得之貨，不見可欲，使民虛心實腹，無知無欲，則無為而治。「反者道之動，弱者道之用」，所以得道之人守雌抱樸，退讓謙下，挫銳解紛，和光同塵，以柔弱勝剛強。道教所尊崇的理論與政治觀、倫理觀，大體上都是建立在老子言論的體系之上。「致虛極，守靜篤」、「專氣致柔」、「滌除玄鑑」，「抱一處和」等修養之道，更為道教守一、心齊、坐忘、服氣、內丹等多種煉養術的根本。而「長生」、「死而不亡者專」等說法，被道教引為仙學長生說之宗源。「歸根」、「復命」的說法，內丹學則發揮為內煉成真、與道合一的哲學依據。

　　《道德經》被譽為「萬經之王」，這部神奇寶典對中國古老的哲學、科學、政治、宗教等，都產生了深刻的影響，它無論對中華民族性格的鑄成，還是對政治的統一與穩定，都有著不可估量的作用。它的世界意義也日漸顯著，越來越多的西方學者不遺餘力地探求其中的科學奧秘，尋求人類文明的源頭，深究古代智慧的底蘊。

《道德經》

　　《道德經》被譽為「萬經之王」，這部神奇寶典對中國古老的哲學、科學、政治、宗教等，都產生了深刻的影響。

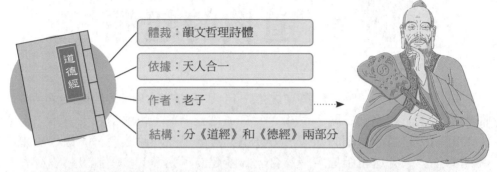

體裁：韻文哲理詩體

依據：天人合一

作者：老子

結構：分《道經》和《德經》兩部分

體道、治世之法

　　《道德經》中還講述了體道、治世的良策，告誡君王如何治理國家，人們如何修身養性。

體道之無為　　　　無為　　　　治世之無為

無欲而靜、無心而虛、不自見自是、不自矜自伐、為而不恃、功成而不居、懷慈尚儉、處實去華

還刀兵、離爭鬥、不尚賢、不貴難得之貨、不見可欲、使民虛心實腹、無知無欲

5

第 **2** 節 # 道教的起源

　　道教起源於上古時代的黃老之道，自黃帝在崆峒山問道於廣成子，進而悟大道至老子西出函谷關，授關尹尹喜道德五千言，也就是黃老道誕生至成熟的階段，是道教草創的階段。方仙道與黃老道在理論上合一，最後由東漢時期的正一天師道祖張道陵將其合一，並建立了完備的教團制度，以宗教的面目出現在歷史上。

　　道教創始於漢代，南北朝的時候已經形成。論及中國道教的起源，整體而言，道教起源於古代宗教和民間巫術、戰國至秦漢的神仙傳說與方士方術、先秦老莊哲學和秦漢道家學說，以及儒學與陰陽五行思想和古代醫學知識。

　　對於神仙的信仰可源自古代人們對自然界中種種神祕現象的幻想。神仙學說大概可以追溯到莊子的寓言，進而被燕齊的方士引申擴充，成為神仙信仰的根據。方士最先出現在戰國時期，他們開始宣揚神仙的存在，並告訴世人服用仙藥後就可以成仙。神仙信仰於戰國末年大盛。東漢末年，天下大亂，政變戰爭，連年不息。上自帝王將相，下至黎民百姓，他們的地位和生命都受到了極大的威脅，於是人們將宗教作為精神支柱和一種安慰。社會對宗教的強烈需求，再加上佛教傳入的示範和刺激作用，促使中國傳統文化中的宗教因素重新活躍並再次發展起來。

　　東漢以後，具有組織系統的道教便開始從方士、道術及神仙信仰中產生了。張陵的五斗米道和張角的太平道是當時最具影響力的。

　　太平道源於《太平清領書》，道士于吉自稱於曲陽泉水上得到百餘卷神書，書名為《太平清領書》。他的徒弟宮崇將神書上呈給朝廷。後來張角得到這本書，在靈帝年間創立了太平道，當時的信眾多達三十六萬。中平元年，張角以太平道起事，頭上裹著黃巾作為標誌，稱為「黃巾軍」，各地紛紛響應，聲勢浩大。東漢王朝盡力鎮壓，不到一年的時間，張角死了，跟隨起事的部眾也相繼瓦解，太平道的活動也以失敗告終。

　　五斗米道又名天師道，順帝年間，張陵在鶴鳴山上修道，在各名山設立二十四治，廣收徒眾，只要是入道的人都要交納五斗米。他以符水替人治病，並且讓門徒念誦老子的《道德經》，將劍、印和都功籙作為傳教法寶。五斗米

道 教 的 起 源 和 分 類

　　道教起源於上古時代的黃老之道,自黃帝在崆峒山問道於廣成子,進而了悟大道,至老子西出函谷關,授關尹尹喜道德五千言,也就是黃老道誕生至成熟的階段。

五斗米道
創立者:張陵
奉行經典:《道德經》
產生目的:修道成仙

五斗米道和太平道的區別

太平道
創立者:張角
奉行經典:《太平清領書》
產生目的:推翻漢王朝

草創階段

黃帝問道廣成子至
老子出關授五千言

黃老道
❶

道教

張陵修道至遷居龍
虎山世代相傳

❸ 五斗米道

于吉得神書至黃巾
起義失敗

❷ 太平道

道教正統

創始並形成

道卻有頗大的發展，他們代代相傳，盤踞在漢中，自稱為師君。建安二十年，張陵的孫子張魯投降曹操並獻上其地，五子俱列侯，第三子張盛繼承父業。西晉永嘉年間，張氏遷居至江西龍虎山，自此世世相傳，歷代稱為天師，成為道教的正統。

對於道教崇拜的神靈究其來源，可歸分為八類。這八類分別是：（1）由中國古代各民族圖騰崇拜和自然崇拜演化而成的神靈；（2）由中國古代祖先崇拜和後來歷代聖賢英雄演變而成的神靈；（3）中國社會大一統形成初期（西元前3世紀至西元1世紀）形成的對「五嶽」（泰山、衡山、華山、恆山、嵩山）、「四瀆」（長江、黃河、淮河、濟水）之神靈的崇拜；（4）中國社會大一統中期（西元5世紀至9世紀）盛行的對天、地、四方（東、南、西、北）以及城隍、土地之神靈的崇拜；（5）中國社會大一統後期代表大一統思想逐步形成的對「三清」（玉清元始天尊、上清靈寶天尊、太清道德天尊）、「四御」（玉皇大帝、北極大帝、天皇大地、后土皇地祇）的崇拜；（6）從佛教中吸收過來的神靈，如慈航道人、普賢道人等；（7）各民族、各地區原來的地方神、民俗神和行業神；（8）道教創立後，歷代各派祖師、修煉而成的仙人，以及著名的修道隱逸之士。由此可見，道教所崇拜的神靈源自上古時代，並隨著中國社會的發展而不斷增加。

道教以「道」名教，或言老莊學說，或言內外修煉，或言符籙方術，認為天地萬物都由「道」而派生，即所謂「道生一，一生二，二生三，三生萬物」，社會人生都應法「道」而行，最後回歸自然。具體而言，道教是從「天」、「地」、「人」、「鬼」四個方面展開教義系統的。天，既指現實的宇宙，又指神仙所居之所。天界號稱有三十六天，天堂有天門，內有瓊樓玉宇，居有天神、天尊、天帝，騎有天馬，飲有天河，侍奉有天兵、天將、天女。其奉行者為天道。地，既指現實的地球和萬物，又指鬼魂受難之地獄。其運行受之於地道。人，既指總稱之人類，也指局限之個人。人之一言一行當奉行人道、人德。鬼，指人之所歸。人能修善德，即可陰中超脫，脫離苦海，姓氏不錄於鬼關，是名鬼仙。神仙，也是道教教義思想的偶像體現。道教是一種多神教，沿襲了中國古代對於日月、星辰、河海、山嶽以及祖先亡靈的信仰習慣，形成了一個包括天神、地祇和人鬼的複雜神靈系統。道教提倡無極、元極、太極，中庸即為「道」的教理，即中庸之道。

道教的產生

　　道教的產生與當時的社會現實是分不開的，人們由於受到戰爭的紛擾，為了安慰自己空虛的心靈，於是就找一些精神方面的慰藉。

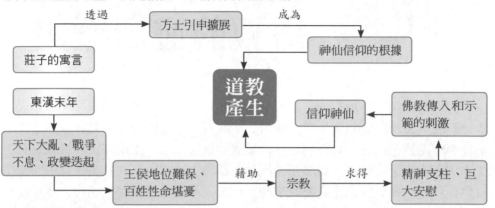

小連結　方士

　　方士就是方術士，或稱為有方之士。一般簡稱為方士或術士，後來則叫做道士。在秦漢時期大盛，他們主要研究長生不老之術，藉助修行或者煉製服食丹藥而獲得長生不老。以所主方術不同而有行氣吐納、服食仙藥、祠灶煉金、召神劾鬼等不同派別。神仙思想及其方術，成為後世道教的核心內容與精神支柱。

第 **3** 節 # 道教的發展歷史

　　古代的先民認為萬物皆有靈，進而開始崇拜自然、崇拜圖騰、崇拜靈魂、崇拜祖先，慢慢發展到祖先與天神合一，成為至上神的雛形。鬼神崇拜早在原始社會時期便已存在。先民們將日月星辰、風雨雷電、山川河嶽，皆視為有神主宰，因而產生敬畏感，對之頂禮膜拜。那時先民們除了認為萬物有靈而產生自然崇拜外，還認為人死後靈魂不滅，因而又產生了對鬼神的崇拜。各種喪葬禮儀和祭鬼、驅鬼儀式隨之逐漸形成。《竹書紀年》中載：「黃帝崩，其臣左徹取衣冠几杖而廟祀之」。至殷商時代，史前時期的自然崇拜已發展到信仰上帝和天命，初步形成了以上帝為中心的天神系統，遇事便由巫祝透過卜筮請求上帝給予答案；原始的鬼神崇拜逐漸發展到以血緣為基礎，與宗法關係相結合的祖先崇拜，其祭祖活動定期舉行。這時期出現了專門從事溝通鬼神和人類宗教的職業者——巫祝。其中巫以歌舞降神，並有一套符咒驅鬼的巫術；祝以言辭悅神，是宗教祭祀活動中負責迎神祈禱的司儀者。他們替人治病、卜筮吉凶、畫符念咒等。當時國家和社會均受巫祝支配。周代鬼神崇拜進一步發展，所崇拜的鬼神已形成天神、人鬼、地祇三個系統。並把崇拜祖宗神靈與祭祀天地並列，稱為敬天尊祖。也就是所謂的萬物的根本是天，而人的根本是祖先。

　　古代的鬼神崇拜導致了後世道教的多神教，後世道教做齋醮法事，與古人鬼神祭祀禮儀和禮制有密切的關係。人們崇拜神靈就要舉行祭祀活動，而祭祀活動離不開「禮樂文明」，禮樂文明隨著春秋時期的「禮崩樂壞」，逐漸由上層階級走向民間，被後來的民間方士和巫覡所繼承。道教成立後，道教的齋醮科儀也隨即興起。夏、商、周三代的禮樂文明有相當的一部分被道教保存了下來。也可以說道教是禮樂文明的繼承者。從《山海經》可以得知原始社會時期的人們也信仰神仙。該經記載了中國原始社會時期的神話及宗教信仰，內容豐富而且系統性很強。它為道教仙學提供了依據。《山海經》中，提出了長生信仰；提出了神仙與羽士的存在；描述了神仙天都；記載了祭祀的祀禮及奇異的方術。

　　在原始社會，已有人開始學仙。史載軒轅黃帝問道於廣成子，後修道成功，於鼎湖白日乘龍升天。

道教的發展歷史

中國古代的先民認為萬物皆有靈，進而開始崇拜自然、崇拜圖騰、崇拜靈魂、崇拜祖先，慢慢發展到祖先與天神合一，成為至上神的雛形。

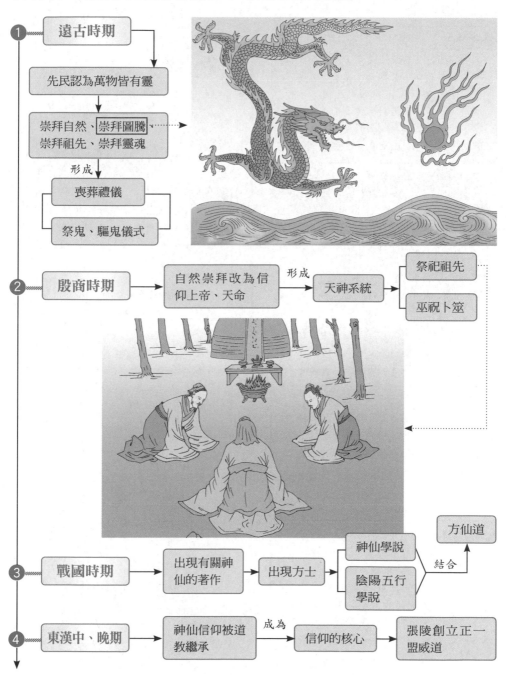

① 遠古時期

先民認為萬物皆有靈

崇拜自然、崇拜圖騰
崇拜祖先、崇拜靈魂

形成

喪葬禮儀

祭鬼、驅鬼儀式

② 殷商時期 → 自然崇拜改為信仰上帝、天命 →形成→ 天神系統

祭祀祖先

巫祝卜筮

③ 戰國時期 → 出現有關神仙的著作 → 出現方士

神仙學說

陰陽五行學說

→結合→ 方仙道

④ 東漢中、晚期 → 神仙信仰被道教繼承 →成為→ 信仰的核心 → 張陵創立正一盟威道

出名的方士

　　隨著道教的不斷發展，民間相繼出現了一些被稱為「方士」的人，他們主要從事研丹煉藥、訪仙尋道等事業。

宋毋忌

又名宋無忌，傳說他是灶王。宋無忌擁有大量錢財後，就拋棄了妻子，另娶了小妾，小妾揮霍完他的財產後，不知所蹤。一天，他乞討至妻子丁香的飯館前，宋無忌因為無臉面對妻子，便一頭栽進了灶膛，把臉塗成了黑色。

① →

鄒衍

齊國人，他先是學儒學，後來改為修習陰陽五行之術。他來到漁陽郡後，見此地百姓生活很苦。於是吹起了律管，一連吹了三天三夜，連山上的冰雪都融化了。從此，漁陽老百姓的日子漸漸好過起來。

② ←

③ →

徐福

徐福，即徐巿，字君房，齊地琅琊（今江蘇贛榆）人，秦時著名的方士。他博學多才，通曉醫學。在沿海一帶民眾中名望頗高。後來被秦始皇派遣，出海採仙藥，一去不復返。

盧生

術士盧生，燕（屬今河北）人，他四處求訪神仙，從海外帶回圖書，說「亡秦者胡也」。又勸秦始皇微行以避惡鬼，求得真人到來，使得秦始皇脫離群臣，性格孤僻。

④ →

李少君

李少君，異人，方士。常自稱七十歲，隱瞞自己的年齡、籍貫、平生經歷，因懂得祭祀灶神求福、種穀得金、長生不老的方術而得到漢武帝的尊重。能驅鬼神，擅用藥物，可以讓人返老還童。

⑤

　　到了戰國時期，神仙信仰已經相當廣泛。這時，出現了許多記載神仙傳說的著作，書中載有不少關於仙人、仙境、仙藥等傳說的文字。如《莊子‧逍遙遊》中有這樣的描寫：「藐姑射之山，有神人居焉，肌膚若冰雪，綽約若處子，不食五穀，吸風飲露，乘雲氣，御風龍，而遊乎四海之外」。其他，如《列子》書中的《湯問篇》、《黃帝篇》、《周穆王》，屈原的《離騷》、《天問》、《九歌》等都將仙境描畫得美妙而神祕，其仙人亦被描繪成外生死、極虛靜、不為物累、超脫自在、能騰雲飛行的神奇人物。漢代的《淮南子》、《史記》中亦有類似描述。

　　伴隨神仙之說的出現，尋求仙境、仙人，傳布成仙之方的方士便出現了。他們將神仙學說、方術與鄒衍的陰陽五行學說糅合起來形成了方仙道，主要流行於燕、齊的上層社會，其法形解銷化，依托鬼神，企望長生成仙。從戰國中後期到漢武帝時期，在方士們與帝王將相的鼓動下，掀起了中國歷史上有名的入海求不死藥事件。齊威王、齊宣王和燕昭王、秦始皇、漢武帝等都曾派方士到海上三神山尋求神仙及不死藥，其規模越來越大。那時最著名的方士有宋毋忌、正伯僑、鄒衍、徐福、盧生、李少君等人。中國獨有的神仙信仰沿襲而下，到東漢中、晚期為道教所繼承，成為道教信仰的核心內容。最後張陵於蜀郡鶴鳴山創立了正一盟威道。

關於神仙傳說的書籍

　　當時在許多著名的文學典籍或者詩歌中都出現了有關神仙的描述，他們不食人間煙火，能夠御風而行。

《莊子‧逍遙遊》
《列子‧湯問》
《列子‧黃帝》
《列子‧周穆王》
《離騷》
《九歌》
《天問》
《史記》
《淮南子》

藐姑射之山，有神人居焉，肌膚若冰雪，綽約若處子，不食五穀，吸風飲露，乘雲龍，而遊乎四海之外。

第 **4** 節　老子及其哲學

　　老子原名李耳（約前571-前471），字伯陽，又稱老聃，楚國苦縣厲鄉曲仁裏人。中國古代偉大的哲學家和思想家，道家學派創始人。他被唐皇武后封為太上老君，尊為道教的教祖。存世有《道德經》（又稱《老子》），其作品的精華是樸素的辯證法，主張道教的無為而治，其學說對中國哲學發展具有深刻影響。

◎ 老子出生的傳說 ◎

　　傳說一：庚申年，老子自太清仙境分身化氣，奪胎於玄妙玉女腹中。玉女時年八十，並未婚嫁，守身如玉。她的容貌和年輕時一樣，周身時常被和瑞的祥雲所環繞，在她的家裏更是有上古的仙獸護佑。她懷了老子81年，在武丁庚寅二月十五日的早晨，玉女忽然夢見天上出現了一個數尺寬的裂口，神仙們手中捧著太陽從裂口裏走出來，祥慶的雲彩環繞在眾仙的周圍。玉女醒來之後，來到花園裏，手攀著李樹，面對著剛出現的紅日沉思良久，只見那紅日慢慢地越變越小，然後從天上墜落下來，化成一顆五色的寶珠飛到她的嘴邊，玉女將寶珠捧在手裏，然後吞入肚裏。在她的左肋下誕生了一個孩子。孩子剛出生，就會走路，他在地上走了九步，每一步下去都會出現一朵蓮花。然後，他左手指天、右手指地說：「天上天下，唯道獨尊，我當弘揚無上道法普度一切動植生眾，周遊十方及函牢九獄，使善惡有果，顯應人間，我當為國師範位登太極無上神仙」。說完後就在李樹下跌倒了，他指著樹說：「以此為我姓也」。當時有成千上萬隻的仙鶴飛翔在天空，以慶賀他的誕生。玉女見他鶴髮童顏，面上隱隱有金光流爍，頭頂上方出現太陽的光輝，剛出生後身體上的血液竟然是白色，舌頭上面出現龜紋，額頭有「參」「牛」達理，耳朵有三個孔，額頭寬廣，眼睛有神。他打算在水池中洗去他身上的血汙，九條龍立刻化成九條巨大的鯉魚用嘴噴水為老子清洗身體。人們都覺得他是個怪物，於是勸玉女將他丟棄並活埋。玉女的父親見他的長相奇特，有聖賢的相貌，所以命令女兒

老子是中國古代偉大的哲學家和思想家，道家學派創始人。他被唐皇武后封為太上老君，尊為道教的教祖。

　老子的哲學　

　　老子認為事物本來就是複雜多變的，但是始終遵循著自然的規律。他提倡以無為的方式有所作為，這也對後來人們的哲學思想產生了一定的影響。

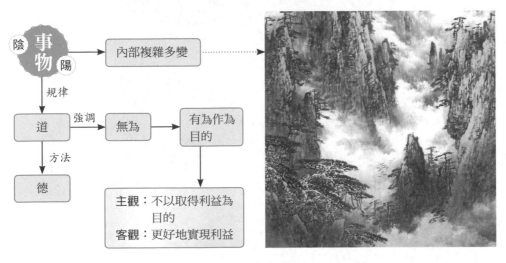

好好地將他撫養長大。在老子六歲的時候才給他取名為「重耳」。

傳說二：據傳，被道教奉為太上老君的老子是彭祖的後裔，在商朝陽甲年間，公神化氣，老子寄胎於玄妙王之女理氏的腹中。一天，理氏在村頭的河邊洗衣服，忽然看到上游漂下一個黃澄澄的李子。理氏連忙用樹枝將這個拳頭大小的黃李子撈了上來。到了中午，理氏又熱又渴，於是便將這個李子吃了下去。從此以後，理氏就有了身孕。理氏懷胎整整81年，隨後生下了一個男孩。這男孩一生下就白眉白髮，白白的大絡腮鬍子。因此，理氏就給他取名叫「老子」。老子一生下來就會說話，他指著院子中的一棵李子樹，對母親說：「李就是我的姓」。

◎ 老子哲學 ◎

老子試圖建立一個囊括宇宙萬物的理論。他認為一切事物都遵循這樣的規律（道）：事物本身的內部不是單一、靜止的，而是相對複雜和變化的。事物本身即是陰陽的統一體。相互對立的事物會互相轉化，即是陰陽轉化。方法（德）來源於事物的規律（道）。老子的「無為」並不是以「無為」為目的，而是以「有為」為目的。這種思想的高明之處在於，雖然主觀上不以取得利益為目的，客觀上卻可以更好地實現利益。

「天地無人推而自行，日月無人燃而自明，星辰無人列而自序，禽獸無人造而自生，此乃自然為之也，何勞人為乎？」從中可見老子所說的「自然」並不是類似於神的概念，萬物的規律（道）由自然來指定，即是「道法自然」。

登樓遠眺
身在高樓之上，遠眺著群山江水，遠處的小村落顯得悠遠而渺小。陰陽之氣相合衍生了天地以及萬物，與天地相比，萬物又是如此之渺小。

老子所説的「自然」並不是類似於神的概念，萬物的規律（道）由自然來指定，即是「道法自然」。

天地無人
推而自行

道

日月無人
燃而自明

然

法

星辰無人
列而自序

自

禽獸無人
造而自生

主觀猜想		老子所悟
天地為盤古所開	神話傳說	天地本自然形成
日月星辰是盤古的眼睛和頭髮所化	道法自然	日月星辰也是自然衍化而來的
人為女媧所造		人乃天地之氣幻化而成

第 **5** 節 # 莊子和《南華經》

莊子（約前369—前286），莊氏，名周，字子休（一說子沐），楚莊王的後裔，後因戰亂遷至宋國蒙，是道家學說的主要創始人。與道家始祖老子並稱為「老莊」，他們的哲學思想體系，被思想學術界尊為「老莊哲學」。

◎ 莊子學說和《南華經》◎

莊子的學說涵蓋著當時社會生活的方方面面，但根本精神還是皈依於老子的哲學。他的思想包含著辯證法因素，主要思想是「天道無為」，認為一切事物都在變化。他認為「道」是「先天地生」的，從「道未始有封」，莊子主要認為自然的比人為的要好，提倡無用，認為大無用就是有用，就像「一棵難看的樹被認為無用，有一個木匠要找一棵樹做房梁，但這棵樹太彎了，沒法做房梁；第二個木匠找樹做磨的握柄，要彎的，但這棵樹太難看了，又沒辦法；第三個木匠要做車輪，但這棵樹長得不行，從某方面講是無用的」。但從莊子的角度看，無用就是有用，大無用就是大有作為，所以莊子提倡無用精神（即「道」是無界限差別的），屬主觀唯心主義體系。

莊周和他的門人以及後世學者著有《莊子》（被道教奉為《南華經》），是道家經典之一。這部文獻是中國古代典籍中的瑰寶。《莊子》共三十三篇，分「內篇」、「外篇」、「雜篇」三個部分，一般認為「內篇」的七篇文字肯定是莊子所寫的；「外篇」十五篇一般認為是莊子的弟子們所寫，或者說是莊子與他的弟子一起合作寫成的，它反映的是莊子真實的思想；「雜篇」十一篇的情形就要複雜些，應當是莊子學派或者後來的學者所寫，有一些篇幅就認為肯定不是莊子學派所有的思想，如《盜蹠》、《說劍》等。「內篇」最集中表現莊子哲學的是《齊物論》、《逍遙遊》、《大宗師》等。

莊子的哲學

莊子是道家學說的主要創始人，與老子並稱為「老莊」，他們的哲學思想體系被思想學術界尊為「老莊哲學」。

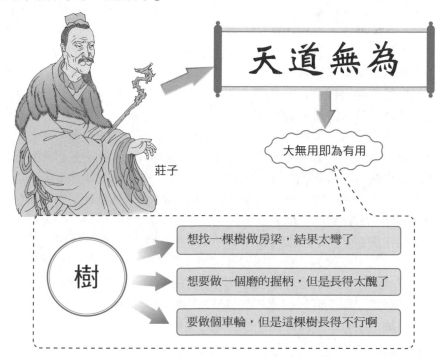

天道無為

大無用即為有用

莊子

樹

想找一棵樹做房梁，結果太彎了

想要做一個磨的握柄，但是長得太醜了

要做個車輪，但是這棵樹長得不行啊

《南華經》

道教將《莊子》奉為《南華經》，是莊周和他的門人以及後世學者所著，是道家經典之一，中國古代典籍中的瑰寶。

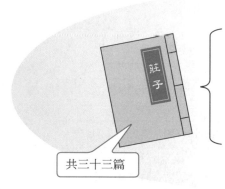

莊子

內篇（七篇，莊子所著）

外篇（十五篇，弟子們所寫）

雜篇（十一篇，後世學者所著）

共三十三篇

◎ 莊子的品德 ◎

　　莊子是一個憤世嫉俗的人，他生活在戰國時期，與梁惠王、齊宣王同時，約比孟軻的年齡略小，曾做過蒙邑的漆園小吏。生活雖然窮困，卻不接受楚威王的重金聘請，他是一位非常廉潔、正直，有相當棱角和鋒芒的人。雖然他一生淡泊名利，主張修身養性、清靜無為，在他的內心深處則充滿著對當時世態的悲憤與絕望。從他哲學有著退隱、不爭，但率性的表象上，可以看出莊子是一個對現實世界有著強烈愛恨的人。

　　正因為世道汙濁，所以他才退隱；正因為有黃雀在後的經歷，所以他才與世無爭；正因為人生有太多不自由，所以他才強調率性。莊子是以率性而凸顯其獨特的人格魅力的。正因為愛得熱烈，所以他才恨得徹底，他認為與其做官去戕害人的自然本性，還不如在貧賤生活中自得其樂，其實就是對現實情形過於黑暗汙濁的一種強烈的覺醒與反彈。

　　莊子是主張精神上的逍遙自在的，所以在形體上，他也試圖達到一種不需要依賴外力而能成就的一種逍遙自在境界；他主張宇宙中的萬事萬物都具有平等的性質，人融於萬物之中，從而與宇宙相始終；莊子提倡護養生命的主宰亦即人的精神是要順從自然的法則，要安時而處順；他提倡重視內在德性的修養，德性充足，生命自然流注出一種自足的精神力量。

莊子的品德

　　莊子主張精神上的逍遙自在，重視內在德行的修養。這與他當時所處的社會環境有著密切的關係。

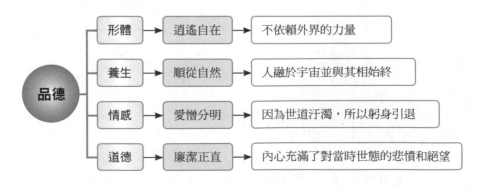

莊子的一生具有很濃的傳奇色彩，但是他的仕途並不如意，因為他對於當時的世道太過絕望，所以後來直接隱居起來。

❶ 蒙城漆園小吏
莊子曾經擔任蒙城的漆園小吏，但是並不受到當政者的賞識，他的政治抱負難以實現，所以後來就辭官了。

❷ 棄官安居陋巷著書
莊子辭官之後，對於當時的統治者十分失望，他同情受苦受難的百姓，所以開始著書，希望能喚起當政者的愛民之心。

❸ 因為貧困，向監河侯借糧
莊子因為退隱著書，以至於自己的生活十分貧困，無奈之餘，只好向當時的監河侯借糧，以填飽自己的肚子。

❹ 喻牛辭相
楚威王聞莊周是位有學識的賢德之人，就遣使備千金厚禮請莊子為楚國宰相。莊子笑謂楚使說：「你沒見祭祀時的牛嗎？人們把牛餵養肥了，祭祀時牽到太廟殺了作為祭品。我寧願淡泊無為度日，也不去做犧牲牛。」

❺ 莊生夢蝶
有一天，莊周夢見自己變成了蝴蝶，一隻翩翩起舞的蝴蝶。後來莊周都不知道是自己做夢變成了蝴蝶，還是蝴蝶做夢變成了自己。

❻ 與弟子遊學
為了明白大道，莊周曾經有一段時間帶著自己的弟子四處遊走，他觀察自然萬物，聽取人們的言行輿論，從中再尋求道理。

❼ 垂釣濮水
老年的時候，莊子垂釣濮水，楚王派兩位大夫請他回去輔助治國，但是莊子卻說自己情願做曳尾泥中的烏龜，而拒絕了楚王的邀請。

第 6 節 黃帝乘龍升天

　　有一天，黃帝正在洛水上，與大臣們觀賞風景，忽然見到一隻大鳥銜著卜圖，放到他面前，黃帝連忙拜受下來。再看那鳥，形狀似鶴，雞頭，燕嘴，龜頸，龍形，駢翼，魚尾，五色俱備。圖中之字是「慎德」、「仁義」、「仁智」六個字。黃帝從來不曾見過這鳥，便去問天老。天老告訴他說，這種鳥雄的叫鳳，雌的叫凰。早晨叫是登晨，白天叫是上祥，傍晚鳴叫是歸昌，夜裏鳴叫是保長。鳳凰一出，表明天下安寧，是大祥的徵兆。後來，黃帝又夢見有兩條龍持一幅白圖從黃河中出來，獻給他。黃帝不解，又來詢問天老。天老回答說，這是河圖洛書要出的前兆。於是黃帝便與天老等游於河洛之間，沉璧於河中，殺三牲齋戒。最初是一連三日大霧。之後，又是七日七夜大雨。接著就有黃龍捧圖自河而出，黃帝跪接過來。只見圖上五色畢具，白圖藍葉朱文，正是河圖洛書。於是黃帝開始巡遊天下，封禪泰山。他聽說有個叫廣成子的仙人在崆峒山，就前去向他請教。廣成子說：「自你治理天下後，雲氣不聚而雨，草木不枯則凋。日月光輝，越發的缺荒了。而佞人之心得以成道，你哪裏值得我和你談論至道呢？」黃帝回來後，就不再理問政事。自建了一個小屋，裏邊置上一張席子，一個人在那裏反省了3個月。而後又到廣成子那裏去問道。當時廣成子頭朝南躺著，黃帝跪著膝行到他跟前，問他如何才得長生。廣成子蹶然而起說：「此問甚好！」接著就告訴他至道之精要：「至道之精，竊竊冥冥，至道之極，昏昏默默。無視無聽，抱神以靜。形將自正，必靜必清；無勞妝形，無搖妝精，方可長生。目無所見，耳無所聞，心無所知，如此，神形合一，方可長生。」說完，廣成子給了他一卷《自然經》。

　　黃帝向廣成子問道後，又登過王屋山，取得丹經。並向玄女、素女詢問修道養生之法。而後，回到縉雲堂修煉，他採來首山銅，在荊山下鑄九鼎，鼎剛剛鑄成，就有一條龍，長鬚飄垂來迎黃帝進入仙境。黃帝當即騎上龍身，飛升而去。有幾個小臣，也想隨他升仙，便匆忙間抓住了龍鬚。結果龍鬚斷了，這些小臣又墜落到地上。據說龍鬚草便是那些龍鬚變的。

鳳 凰

鳳凰被看做是一種吉祥的鳥，羽毛一般被描述為赤紅色。鳳凰和麒麟一樣，是雌雄統稱，雄為鳳，雌為凰，其總稱為鳳凰。鳳凰齊飛，是吉祥和諧的象徵。

鳳凰是中國古代傳說中的百鳥之王，和龍一樣，為漢族的民族圖騰。

形象

雞頭、燕嘴、龜頸、龍形、駢翼、魚尾、五色

徵兆

早晨叫為登晨、白天是上祥、傍晚為歸昌、夜裏是保長

象徵

天下安寧（戴德、負仁、抱忠、挾義）

黃帝升天

傳說中黃帝自崆峒山問道於廣成子之後，就開始修煉自身，後來乘著龍飛升成仙。

黃帝向廣成子問道後就回到縉雲堂修煉，他採來首山銅，在荊山下鑄九鼎，鼎剛剛鑄成，就有一條龍，長鬚飄垂來迎黃帝進入仙境。

河圖洛書的來源傳說

　　河圖與洛書是中國古代流傳下來的兩幅神祕圖案，歷來被認為是河洛文化的濫觴。河圖洛書是中華文化，陰陽五行術數之源。

傳說一

相傳在伏羲氏時，伏羲氏教民「結繩為網以漁」，養蓄家畜，促進了生產的發展，改善了人們的生活條件。因此，祥瑞迭興，天授神物。有一種龍背馬身的神獸，生有雙翼，高八尺五寸，身披龍鱗，凌波踏水，如履平地，背負圖點，由黃河進入圖河，游弋於圖河之中，人們稱之為龍馬。伏羲氏見後，依照龍馬背上的圖點，畫出了圖樣。接著，又有神龜負書從洛水出現。伏羲氏得到這種天賜的用符號表示的圖書，遂據以畫成了八卦。這就是《易·繫辭上篇》記載的，「河出圖，洛出書，聖人則之」。即伏羲氏「作八卦，以通神明之德，以類萬物之情」。後人在伏羲氏龍馬負圖的地方修建了負圖寺，以紀念伏羲氏開拓文明的功績。

傳說二

相傳在黃帝時，黃帝體察民情，親自勞動，受到人民的愛戴。同時也感動了天神，於是風調雨順，五穀豐登，人民安居樂業。一天，天神告訴黃帝說，洛水裏有龍圖龜書，你如果得到它，將會把天下治理得更好。於是黃帝便帶領眾頭領，巡於洛水之上。一日，時值大霧，隱約看見一條大魚被困於河灘上，黃帝非常同情這條大魚的遭遇，但又想不出什麼好的解決方法，便命人殺五牲、祭天帝，並親自跪下向天帝求助。天帝感動，連下大雨七天七夜，致使洛水暴漲，大魚得以解救。大魚走後，黃帝在洛水岸邊得到了河圖洛書，即

《河圖視萌篇》，上面用象形文字記載著人類所需的各種知識。這就是傳說的「洛書魚獻」。據傳，得書的地點在洛陽漢魏故城南，舊伊洛河匯流處。

傳說三

唐堯時，堯帶領眾酋長東巡於洛水。在太陽偏西時，偶然把玉璧沉入洛水，忽見洛水上光芒四起，有靈龜出而復隱。於是，堯便在洛水邊修了一個祭壇，選擇吉日良辰鄭重其事地將璧玉沉入河底。稍傾，河底便光芒四射，接著又飛起一團雲霧，在雲霧中有噴氣吐水之聲。一陣大風過後，雲開霧散，風平浪靜，水上漂過一個大龜殼，廣表九尺，綠色赤文。殼上平坦處文理清晰，上有列星之分、七政之度，並記錄著各代帝王興亡之數。此後，易理文字便在人間傳開。這就是傳說的「靈龜」。

傳說四

傳說虞舜時，舜習堯禮，沉璧於洛水，水中有赤光忽起，有龜負圖書而出。接著一卷甲黃龍，舒圖書於雲畔，將赤文篆字以授舜。這就是傳說的「黃龍負書」。

傳說五

傳說禹時，禹治水來到洛河，見神龜負文，列於背，有數自一至九，禹遂因而第之，以成九疇。《冊府元龜‧帝王部》也說「夏禹即天子位，雒出龜書，六十五字，是為洪範，此所謂雒出書者也」。這是說，大禹因治水有功，有德於天下，故萬民稱頌，上天賜瑞。洛河出神龜，龜長1.2尺，龜背上有65個赤文篆字。有的說，此即《尚書》裏的《洪範》篇，是治理國家的九種大法。

張角與太平道

張角（？－184），鉅鹿（今河北平鄉）人。中國東漢末年民軍「黃巾軍」的領袖，太平道的創始人。他因得到道士于吉等人所傳《太平清領書》（即《太平經》），遂以宗教救世為己任，利用其中的某些宗教觀念和社會政治思想，組織群眾，於靈帝建寧（168－172）初傳道。中平元年（184），張角以「蒼天已死，黃天當立，歲在甲子，天下大吉」為口號，自稱「天公將軍」，率領群眾發動起義，史稱「黃巾起義」。不久張角病死，起義軍也很快被漢朝所剿滅。

◎ 黃巾起義 ◎

張角常持九節杖，在民間傳統醫術的基礎上，加以符水、咒語，為人治病。並以此為掩護，廣泛宣傳《太平經》中關於反對剝削、斂財，主張平等互愛的學說、觀點，深得窮苦大眾的擁護。張角又派出弟子八人，到四面八方去宣傳教義，發展徒眾，「以善道教化天下」。十餘年間，太平道勢力遍布青、徐、幽、冀、荊、揚、兗、豫八州，徒眾達數十萬人。主要是窮苦農民，也有城鎮手工業者，個別官吏、甚至宦官。張角將教徒劃分為三十六方（教區組織），大方萬餘人，小方六七千人，每方設渠帥負責。在此基礎上，張角又按《太平經》中「順五行」的思維方法，按照五行相生相克的理論，選定於甲子年甲子日，即靈帝中平元年（184）三月五日舉行大起義。張角還提出「蒼天已死，黃天當立，歲在甲子，天下大吉」的響亮口號，欲說明按照萬物興衰、朝代演變的規律，漢王朝（蒼天）大數已盡，作為土德（土色黃）、黃天的代表，太平道應當取代漢王朝。在二月初，各方首領及信徒便已著手準備。他們用石灰在洛陽的市門及州郡官府牆上書寫「甲子」等標語口號。一大方的渠帥馬元義首先通知荊州、揚州的信徒數萬人，到鄴城（河北臨漳）集中，準備起義。於是，其分管的信徒們便已開始向鄴城集中。馬元義還多次到京城洛陽約定宦官中常侍封、徐奉為內應，在三月五日裏應外合，一道起義。

黃巾起義

張角創立了太平道，他常持九節杖，在民間傳統醫術的基礎上，加以符水、咒語，為人治病。

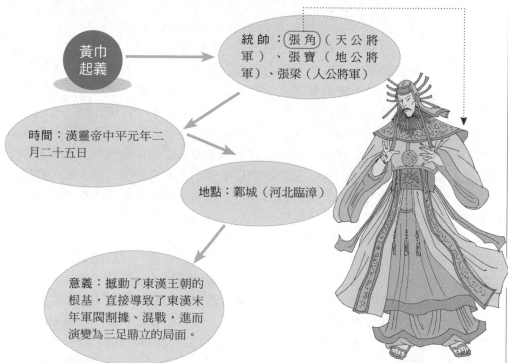

黃巾起義

統帥：張角（天公將軍）、張寶（地公將軍）、張梁（人公將軍）

時間：漢靈帝中平元年二月二十五日

地點：鄴城（河北臨漳）

意義：撼動了東漢王朝的根基，直接導致了東漢末年軍閥割據、混戰，進而演變為三足鼎立的局面。

太平道的勢力

十餘年間，太平道勢力遍布青、徐、幽、冀、荊、揚、兗、豫八州，徒眾達數十萬人。張角將教徒劃分為三十六方，每方設渠帥負責。

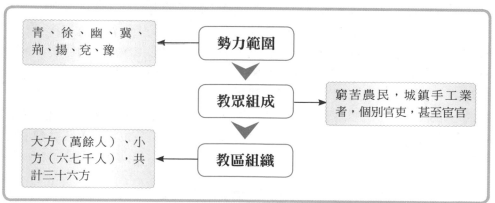

青、徐、幽、冀、荊、揚、兗、豫

勢力範圍

教眾組成

窮苦農民，城鎮手工業者，個別官吏，甚至宦官

大方（萬餘人）、小方（六七千人），共計三十六方

教區組織

大約在預定起義日期的前十天，即二月十五日前後，太平道的一個信徒、濟南人唐周上書官府告發起義之事。於是，朝廷捕捉了馬元義，將其車裂於洛陽；並緊急動員各種力量，捕捉誅殺張角信徒一千餘人；又通知冀州捕捉張角及其家人。張角等發現事已敗露，即用各種方法星夜通知各方，立即起義。起義時，義軍首先將抓獲的貪官殺了祭天。張角軍皆頭裹黃巾（黃天的象徵），時人稱之「黃巾軍」。起義後，張角依據《太平經》中關於「有天治、有地治、有人治，三氣極，然後歧行萬物治也」的理論，自稱「天公將軍」，其弟張寶自稱「地公將軍」，其弟張梁自稱「人公將軍」。起義開始後，群眾紛紛響應，或入伍為信徒，或送糧送衣，義軍發展很快。義軍攻克城鎮後，往往燒毀官府，殺貪贓官吏，將其財產分給百姓。貪官汙吏平時作威作福，一聞義軍到來，便嚇破了膽，如同喪家之犬，逃之夭夭。旬日之間，天下震動，京師震動。但由於黃巾軍的主體是農民，組織不夠嚴密，在政策和策略上普遍掌握不夠好。他們除了攻打官府外，還普遍攻打豪強、士家及各種有錢人家。於是，豪強、士家都迅速站出來，配合官府義軍。起義十個月後，黃巾軍主力敗於官府、豪強的聯合之下。不久，張角病死。

《太平青領書》一般都認為就是現在《道藏》中的《太平經》。它脫胎於西漢時齊人甘忠可的《天官曆包元太平經》，是戰國時代陰陽家鄒衍學說的繼承。秦漢之際，燕齊方士們就把它作為傳授的資料。《漢書‧李尋傳》說，甘忠可詐造《天官曆包元太平經》十二卷，傳授夏賀良、丁廣世、郭昌等人，但由於劉向反對，說他「假鬼神罔上惑眾」，忠可因此死於獄中。哀帝時，由於李尋贊助，此書一度大行；後來夏賀良等也終以左道亂政罪名伏誅，李尋亦獲重罪。此書遂成為禁書，秘密地流傳在民間。日久天長，由於傳經者遞相增補，篇幅日繁，到了宮崇手中時，已變成一部一百七十卷的鉅著了。關於《太平經》的內容，《襄楷傳》中說得很簡單，僅說：「專以奉天地、順五行為本，亦有興國廣嗣之術。」又說：「而多巫覡雜語。」這與今日《道藏》中殘留的《太平經》內容也差不多，並不帶有革命意味。惟《前漢書‧李尋傳》引證了甘忠可《天官曆包元太平經》，「言漢家逢天地之大終，當更受命於天，天帝使赤精子下教我此道。」這樣的話在今日殘本《太平經》中並未看到，但張角等黃巾起義時所宣傳的「蒼天已死，黃天當立」那種讖記式的標語，未必沒有來源，也許受了甘忠可預言的影響。

張角領導的黃巾起義，撼動了東漢王朝的根基，直接導致了東漢末年軍閥割據、混戰，進而演變為三足鼎立的局面。同時，它也是中國歷史上第一次由宗教領導的農民起義，具有深遠的歷史意義，奠定了道教今後主要在社會下層傳播、發展的歷史格局。

❶ 起義太過倉促

張角以治病和傳太平道為名，在農民中進行宣傳和組織活動。經過十多年的努力，張角和弟子共發動和組織了數十萬人。設為三十六方，大方有萬餘人，小方六七千人，首領稱方，如將軍。以「蒼天已死，黃天當立，歲在甲子，天下大吉」為口號，想推翻東漢政權，建立農民政權。可是因叛徒唐周向官府告密，而不得不提前一個月舉行起義。而東漢政權已捕殺了一大方首領馬元義和一千多人的起義軍，並做了一些準備，這樣就使起義剛開始就面臨困難。

❷ 起義軍對敵人的力量估計不足

為了對付黃巾軍漢靈帝下令解除黨禁，起用黨人。整個地主階級都動員起來，向起義軍舉起了屠刀。冀州，穎川，南陽的起義軍主力在中平元年十一月，終因敵我力量懸殊和軍事指揮錯誤，奮鬥十個月而失敗。張角病死，張寶、張梁陣亡，主力被消滅。但是餘部又堅持鬥爭十餘年。

❸ 軍事上的錯誤

起義軍人數雖多，士氣高，但並不熟悉軍事，缺乏作戰經驗，將軍缺乏軍事指揮才能。起義軍只知道硬攻，而不知迂迴埋伏；只知與敵軍死拚，而不知避實擊虛。大軍困於城下，每攻下一城，因缺乏攻城器材而傷亡較多。當與敵軍作戰剛開始取得了一些勝利，就疏於防範，被勝利沖昏頭腦，遭到皇甫嵩軍的突然襲擊，倉促應戰，起義軍首領張寶等先後陣亡，起義失敗。

第 **8** 節 # 張陵與五斗米道

張陵（34-156），後改名張道陵，字輔漢，敬為張天師，沛國豐邑（今江蘇豐縣）人，中國東漢五斗米道創立者。少時喜讀河洛圖讖、天文地理之書。曾入太學，通達五經，又好黃老之學，舉薦「賢良方正直言極諫科」。漢明帝時，曾任巴郡江州（今重慶）令，後隱居北邙山（今河南洛陽北），修煉長生之道。東漢順帝時，修道於鶴鳴山（今四川大邑縣境內），創立五斗米道。教門中尊老子為教主，以《老子五千言》為經典。

◎ 傳為宗親 ◎

據傳，張道陵有弟子三千人，真正得其傳的只有三人：一為王長，一為趙升，一為其子張衡。王長長期跟隨師傅，擅長天文之學，精通黃老之術，深得張道陵賞識。而趙升能得師傅道法，卻有一段來歷：張天師在鶴鳴山煉丹己成，並服了半劑丹藥，成為「地仙」之後，他看到身邊弟子，多為俗態未除，不足以託付宣教任務，將九鼎大要，留得奇人。後來，有一年上令之日，從東方來了一位冰胎玉質、道貌清奇的青年，名叫趙升，天師一眼看出定是奇人，想要收為弟子。為了考查趙升的道心程度，張道陵曾七度驗試，結果，發現他拒絕財色，忍辱負重，憐憫天下窮人，恪守正一道規，稱得上滿意。七試之後的一天，張道陵帶領眾弟子，登上雲臺峰絕崖，崖下一棵桃樹，紅色果實累累。大家見了，莫不心動，但要想獲取，卻又退縮三分。天師見此情狀，二話沒說，欲縱躍崖下採摘大桃，眾弟子一擁而上，攔住師傅，只有王長、趙升二弟子，木然不動，默然不語。誰知眾弟子未阻攔住，張天師分開眾人，朝桃樹方向一躍而下，眾弟子齊站崖邊，俯身下瞰，卻不見師傅蹤影，一時驚駭悲啼，面面相覷，無奈之下，失望而歸。只有王長、趙升站在崖邊，相視不語，停了好久，二人異口同聲說：「師者父也，自投不測之崖，吾輩何能自安？唯有隨師傅去吧！」說罷，二人一起身，朝師傅所投方向躍去，一陣風起，二弟

張陵和五斗米道

張陵修煉長生不老之道，創立了五斗米道，後來他改名為張道陵，也就是人們所熟悉的張天師。他奉《道德經》為經典。

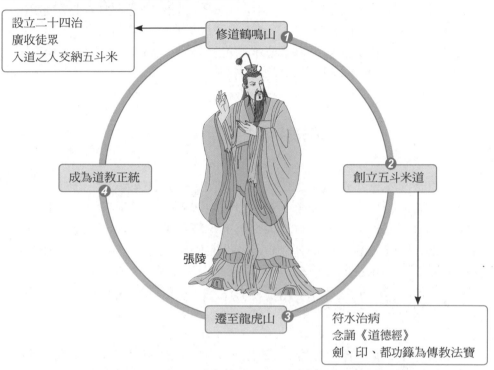

設立二十四治
廣收徒眾
入道之人交納五斗米

修道鶴鳴山 ①

創立五斗米道 ②

成為道教正統 ④

張陵

遷至龍虎山 ③

符水治病
念誦《道德經》
劍、印、都功籙為傳教法寶

五斗米教的等級劃分

五斗米道傳道紀律嚴密，教風正派，它的徒眾很快就遍及全國各地。

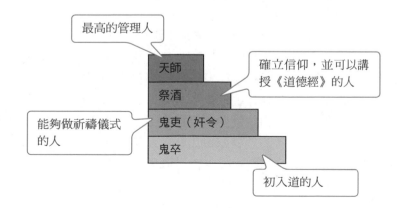

最高的管理人

天師

祭酒

鬼吏（奸令）

鬼卒

確立信仰，並可以講授《道德經》的人

能夠做祈禱儀式的人

初入道的人

子正好落身在師傅兩側。天師笑道：「我知道你們會來！」於是，天師授予他們大道要術。三天後，三人回到了天師府，眾弟子一見，驚愕不已，個個追悔莫及。漢桓帝永壽元年（西元155年），張道陵已年屆一百二十二歲，他自知大限將至，便於下會這一天，召集各治祭酒和要職人員，於鹿堂治（今四川綿陽縣）開會，囑咐身後之事。天師當眾宣布，其天師之位，由弟子張衡承繼，特別強調說明：「紹吾之位，非吾家宗親子孫不傳。」就這樣正式規定了歷代天師之位，一定要由張家宗親來繼承的傳承關係。第二年，天師道祖師張道陵，以一百二十三歲的高齡，在鶴鳴山中羽化。

◎ 鶴鳴山開創道教 ◎

　　漢順帝漢安元年（西元142年），張道陵為了在鶴鳴山把道傳下去，自稱太上老君於正月十五日降臨，親手授給他《洞極經》一部，三五都功玉印一枚，雌雄斬邪劍兩把，還有二儀交泰冠、驅邪帔風、通天至簡等物，要他推行「正一盟威之道」。事成之後，向老君匯報。漢安二年（西元143年）七月，張道陵帶著弟子王長和法具，到了青城山，降服了「六天魔王」、「五部鬼帥」，使青城山得以安靜，山民安居樂業，並紛紛要求加入「正一盟威之道」，山民奉張道陵為代天行道之師，即「張天師」，所以，「正一盟威之道」又稱為「天師道」。

　　張道陵在鶴鳴山著作道書二十四卷，闡明「天師道」的微言奧義，成為教眾的行動綱領，又尊奉老子為教祖，《老子五千文》為主要經典，又作了《老子想爾注》。他宣稱，人君用「道義」來治國，國則太平；循「道義」而愛民，民即壽考；人法道義，便可長久，並以「佐國扶命，養育群生」為最高目標。張道陵為了鞏固天師道地盤，把已經控制的教區劃分為二十四個傳教點，以鶴鳴山為中心傳教點，依次向四面八方擴延。張道陵為了嚴密組織紀律，加強對教眾的信仰宣傳，他規定凡教眾需交五斗米供齋醮使用，這就是後來稱為的「五斗米道」。還規定教眾要信仰元始天尊和太上老君，除每年五月、臘月的吉日祭祀祖先，二月八日祭灶神外，不准祭其他的神，更不准胡亂行祭。另外，規定教民內要慈孝，外要敬讓，不准興訟好鬥，不准欺詐世人。張道陵「五斗米道」規定：天師為全教區最高領導者；初入道的稱為鬼卒；能為道徒和病人做祈禱儀式的稱為鬼吏和奸令；信仰確立並能講授《道德經》的稱為祭酒。祭酒負責主持一治教區的各項教務工作，直屬天師領導，對天師負責。由於五斗米道傳道紀律嚴密，教風正派，所以很快得到普及。

五斗米道的聖祖

老子被五斗米道奉為道教的祖師，並且將他所著的《道德經》奉為寶典。張道陵要求弟子們吟誦《道德經》，並按照其中的要義修身養性。

老子騎牛圖

老子騎著青牛，手中拿著樹枝，一路西行，於函谷關出關，並飛升成仙。

風勁枝搖桃青葉茂愈紅 一九七〇年三月 俞致貞

篇一
《道德經》

　　《道德經》被道家尊為經典之一，也成為歷代人們探求道法的指導依據。老子先是從宇宙萬物的混沌之初開始給予「道」一個含義：「道可道，非常道；名可名，非常名」，無法用語言描述，無法用具體的形象表現，它自古以來一直存在於宇宙萬物之中，先天地而生。修道成為一些人們競相追求的目標，隨之產生的方士道者數不勝數，古今帝王也開始尋仙訪道的活動。老子從人們的本性出發來論述修道必備的品行，提倡人們應該順自然而為，許多事情不能強求，只有放棄執著和欲念，才能真正明白大道的真諦，進而達到自己預期的目標。老子治國的主張有別於儒家的治世方略，老子將百姓看做是一個國家的根本，主張君王施行無為之治、不言之教。

論 道 篇

眾妙之門、玄之又玄

【原文】道可道，非常道；名可名，非常名。無，名天地之始；有，名萬物之母。故常無，欲以觀其妙；常有，欲以觀其徼。此兩者同出而異名，同謂之玄。玄之又玄，眾妙之門。

開篇就點出了「道可道，非常道」，初步揭示了「道」的真正內涵。「道」也是《道德經》主要講述的核心問題之一。

【譯文】「道」如果可以用言語來表述，那它就不是永恆的大道；「名」如果可以用文辭去命名，那它也就不是永恆的名。「無」是天地萬物沒有成形的狀態，可以看為天地萬物的起始；而「有」則是宇宙萬物產生的本原，孕育了萬物。因此，要常從無形之態中去觀察並領悟「道」無名無形的玄妙；要常從有目的、受限制中去觀察體會「道」有名有形的端倪。妙與徼這兩個概念，來源相同而名稱相異，都可以稱其為大道的變化。它不是一般的玄妙、深奧，總是變化萬千，是洞察宇宙天地萬物一切奧妙的門徑。

闡道賞析

開天闢地

傳說在很久很久以前，天和地還沒有分開，整個宇宙混沌一團，像個大雞蛋。有個叫盤古的大神，昏睡了一萬八千年。一天，大神醒來，睜眼一看，周圍黑乎乎一片，什麼也看不見。他一使勁翻身坐了起來，只聽「嘩嚓」一聲，「大雞蛋」裂開了一條縫，一絲微光透了進來。大神見身邊有一把板斧，一把鑿子，他隨手拿來，左手持鑿，右手握斧，對著眼前的黑暗混沌，一陣猛劈猛鑿，只見巨石崩裂，「大雞蛋」破碎了。輕而清的東西冉冉上升，變成了天；重而濁的東西慢慢下沉，變成了地。

天和地分開後，盤古就頭頂天，腳踏地，站在天地當中，隨著它們的變化而

道的內涵

老子在開篇就講到了「道」的真正內涵，以「道可道，非常道；名可名，非常名」初步揭示了《道德經》的核心問題。

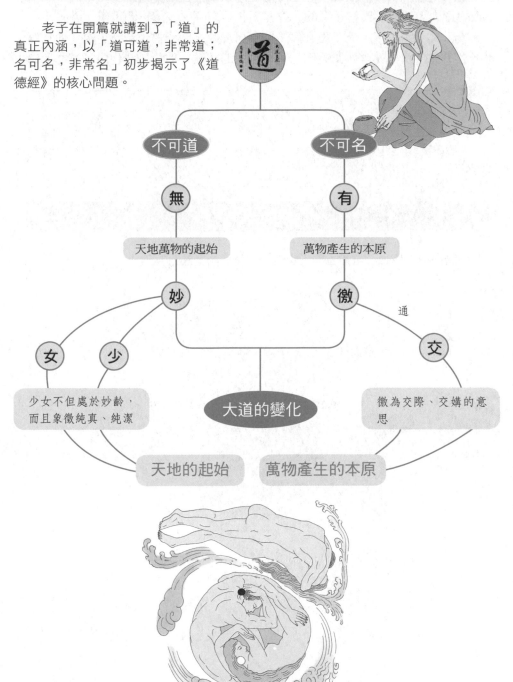

道

不可道 → 無 → 天地萬物的起始 → 妙

不可名 → 有 → 萬物產生的本原 → 徼

徼 —— 通 —— 交

妙 → 女　少

少女不但處於妙齡，而且象徵純真、純潔

大道的變化

徼為交際、交媾的意思

天地的起始　　萬物產生的本原

變化。天每天升高一丈，地每天加厚一丈，盤古的身體也跟著長高。這樣又經過了一萬八千年，天升得極高了，地變得極厚了，盤古的身體也長得極高了。這個巍峨的巨人，就像根長柱子似的，撐在天和地之間，不讓它們重新合攏。

幾千萬年過去了，天不再升高，地不再加厚，而盤古也精疲力竭。他知道天地再也不會合攏，就含著微笑倒下了。臨死的時候，他的身軀化成了萬物：口中

道不是一般的玄妙、深奧，總是變化萬千，是洞察宇宙天地萬物一切奧妙的門徑。它在天地未生成之前就已經存在於浩瀚宇宙中了，等到天地萬物生成以後，就已經在萬事萬物中發揮著自身的作用。就好像是天地本來就是真實存在的，在盤古未劈開之前只是混在一起，天中有地，地中有天。

盤古開天闢地

中國的神話傳說，是盤古開天闢地，然後他的身軀化為天地萬物。

盤古被稱為人類的始祖。傳說很早以前，天地本是連接在一起的，人類的始祖盤古沉睡醒來後，覺得憋悶，於是拿起身邊的斧子將天地劈開。

天地的運行規律

天地是以清濁而分的，清的東西上升，形成天空；濁的東西下沉，變為大地。
日月星辰運行於天地之間，一切都合乎自然之道。

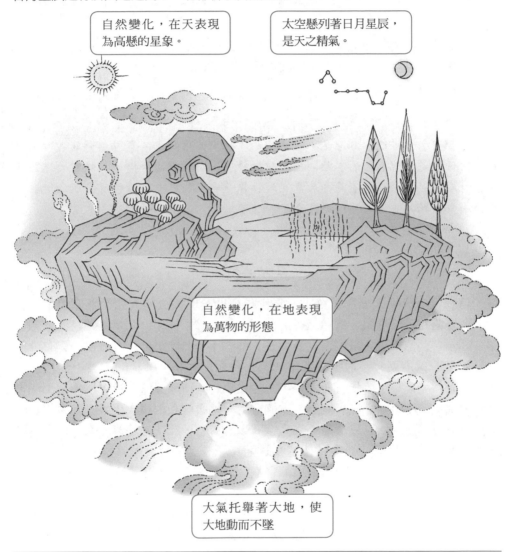

自然變化，在天表現
為高懸的星象。

太空懸列著日月星辰，
是天之精氣。

自然變化，在地表現
為萬物的形態

大氣托舉著大地，使
大地動而不墜

呼出的氣變成了風和雲，發出的聲音變成了轟隆的雷霆，左眼變成了光芒萬丈的
太陽，右眼變成了皎白的月光，隆起的肌肉變成了三山五嶽，流淌的血液變成了
奔騰的江河，筋脈變成了縱橫交錯的大道，皮膚變成了萬頃良田，就連流出的汗
水也變成了滋潤萬物的雨露。

　　就這樣，盤古以他的神力和身軀，開闢了天地，化生出世間萬物。

萬物之宗、象帝之先

【原文】道沖，而用之或不盈，淵兮似萬物之宗；挫其銳，解其紛，和其光，同其塵。湛兮似或存。吾不知誰之子，象帝之先。

老子進一步探究「道」，道看不見、摸不著，但是卻真實存在，奇妙無窮。只要人類和「道」合二為一，就能夠進入理想中的桃花源。

【譯文】大「道」本身是中虛真空的，但它使用起來又顯得無窮無盡。深遠啊！它好像是天地萬物的本源。挫掉它的鋒芒，消解它的紛擾，收斂它的光芒，將它和塵垢混同。隱沒不見卻又真實地存在。我不知道它是誰孕育而成的，在萬物的法象締結之前，它就已經存在了。

闡道賞析

拈花一笑

有一次，大梵天王在靈鷲山上請佛祖釋迦牟尼說法。大梵天王率領眾人將一朵金婆羅花獻給佛祖，行禮之後退坐在一旁。佛祖拈起一朵金婆羅花，意態安詳，卻一句話也不說。每個人充滿疑惑，他們不明白佛祖是什麼意思，只有佛祖的大弟子摩訶迦葉輕輕地「噗哧」一笑。佛祖聽到摩訶迦葉的笑聲不僅沒有責怪，反而當場宣布：「我有普照宇宙、包含萬物的精深佛法，有可以熄滅生死、能夠超脫輪迴的奧妙心法，能夠幫你們擺脫一切虛假表相修成正果，其中的妙處實在是難以言說。所以我決定不立文字，以心傳心，於教外別傳一宗，現在傳給摩訶迦葉。」然後他就把金縷袈裟和缽盂授予摩訶迦葉。這就是禪宗「拈花一笑」和「衣缽真傳」的典故。中國禪宗把摩訶迦葉列為「西天第一代祖師」。

佛祖所傳的其實是一種祥和、寧靜、安閒、美妙的心境，這種心境純淨無染、淡然豁達、無欲無貪、無拘無束、坦然自得、無形無跡、超脫一切、不可動搖、與世長存，是「無相」、「涅槃」的最高境界，只能感悟和領會，不能用言語表達。

解讀

> 大「道」本身是中虛真空的，但它使用起來又顯得無窮無盡，在萬物的法象締結之前它就已經存在了。「道」就好像是佛祖所傳的心境，因為純淨無染、無拘無束，所以才無形無際，難以用言語表達，只能領悟並體會。

「道」的存在形式

「道」本身是中虛真空的，看起來好像是虛無的，但是用起來卻又奇妙無窮。它在萬物締結之前就已經存在了。

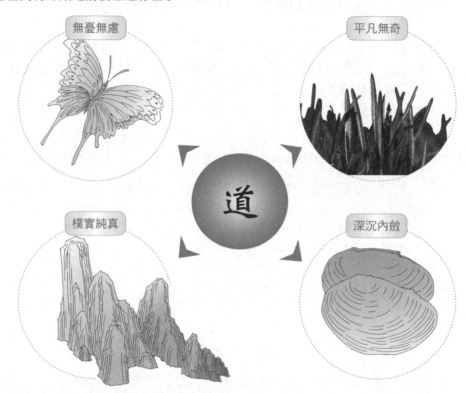

無憂無慮

平凡無奇

道

樸實純真

深沉內斂

佛祖拈花

婆羅花又叫優曇婆羅花，是傳說中的仙界極品之花，因其花「青白無俗豔」而被尊為佛家花。其花花形渾圓，猶如滿月，遠遠看去，白色的花朵像是捲了千堆，有祥瑞之氣繚繞。

有一次，佛祖為眾佛說法，他將大梵天王所送的金婆羅花隨手拈起，意態安祥而不語。眾佛都不解其意，唯有他的大弟子摩訶迦葉微微一笑。佛祖就將衣鉢傳給了摩訶迦葉。

無狀之狀、無物之象

【原文】視之不見名曰夷，聽之不聞名曰希，搏之不得名曰微。此三者不可致詰，故混而為一。其上不皦，其下不昧。繩繩不可名，復歸於無物。是謂無狀之狀，無物之象，是謂惚恍。迎之不見其首，隨之不見其後。執古之道，以御今之有。能知古始，是謂道紀。

老子在這裏主要討論了形象和規律的問題，提出了「道紀」──大道的綱紀和規律。說明認識「道紀」比認識大道本身更有意義.

【譯文】看不見它，就叫做「夷」；聽不到它，就叫做「希」；摸不著它，就叫做「微」。這三者的形狀無從追究，難以區分，它們原本就渾然一體。它的起始不清晰，末尾也不暗昧，它無頭無緒，無法為它命名，一切運動都回歸到虛無狀態。這就是沒有形狀的形狀，沒有具體物象的物象，也就是「惚恍」。迎著它，不見頭；跟著它，不見尾。遵循著早已存在的「道」，駕馭現實的具體事物。認識了解宇宙的初始，也就是「道」的規律。

闡道 賞析

鼓盆而歌，送妻升遐

莊子的妻子病死。好朋友惠子前來弔唁，見莊子正盤腿坐在地上，一邊敲著木盆，一邊高歌。惠子責問莊子為何如此，未免太不近人情了，好歹也是夫妻一場。莊子回答，並不是自己不傷心，當想通生死之理的時候，就不怎麼悲傷了。惠子卻仍然憤憤不平，他質問莊子什麼是生死之理。莊子回答，生命本來就沒有存在過；不僅沒有存在過，就連具體的形狀也沒有；不僅沒有形狀，就連氣息也未存在過。陰陽交雜地存在於宇宙之間，經過變幻才產生了氣息，氣息又變化產生了形狀，形狀便產生了存在。如今存在又變成無的原始狀態。所以說，人的生死變化，就好像春夏秋冬四季的交替。妻子雖死，但依舊存在於宇宙之間，所以沒有什麼可悲傷的。

解讀

> 它無頭無緒、綿延不絕，無法為它命名，一切運動都回歸到無形無跡的虛無狀態。這就是所謂沒有形狀的形狀，沒有具體物象的物象，也就是「惚恍」。因為莊子知曉了天地之間的「大道」，所以他對於妻子的死也就不會傷心，反而因悟了「大道」而「鼓盆而歌」。

道 紀

老子在這裏講到了大道的綱紀和規律——道紀，提倡人們將道紀運用到日常生活當中，這樣便可以一帆風順，事事順心。

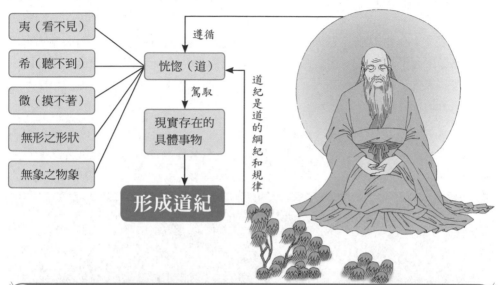

夷（看不見）
希（聽不到）
微（摸不著）
無形之形狀
無象之物象

→ 恍惚（道）
遵循
駕馭
現實存在的具體事物

道紀是道的綱紀和規律

形成道紀

莊子鼓盆而歌

莊子具有異於常人的生死觀，他認為人死只是以另一種形式 存在，所以妻子死後，他自己卻在墳前敲著木盆唱歌。

莊子在妻子死後，不但沒有痛哭失聲，反而敲著木盆高聲唱歌。他的朋友惠子看到後，很嚴厲地指責他，但是他卻說生死本無分別，所以不該哀傷。

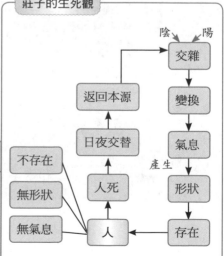

莊子的生死觀

陰　陽
交雜
返回本源　變換
日夜交替　氣息
產生
不存在　人死　形狀
無形狀　存在
無氣息　人

道法自然、先天地生

【原文】有物混成，先天地生。寂兮寥兮，獨立而不改，周行而不殆，可以為天下母。吾不知其名，字之曰道，強為之名曰大。大曰逝，逝曰遠，遠曰反。故道大，天大，地大，人亦大。域中有四大，而人居其一焉。人法地，地法天，天法道，道法自然。

老子在這裏提出一個新的概念——大，用來闡釋道的本質。他告誡人們不可以自以為是，要與天地融為一體，學習大道包容萬物的胸襟，與大自然和平共處。

群賢鑑古圖
三位賢者聚在一起，他們的目光都專注於坐在桌子旁邊的那個人手裏拿著的東西。在案前的墊子上，擺放著一些古玩，從他們優雅的愛好就可以探知他們恬淡的品性。旁邊站立的兩位女子似乎正在交談著什麼。整個畫面雖然人多，卻不顯繁亂。

【譯文】有一樣東西渾然而成，在天地形成以前就已經存在。聽不到它的聲音，也看不見它的形體，寂靜而空虛，不依靠任何外力，便可獨立長存而永不衰竭，循環運行而永無停息，它可以被看作宇宙萬物的根本。我不知道它的名字，所以勉強把它叫做「道」，再勉強給它起個名字叫做「大」。它廣大無邊而運行不息，運行不息而伸展遙遠，伸展遙遠而又返回本原。所以說道大、天大、地大、人也大。宇宙間有四大，而人居其中之一。人取法於地，地取法於天，天取法於「道」，而道取法於自然。

道的本質——大

老子用「大」來闡釋「道」的本質，告誡人們不可以自以為是，要具有包容之心。

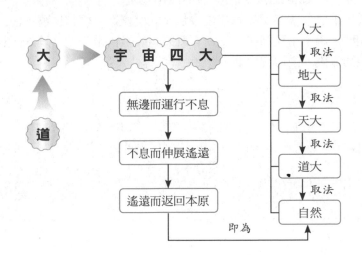

聞道賞析

宰相肚裏能撐船

宋朝宰相王安石中年喪妻，後來續娶了一個妾，她的名字叫姣娘。姣娘年方十八，出身名門，有閉月羞花的美貌，琴棋書畫更是無所不通。二人結婚之後，因為王安石身為大宋的宰相，整天忙於政務，時常奔忙於朝政之上，所以經常不在家。姣娘正值妙齡，她難以忍受獨居空房的苦楚，久而久之，便跟府裏的一個

篇一　《道德經》

45

年輕僕人有了私情，他們時常在王安石出去的時候幽會。不久之後，這事傳到了王安石的耳朵裏，於是王安石使了一計，謊稱自己要去上朝，卻在半路的時候返回，悄然藏在家中。入夜之後，他潛在臥室外竊聽，果然聽見姣娘與僕人在床上調情。他氣得火冒三丈，舉拳就要砸門而入，但是他轉念一想，自己是堂堂的當朝宰相，為一個小小的愛妾如此動怒，實在是不必要。於是，他便轉身走了。不料，沒留神，撞到了院中的大樹，王安石一抬頭，卻見樹上有個老鴰窩。他靈機一動，隨手抄起一根竹竿，捅了老鴰窩幾下，老鴰驚叫而飛，屋裏的人聞聲後，僕人慌忙跳後窗逃走。在這之後，王安石也一直裝作什麼事情都沒有發生。

一晃就到了中秋節，王安石邀請姣娘在花前賞月。酒過三巡，王安石隨即離席吟詩一首：「日出東來還轉東，烏鴉不叫竹竿捅。鮮花摟著棉靐睡，撇下乾薑門外聽。」姣娘本來就是個才女，不用王安石細講，她已品出了這首詩的寓意，知道自己跟僕人偷情的事被老爺知道了。想到這兒，她頓時感到無地自容。於是，她靈機一動，立馬跪在王安石面前，也吟了一首詩：「日出東來轉正南，你說這話夠一年。大人莫見小人怪，宰相肚裏能撐船。」王安石細細一想，自己年已花甲，姣娘正值豆蔻年華，偷情之事也不能全怪她，與其糾纏不清，還不如來個兩全其美吧。過了中秋節後，王安石就贈給姣娘白銀千兩，讓她跟那個僕人成親，然後離開這裏，去他鄉生活。

　　「道」廣大無邊而運行不息，運行不息而伸展遙遠，伸展遙遠而又返回本原。所以說道大、天大、地大、人也大。王安石面對妾和僕人的背叛，並沒有將他們懲治，而是考慮到了事情發生的實際情況，最後竟以白銀相贈成全了他們。他的大度寬容，令後人所敬仰。

寂靜空虛——道的形象

　　高士坐在山崖之上，遠眺對岸的流水，投身於自然之中，被自然深深地吸引。這一切正可究老子所說的「道」的形象。大道寂寞空虛卻無從考究，不依靠外力而獨立存在，運行經久不息。正如面對神奇的大自然，看得到，觸摸得到，就是不知道它真正的形象。

小連結　王安石的青苗法

　　治平四年正月，宋神宗趙頊即位。神宗立志革新，熙寧元年四月，召王安石入京，變法立制，富國強兵，改變積貧積弱的現狀。王安石於熙寧二年九月，頒布青苗法。規定以各路常平、廣惠倉所積存的錢穀為本，其存糧遇糧價貴，即較市價降低出售，遇價賤，即較市價增貴收購。其所積現錢，每年分兩期，即在需要播種和夏、秋未熟的正月和五月，按自願原則，由農民向政府借貸錢物。收成後，隨夏、秋兩稅，加息十分之二或十分之三歸還穀物或現錢。

無中生有、有生於無

【原文】反者，道之動；弱者，道之用。天下萬物生於有，有生於無。

在本章，老子重申了「道」和「德」之間的關係。人們所認識的往往只是道的德性而已，因此將德稱為道的屬性。大道的德性就是循環往復和柔弱順應，宇宙萬物只有合乎大道的德性才會正常生長、發展以及運行。

【譯文】發展是道運動的內在動力，堅守柔弱是道運動的具體表現。天下的萬物產生於看得見的有形質，有形質又產生於不可見的無形質。

聞道賞析

無中生有

曹操率軍南下，想滅劉備，趁機奪取東吳。劉備無奈只得聯合東吳來抗曹，於是派孔明去見周瑜。周瑜想要挫挫諸葛亮的威風，當著孔明的面，故意說曹軍不可抵擋，如何如何，周瑜的目的是想讓孔明低聲下氣求自己。但是孔明識破了周瑜的意圖，於是決定用言語刺激周瑜年輕氣盛的心。

孔明說聽說曹操喜好女色，又建銅雀臺，廣選天下美女置於銅雀臺中。並且曹操聽說江東喬公有兩個女兒，分別叫大喬和小喬。長得那真是閉月羞花，沉魚落雁。曹操有兩大願望，一是掃平四海，二是得到二喬以安度晚年。如今曹操來江南，就是為了二喬啊！其實大喬是孫策之妻，小喬是周瑜之妻，孔明特意裝作不知，好氣一氣周瑜，也就是激將法，省得周瑜裝腔作勢。周瑜問孔明有什麼證據。孔明便背誦了曹植奉曹操命令作《銅雀臺賦》。詩句中有「攬『二橋』於東南兮，樂朝夕之與共」。周瑜終於忍不住了，勃然大怒，大罵曹操老賊，並誓死抗戰到底。孔明更說兩個民女不足惜云云。周瑜說出了真相，孔明連稱死罪。這一段說的是孔明借用了曹植奉曹操命令作的一篇賦，巧妙地把「二橋」換成「二喬」，達到了激將的目的。此計無中生有也就是編織謊言，以達到目的。

解讀

天下萬物產生於有形，有形卻又產生於不可見的無形。諸葛亮利用曹植的詩句緊抓住周瑜年輕氣盛的特性，利用無中生有的巧妙計策，不僅完成了吳蜀聯合的重大任務，同時也讓想要戲弄自己的周瑜反遭戲弄。

「道」的運動條件

老子在這裏申明了「道」和「德」之間的關係，他將「德」稱為「道」的屬性，提出宇宙萬物只有合乎道德才會正常生長、發展以及運行。

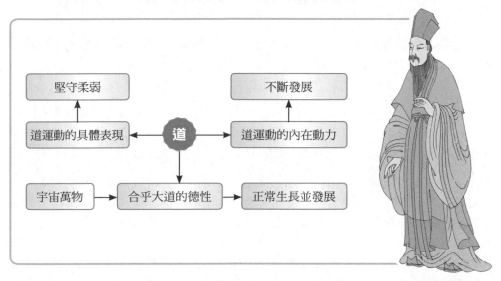

諸葛亮激周瑜

三國時期，諸葛亮是蜀王劉備的丞相，周瑜是吳國的大都督。他們兩個經常相鬥，周瑜死的時候還留下「既生瑜，何生亮」的感嘆。

劉備因為無法抵抗曹操的大軍，所以派諸葛亮去吳國求助。周瑜為了挫諸葛亮的銳氣，故意裝腔作勢。諸葛亮用計激他，順利完成了劉備交給自己的任務。

萬物之始、負陰抱陽

【原文】道生一，一生二，二生三，三生萬物。萬物負陰而抱陽，沖氣以為和。人之所惡，唯孤、寡、不穀，而王公以為稱。故物或損之而益，或益之而損。人之所教，我亦教之。「強梁者不得其死」，吾將以為教父。

在本章，老子主要講述了大道的衍生規律，並將道理和陰陽理論結合在了一起。他提出萬物之生是由於陰陽相合而生成的和氣所致，和氣也就是合乎大道，合乎大德。只有和氣，才能夠讓萬物得以安寧並生生不息。

【譯文】道是獨一無二的，道本身包含陰陽二氣，陰陽二氣相交而形成一種適勻的狀態，萬物在這種狀態中產生。萬物背陰而向陽，並且在陰陽二氣的互相激盪下合成新的和諧體。人們最厭惡的就是「孤」、「寡」、「不穀」，但王公卻用這些字來稱呼自己。所以一切事物，如果減損它卻反而得到增加，如果增加它卻反而得到減損。古人以這樣的道理教導我，我也以此去教導別人。「強橫逞凶的人不得好死」。我把這句話當作施教的宗旨。

闡道賞析

東施效顰

春秋時代，越國有一位美女名叫西施，無論舉手投足，還是音容笑貌，都惹人喜愛。盡管她淡妝素面，衣著樸素，但是無論走到哪裏，都會成為眾人的焦點，沒有人不驚歎她的美貌。西施患有心口疼的毛病。有一天，她的心痛病又犯了，所以她就用手捂胸口，由於疼痛緊緊皺著雙眉，即使如此還是流露出一種嬌媚柔弱的女性美。當她從鄉間走過的時候，鄉裏的人個個都睜大眼睛注視著她。鄉下有一個叫做東施的女子，她長得奇醜無比，而且行為舉止粗俗，說話大聲。當她看到西施捂著胸口、皺著雙眉的樣子竟博得這麼多人的青睞，因此回去以後，她也學著西施的樣子，手捂胸口、皺著雙眉從人前走過，人們見了這個怪模怪樣模仿西施心口疼，在村裏走來走去的醜女人，都像見了瘟神一般躲開。

解讀

如果減損它卻反而得到增加，如果增加它卻反而得到減損。不了解事物的本質，而去恣意地加以改變，反而會得到相反的效果。就好像故事中的東施，她只知道西施皺眉的樣子很美，卻不知道她為什麼很美，而去簡單模仿她的樣子，結果變得不倫不類，反而被人譏笑。

和　氣

　　老子在本章中主要提出了「和氣」的定義，説明和氣也就是合乎大道，萬物都是由陰陽相合而生成的和氣所致。

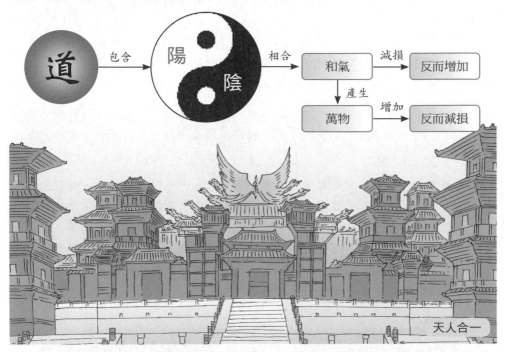

天人合一

東施效顰

　　「東施效顰」，失去自己原有的自然，畫虎不成反類犬，違反自然顯得醜陋無比。

　　西施是春秋時期出名的美女，因為有心疼病，所以她經常用手捂著胸口。一個叫做東施的醜女看到後，覺得很美，於是自己也就學西施的樣子捂著胸口走路，結果受到人們的譏笑。

天下有始、以天下母

【原文】天下有始，以為天下母。既得其母，以知其子；既知其子，復守其母，沒身不殆。塞其兌，閉其門，終身不勤；開其兌，濟其事，終身不救。見小曰明，守柔曰強。用其光，復歸其明，無遺身殃，是為襲常。

老子在本章主要強調了人們應該杜絕各種誘惑和欲望，做到淳樸自然。就好像是道產生了萬物，而萬物最終還是要回歸道，葉落歸根，一切終究要回到自己的起始地。

【譯文】天地萬物本身都有起始，這個始作為天地萬物的根源。如果知道根源，就能認識萬物，如果認識了萬事萬物，又把握著萬物的根本，那麼終身都不會有危險。塞住欲念的孔穴，閉起欲念的門徑，終身都不會有煩憂之事。如果打開欲念的孔穴，就會增添紛雜的事件，終身都不可救治。從細微處察覺事物之理叫做「明」；能夠持守柔弱叫做「強」。運用外在的智慧之光芒，光復內在的規律，不給自己留下禍患，這就叫做因襲自然之常道。

返璞歸真

老子強調人們應該杜絕各種誘惑和欲望，做到淳樸自然。

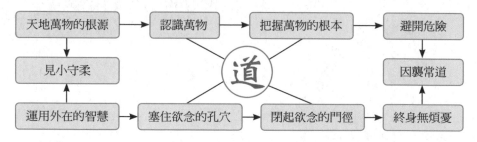

解讀

　　天地萬物本身都有起始，這個始作為天地萬物的根源。萬事萬物遵循著「道」自然發展，但是最終它還是要回到自己的起始地。薛仁貴雖然貴為平遼王，但是他沒有忘記自己曾經貧困的日子，也沒有忘記救濟過自己的王茂生，飲水思源，知恩圖報，薛仁貴不愧為一個品行高尚的人。

君子之交

　　唐朝貞觀年間，大將軍薛仁貴尚未得志之前，曾與妻子住在一個破窰洞中，全靠王茂生夫婦接濟。後來，薛仁貴參軍，在跟隨唐太宗李世民御駕東征時，因平遼功勞顯赫，而被賜封為「平遼王」。前來王府送禮祝賀的文武大臣絡繹不絕，但是他唯一收下的是王茂生送來的「美酒兩罈」。一打開酒罈，負責啟封的執事官發現罈中裝的不是美酒而是清水！誰知薛仁貴不但沒有生氣，而且當眾飲下三大碗王茂生送來的清水。在場的文武百官百思不解其意，薛仁貴說：「我過去落難的時侯，全靠王兄弟夫婦資助，沒有他們就沒有我今天的榮華富貴。如今我偏偏收下王兄弟送來的清水，因為我知道王兄弟貧寒，送清水也是他的一番美意，這就叫君子之交淡如水。」此後，薛仁貴仍與王茂生一家關係親密。

君子之交

　　「君子之交淡如水，小人之交甘若醴」，真正的友情並不是同享樂，而是共患難時候的真情。

三箭定天山

　　薛仁貴被封為平遼王之後，許多朝廷大官都前來祝賀，他推卻了所有人所送的禮物，僅僅收下了曾經幫助過自己的王茂生送來的「酒」。並且將實為清水的「酒」當眾飲下三碗。從中顯示出，他不忘根本，不欺貧愛富的高尚品德。

聖人之道、為而不爭

【原文】信言不美，美言不信；善者不辯，辯者不善；知者不博，博者不知。聖人不積，既以為人己愈有，既以與人己愈多。天之道，利而不害；聖人之道，為而不爭。

「天之道，利而不害；聖人之道，為而不爭」是本章的總結，也是《道德經》的總結。老子用這句極具鼓動性的話結束了他的五千言。

【譯文】真實可信的言語不漂亮，漂亮的話並不真實。善良的人忠厚老實而不善於言辯，巧言善辯的人不善良。真正有知識的人從不賣弄，賣弄自己懂得多的人不是真有知識。聖人從不私自積藏，而是盡力照顧別人，他自己也變得更為充足；他盡力給予別人，自己反而更豐富。自然的規律是讓萬事萬物都得到好處，而不傷害它們。聖人的行為準則是，幫助他人而不和他人爭搶。

闡道賞析

忠言逆耳

西元前207年，劉邦率大軍到咸陽後，進入秦宮探看。他見到宮室華麗，各處寶物不計其數，美女宮娥數不勝數，於是，便打算住在宮內好好享受一番。劉邦的部將樊噲發現後，就勸劉邦不要貪戀美人珠寶，想要得到天下，應該盡快返回霸上。因為這些東西都是導致秦王朝滅亡的禍首。劉邦對樊噲的勸諫不以為然。謀士張良知道這件事後，對劉邦說：「秦王因為無道，所以百姓才會造反，打敗了秦軍，沛公才來到了這裏。您為天下除掉害民的暴君，理應克勤克儉。如今剛剛進入秦地，您就想著享樂。俗語說：『良藥苦口利於病，忠言逆耳利於行。』希望沛公能夠採納樊噲的忠告。」劉邦聽了，終於醒悟過來，馬上下令將府庫封起來，關掉宮門，隨即率軍返回霸上。

解讀

　　真實可信的言語不漂亮，漂亮的話並不真實。好藥雖然味苦，但是可以醫好疾病。善良的人忠厚老實而不善於言辯，但是他一心為人而不求回報。就好像此故事中的樊噲，他一心為劉邦好，即使知道自己的諫言會惹他不高興，但是為了成就漢王朝的大業，他仍然勇於直諫，置自己的生命於不顧。

聖人之道

老子說，聖人從不私自積藏，而是盡力照顧別人，他自己也變得更為充足。老子強調做人不應該和別人爭搶，計較得失。

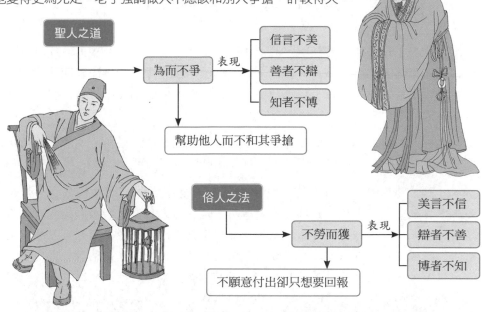

聖人之道 → 為而不爭 →（表現）→ 信言不美 / 善者不辯 / 知者不博

為而不爭 → 幫助他人而不和其爭搶

俗人之法 → 不勞而獲 →（表現）→ 美言不信 / 辯者不善 / 博者不知

不勞而獲 → 不願意付出卻只想要回報

忠言逆耳

好聽的話語不一定有用，但是難聽的話語一定會有所幫助。「親賢臣，遠小人」，有道的君王應該明白其道理。

良藥苦口利於病，忠言逆耳利於行。

劉邦看到秦宮華麗不凡，且美女無數，財寶不計其數，所以就想留在秦宮享受。但是大將軍樊噲勸他不能因小失大。

樸散為器、大制不割

【原文】知其雄，守其雌，為天下谿。為天下谿，恆德不離，復歸於嬰兒。知其白，守其黑，為天下式。為天下式，恆德不忒，復歸於無極。知其榮，守其辱，為天下谷。為天下谷，常德乃足，復歸於樸。樸散則為器，聖人用之，則為官長，故大制不割。

這一章主要論述了道所包含的基本內容，也就是柔和虛無，二者合起來就是樸素自然。老子主張得道之人應該保持糊塗的狀態，並將此作為人類的楷模。

【譯文】深知自己的剛強，卻安守柔弱，甘願處於天下卑低之處。甘願處於天下卑低之處，永恆的德性就不會離失，又會回復到嬰兒般柔和純真的狀態。深知什麼是明亮，卻安於暗昧的地位，甘願做天下的模式。甘願做天下的模式，永恆的德性就不會偏離，就會恢復到宇宙的初始。深知什麼是榮耀，卻安守卑辱的地位，甘願做天下的川谷。甘願做天下的川谷，永恆的德性才得以充足，回復到自然本初的素樸純真狀態。樸素本初的東西經製作而成器物，有道的人沿用真樸，則為百官之長，所以完善的統治制度是一個體系，是不可分割的。

闡道賞析

難得糊塗

鄭板橋的仕途並不怎麼順暢，他曾任濰縣知縣，那時候恰逢飢荒，為了救助百姓，他逼迫富豪以平價出售糧食，被富人們誣告，朝廷以賑災不當而懲治了他，於是他辭官回鄉。他在惜別濰縣紳民所畫的一幅竹子圖上題了一首詩：「烏紗擲去不為官，囊橐蕭蕭兩袖寒；寫取一枝清瘦竹，秋風江上作漁竿。」他又為惜別僚屬，畫了一幅菊花圖，也題上詩：「進又無能退又難，宦途踽踽不堪看；吾家頗有東籬菊，歸去秋風耐歲寒。」只有他這般曠達的心胸，才能如此瀟灑。

他辭官後回到揚州賣字畫，因為身價已與前大不相同，所以求他字畫的人很多，收入頗為可觀。但他最厭惡那些附庸風雅的暴發戶，就像揚州一些鹽商，縱出高價，他也不加理會。他高興時馬上動筆，不高興時，不允還要罵人。他這種怪脾氣，自難為世俗所理解。但板橋毫不隱諱自己計較酬金的行為，而且明定出一則可笑的怪潤例：大幅六兩，中幅四兩，書條對聯一兩，扇子斗方五錢。凡送禮物、食物，總不如白銀為妙。蓋公之所陝，未必弟之所好也。若送現銀，則

道的基本內容

老子強調為人處世應該樸素自然。「清水出芙蓉，天然去雕飾！」

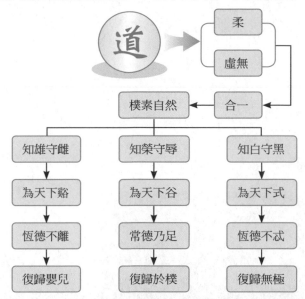

復歸於樸

　　老子所說的大道主要是遵循自然，自然的一切都是質樸而無所欲求的。就好像世人不再追求繁華的世俗人生，把自己從滾滾紅塵中解脫出來，怡情於山水之間，守著幾間芳草屋，守著一室的竹香和清風，和友人喝酒吟詩。

心中喜樂，書畫皆佳。禮物既屬糾纏，賒欠尤為賴帳。年老神倦，不能陪諸君子作無益語言也。「畫竹多於買竹錢，紙高六尺價三千；任渠話舊論交接，只當春風過耳邊。」　明明是俗不可耐的事，但出諸板橋，轉覺其俗得分外可愛，正因他是出於率真。他寫出「吃虧是福」、「難得糊塗」，並且煞有介事地再加上個注：「聰明難，糊塗難，由聰明而入糊塗更難」。

　　深知什麼是明亮，卻安於暗昧的地位，甘願做天下的模式。甘願做天下的模式，永恆的德性就不會偏離，就會恢復到宇宙的初始。鄭板橋明明是一個很聰明的人，但是他卻寫出「難得糊塗」，一方面是由於他看淡功名利祿，另一方面也是他對當時世道的不贊同。

鴛鴦蓮花圖

　　蓮為花中君子，象徵著中國傳統文化中的一種理想人格：「出淤泥而不染，濯清漣而不妖」。清廉的象徵：蓋「青蓮」者，諧音「清廉」也。愛情的象徵：蓋蓮花別名芙蓉花，或云水芙蓉。「芙蓉」，「夫容」也。蓮花也能諧音「連」。蓮蓮加上蓮子，叫「連生貴子」。象徵純淨、純潔。

鄭板橋是「揚州八怪」的主要代表，以三絕「詩、書、畫」聞名於世。擅畫蘭、竹，他一生畫竹最多，次則蘭、石，但也畫松、畫菊，是清代比較有代表性的文人畫家。

鄭板橋

❶ 鄭板橋在濰縣做知縣的時候，恰逢飢荒，為了救助百姓，他逼迫富豪以平價出售糧食，被富人們誣告，朝廷以帳災不當而懲治了他，於是他辭官回鄉。

❷ 鄭板橋賣畫。鄭板橋辭官之後，就回到揚州賣字畫，因為身價已與前大不相同，所以求他字畫的人很多，收入頗為可觀。但他最厭惡那些附庸風雅的暴發戶，就像揚州一些鹽商，縱出高價，他也不加理會。他高興時馬上動筆，不高興時，不允還要罵人。

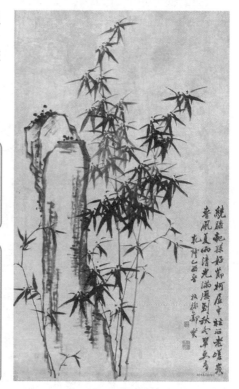

❸ 難得糊塗。鄭板橋毫不隱諱自己計較酬金的行為，而且明定出一則可笑的怪潤例：大幅六兩，中幅四兩，書條對聯一兩，扇子斗方五錢。凡送禮物食物，總不如白銀為妙。蓋公之所送，未必弟之所好也。若送現銀，則心中喜樂，書畫皆佳。禮物既屬糾纏，賒欠尤為賴帳。年老神倦，不能陪諸君子作無益語言也。並且他寫出「吃虧是福」、「難得糊塗」，並且煞有介事地再加上個注：「聰明難，糊塗難，由聰明而入糊塗更難」。

我有三寶、持而保之

【原文】天下皆謂我道大，似不肖。夫唯大，故似不肖。若肖，久矣其細也夫！我有三寶，持而保之。一曰慈，二曰儉，三曰不敢為天下先。慈，故能勇；儉，故能廣；不敢為天下先，故能成器長。今舍慈且勇，舍儉且廣，舍後且先，死矣。夫慈，以戰則勝，以守則固。天將救之，以慈衛之。

本章主要講述的是道的原則在軍政方面的具體運用。老子將道的原則分為三點：仁慈、簡樸和不敢為天下先，這些思想和他的無為思想一脈相承，是無為思想的具體表現。

【譯文】天下人都說「道」博大，博大到沒有具體的形象。正因為它博大，所以才不像任何具體的事物。如果它像任何一個具體的事物，那麼「道」也就顯得很渺小了。我有三件法寶，執守而且保全它：第一件叫做柔慈；第二件叫做儉嗇；第三件是不敢居於天下人的前面。有了這柔慈，所以能勇武；有了儉嗇，所以能大方；不敢居於天下人之先，所以能成為萬物的首長。現在丟棄了柔慈而追求勇武；丟棄了儉嗇而追求大方；捨棄退讓而求爭先，結果是走向滅亡。柔慈，用來征戰，就能夠勝利，用來守衛就能堅固。天要援助誰，就用柔慈來保護他。

闡道賞析

勤儉持家

季文子出身於三世為相的家庭，是春秋時代魯國的貴族、著名的外交家，為官30多年。他一生儉樸，將節儉作為立身的根本，並且要求家人也過儉樸的生活。他穿衣只求樸素整潔，除了朝服以外沒有幾件像樣的衣服，每次外出，所乘坐的車馬也極其簡單。

見他如此節儉，有個叫仲孫的人就勸季文子說：「你身為上卿，德高望重，但聽說你在家裏不准妻妾穿絲綢衣服，也不用糧食餵馬。你自己也不注重容貌服飾，這樣不是顯得太過寒酸而讓別國的人笑話您嗎？這樣做也有損於我們國家的體面，人家會說魯國的上卿過的是一種什麼樣的日子啊。您為什麼不改變一下這種生活方式呢？這於己於國都有好處，何樂而不為呢？」

季文子聽後淡然一笑，對那人嚴肅地說：「我也希望把家裏布置得豪華典雅，但是看看我們國家的百姓，還有許多人吃著粗糙得難以下嚥的食物，穿著破

老子「三寶」

老子在這裏主要講述了「道」在軍事方面的運用，他提出「三寶」：慈、儉、不敢為天下先，也表明了他的無為思想。

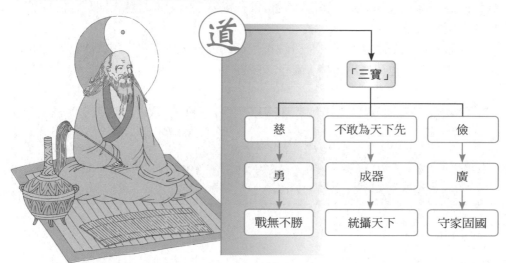

道

「三寶」

慈	不敢為天下先	儉
勇	成器	廣
戰無不勝	統攝天下	守家固國

勤儉持家

勤儉是中華民族的傳統美德。一個勤儉的君王，他所治理的國家的百姓，一定是豐衣足食的。

季文子雖然身為魯國上卿，但是他不改簡樸的本質，吃穿用一度從簡。他注重的是自己的德性以及魯國百姓的生活，也表現出了他高潔的品德。

舊不堪的衣服，還有人正在受凍挨餓。想到這些，我怎能忍心去為自己添置家產呢？如果平民百姓都粗茶敝衣，而我則妝扮妻妾，精養良馬，這哪裏還有為官的良心！況且，我聽說一個國家的國強與光榮，只能藉由臣民的高潔品行表現出來，並不是以他們擁有美豔的妻妾和良驥駿馬來評定的。既然如此，我又怎能接受你的建議呢？」他的這一番話，說得仲孫滿臉顯露羞愧之色，同時也使仲孫對季文子更加敬重。

此後，他也效仿季文子，十分注重生活的簡樸，妻妾只穿用普通布做成的衣服，家裏的馬匹也只是用穀糠、雜草來餵養。

解讀

老子有三件法寶執守而且保全「道」：第一件叫做柔慈；第二件叫做儉嗇；第三件是不敢居於天下人的前面。由儉入奢易，由奢入儉難，古之聖人，大多追求勤儉的生活方式。他們心繫天下百姓，將百姓作為國家的根本。就如同故事中的季文子，官拜上卿，並不是不想奢侈豪華，而是悲天憫人，心繫蒼生。借此也可以看出他高潔的品行。

松壑圖（張大千）

在群山之中，勁松蒼然垂下，經歷風吹雨打。道勁的枝幹和山岩相映成趣，無處不顯示畫者的匠心獨運。天下人都說「道」博大，博大到沒有具體的形象。正因為它博大，所以才不像任何具體的事物。道有千千萬萬的形象，似是而非，存在於萬事萬物之中。

老子評判得道之人的標準

老子按不同的等級，分別提出了三種品性標準，即君王長而不宰，臣子功成弗居，謀士無執無失。

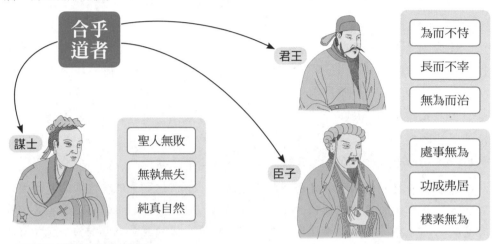

合乎道者

君王
為而不恃
長而不宰
無為而治

謀士
聖人無敗
無執無失
純真自然

臣子
處事無為
功成弗居
樸素無為

小連結　三思而後行

魯宣公篡立，當時各國諸侯因礙於禮，都沒有派使節去祝賀。於是，宣公派季文子出使齊國，並以金錢賄賂齊國，請求派使節前來祝賀。因為當時的齊國是大國，如果齊國肯派使節，其餘各國必定效仿。而按春秋時期的慣例，篡立者，諸侯如派使節前去祝賀，即等於承認其合乎禮法。據說，季文子最初願意替宣公出使齊國，但轉念一想，覺得不妥。因為宣公是篡位自立，本身就不合禮法，自己如替他使齊，也不光彩。不過，經再三考慮，季文子最終還是替宣公出使齊國，並且做出賄賂的事。所以，孔子針對季文子的行為發表了自己的見解。

孔德之容、惟道是從

【原文】孔德之容，惟道是從。道之為物，惟恍惟惚。惚兮恍兮，其中有象；恍兮惚兮，其中有物。窈兮冥兮，其中有精；其精甚真，其中有信。自今及古，其名不去，以閱眾甫。吾何以知眾甫之狀哉？以此。

在此篇中，老子提出了「德」的概念，它是人類對道體認後所採取的行為。德是道的顯現，無道就無德。道體現在宇宙萬物上，代表著宇宙觀和世界觀；德相對於人類而言，是成功者所具備的內在素質和標準外化。

【譯文】大德的形態，是由道所決定的。「道」這個東西，沒有清楚的固定實體。它是那樣的恍恍惚惚啊，其中卻有形象。它是那樣的恍恍惚惚啊，其中卻有實物。它是那樣的深遠暗昧啊，其中卻有精質；這精質是最真實的，這精質是可以信驗的。從當今上溯到遠古，它的名字永遠不能廢除，依據它，才能觀察萬物的初始。我怎麼才能知道萬事萬物演化的進程和結果呢？是從「道」認識的。

闡道賞析

似是而非

莊子曾帶著他的學生在各地遊學，在途中看到伐木工人放著旁邊粗壯、長勢旺盛的大樹不砍，卻在砍伐小樹，他們都感覺很奇怪，於是就問伐木者為什麼不去砍伐粗壯的大樹。伐木工人告訴他們，因為大樹太大了，已沒有什麼用處了。莊子似有所感，於是輕輕地點點頭。後來，他們來到一位朋友家裏，主人決定款待遠道而來的他們，於是吩咐僕人將那些不會打鳴只浪費糧食的雞殺掉待客。莊子聽後緊皺著眉頭，陷入沉思中。良久過後，他對學生們說：「伐木者放棄砍伐沒用的大樹，主人待客殺死那些不會打鳴的雞。看來做人處事應該處於有用和無用之間，這樣似是而非，才不至於被人抓住把柄，不遭受殺身之禍，得以保全自我。」

解讀

大德的形態，是由道所決定的。「道」這個東西，沒有清楚的固定實體。它是那樣的恍恍惚惚啊，其中卻有形象。它是那樣的恍恍惚惚啊，其中卻有實物。看似有用實則無用，處世之道貴在遵循中庸之道，平凡而不平庸，這也是老子所提倡的「無為」的處世之道。

「道」的顯現

老子在本篇中提出了「德」的概念，他指出「德」是人們認識「道」後所採取的行為，是「道」的顯現。

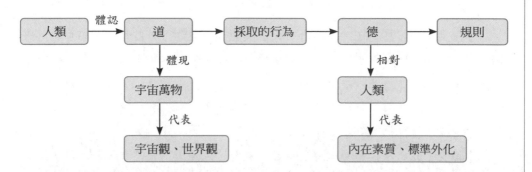

似是而非

似是而非，表面上看並沒有什麼用處，實際上它的無用正好是它最大的用處。這就是老莊所提倡的「無用之用」。

有一段時間，莊子為了尋求大道，帶著弟子四處遊學。在遊學的途中，他注意別人的言行或者事物的發展，獲得了很多寶貴的見解。

被褐懷玉、知我者希

【原文】吾言甚易知，甚易行。天下莫能知，莫能行。言有宗，事有君。夫惟無知，是以不我知。知我者希，則我者貴。是以聖人被褐而懷玉。

老子在本章運用看似發牢騷的話語再次闡述了大道的特點。在尾句以「被褐懷玉」點出了聖人的外貌，借美玉比喻了聖人純潔的內心和不與世道同流合汙的高潔品德。

【譯文】我的話很容易理解，很容易施行。但是天下竟沒有人能理解，沒有人能實行。言論有主旨，行事有根據。正由於人們不理解這個道理，因此才不理解我。能理解我的人很少，那麼能取法於我的人就更難得了。因此，有道的聖人總是穿著粗布衣服，懷裏揣著美玉。

闡道賞析

憤而投江

屈原自幼勤奮好學，胸懷大志，26歲就擔任楚國左徒兼三閭大夫。起初，他頗受楚懷王的信任，曾做到左徒的高官，他主張授賢任能，彰明法度改良內政，聯齊抗秦。但是，楚懷王的令尹子蘭、上官大夫靳尚和他的寵妃鄭袖等人，由於受了秦國使者張儀的賄賂，不但阻止懷王接受屈原的意見，並且使懷王疏遠了屈原。結果懷王被誘去秦國，囚死在秦國。頃襄王即位後，屈原繼續受到迫害，並一再地被放逐到外地。

屈原多次被逐之後，在江湖間游蕩。他沿著水邊邊走邊唱，臉色憔悴，形容枯槁。漁父看到屈原便問他堂堂三閭大夫為何會淪落至此？屈原說世人全都骯髒，只有我乾淨，個個都醉了，唯獨我清醒，因此被放逐。漁父勸他說，通達事理的人對客觀時勢不拘泥執著，而能隨著世道變化推移。既然世上的人都骯髒齷

解讀

這裏主要將世俗之人和有道之人做了比較。或許在世人的眼中，有道之人的所作所為僅僅是發瘋的表現，因為誰也不知道他究竟在說些什麼，到底在做些什麼。所以，芸芸眾生，能夠理解道的人很少，而得道的人就更少了。得道的人就好像是衣衫襤褸的流浪者，但是誰也不知道，其實在他的懷裏揣著的卻是最珍貴的寶玉。就好像是屈原，因為沒有人可以了解他，所以他情願選擇投江，也不願意蒙受世俗塵埃的汙染。

聖人的悲哀

老子在本章中借用發牢騷的話語闡述了大道的特點，點出了聖人「被褐而懷玉」的外貌，同時借用美玉表現出了聖人高潔的品行。

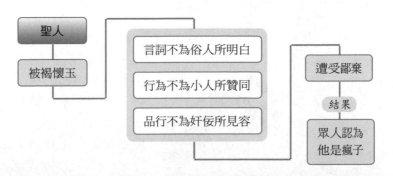

聖人

被褐懷玉

言詞不為俗人所明白

行為不為小人所贊同

品行不為奸佞所見容

遭受鄙棄

結果

眾人認為他是瘋子

憤而投江

「眾人皆醉我獨醒，眾人皆濁我獨清」，失魂落魄的屈原，面對殘酷的現實，他在汨羅江畔痛哭失聲，最後投江而亡。

屈原幾經放逐之後，終於對楚國的統治者完全失去了希望。他獨自一個人來到了汨羅江畔，想起往日的榮耀，如今卻煙消雲散。他不想和子蘭他們同流合汙，為了保持自己高潔的品行，投江自盡。

齪,您為什麼不也使那泥水弄得更渾濁而推波助瀾?既然個個都沉醉不醒,您為什麼不也跟著吃那酒糟、喝那酒汁?為什麼您偏要憂國憂民,行為超出一般而與眾不同,使自己遭到被放逐的下場?

屈原說自己聽過這種說法:剛洗過頭的人一定要彈去帽子上的塵土,剛洗過澡的人一定要抖淨衣服上的泥灰。哪裏能讓潔白的身體去接觸汙濁的外物?我寧願投身湘水,葬身在江中魚鱉的肚子裏,也不讓玉一般的東西去蒙受世俗塵埃的沾染。

漁父微微一笑,拍打著船槳離屈原而去,而屈原也在汨羅江畔投江自盡。

孤松圖(八大山人)
正直而有德性的人,他的品行就好像是松樹,剛直不屈,不會為了權勢和利益去阿諛奉承。雖然他有時候會被一些小人疏遠,但卻正好襯托出了他高潔的品德。

小連結　屈原和端午節

據說,屈原投汨羅江後,當地百姓聞訊馬上划船撈救,一直行至洞庭湖,始終不見屈原的屍體。那時,恰逢雨天,湖面上的小舟一起匯集在岸邊的亭子旁。當人們得知是為了打撈賢臣屈大夫時,再次冒雨出動,爭相划進茫茫的洞庭湖。為了寄託哀思,人們蕩舟江河之上,此後才逐漸發展成為龍舟競賽。百姓們又怕江河裏的魚吃掉他的身體,就紛紛回家拿來米糰投入江中,以免魚蝦糟蹋屈原的屍體,後來就有了吃粽子的習俗。

屈原是楚國的三閭大夫，但是他的政治主張卻不被楚王所採用，並且楚王一再聽信小人的讒言而流放屈原。

慘遭誣陷，失去聖恩 ①

起初，屈原很得楚懷王的信任，在屈原的努力下，六國聯合抗秦。但是後來，屈原遭到以公子子蘭為首的一班貴族的怨恨，他們聯合秦使張儀和懷王的寵妃鄭袖，抓住懷王愛占便宜的心理，使懷王和屈原之間產生了分歧。漸漸地，屈原被懷王疏遠，他抑鬱不得志，所以寫了《離騷》，以抒發自己的感情。

② **第一次流放**

西元前305年，楚懷王因為貪圖利益，又一次背叛了和齊國的聯盟，並且聽信了子蘭等人的讒言，竟然去秦迎親。第二年，懷王還與秦王會於黃棘，接受了秦退還的上庸之地。當時，屈原雖竭力反對，結果不但無效，反而遭到了第一次流放，流放到漢北地區。

③ **第二次流放**

西元前293年，秦國派白起前往伊闕攻打韓國，取得重大勝利。秦國便送給楚王書信說要痛快一戰。楚頃襄王很憂慮，就謀劃再與秦國講和。屈原卻不能容忍這樣的事情發生，他寫詩抒情，表達了他眷顧楚國，心繫懷王，不忘欲反的感情。

④ **投江身死**

屈原再次被放逐之後，對楚國徹底失望了。他生氣懷王不聽自己勸告，客死他鄉，頃襄王也不聽勸諫，與虎謀皮，最終致使楚國被奸佞所掌控，瀕臨滅亡。為了保持自己高潔的情操，他投身汨羅江。

堅強者死、柔弱者生

【原文】人之生也柔弱，其死也堅強；萬物草木之生也柔脆，其死也枯槁。故堅強者死之徒，柔弱者生之徒。是以兵強則不勝，木強則兵。故強大處下，柔弱處上。

在這一章中，老子藉助人和植物的生死狀態來說明柔弱勝剛強的道理。點出僵硬、剛強是通向死亡的途徑，而柔弱、卑下是通向生的途徑，再次闡明柔弱是無為的最好表達。

【譯文】人活著的時候，身體是柔軟靈活的；死了以後，身體就變得堅固僵硬了。萬物草木有生命的時候，形質是柔軟脆弱的，死了以後就變得乾硬枯槁了。所以，堅強的東西屬於死亡的一類，柔弱的東西屬於有生命的一類。因此，用兵逞強就會遭到滅亡，樹木強大了就會遭到砍伐摧折。凡是強大的，總是處於下位；凡是柔弱的，反而居於上位。

柔弱與剛強

老子藉助人和植物的生死狀態來說明柔弱勝剛強的道理。說出僵硬、剛強是通向死亡的途徑，而柔弱、卑下是通向生的途徑，再次闡明柔弱是無為的最好表達。

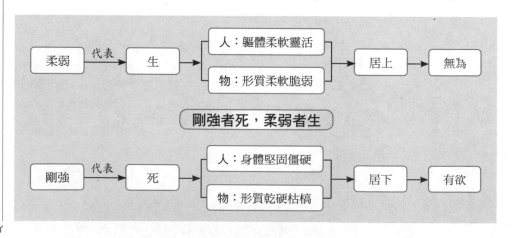

馮婕妤擋熊

傳說漢元帝的後宮，除王皇后外，最受寵的算馮婕妤和傅昭儀了。馮婕妤的家世，與傅昭儀貴賤不同，她的父親是光祿大夫馮奉世。她是長女，被元帝納入後宮，生了一名皇子，被封為婕妤，和傅昭儀同樣受到元帝的寵愛。

永光六年，改元建昭。好容易到了冬令，元帝的病痊癒了，元帝萬分高興，於是領著後宮的妃嬪們，來到了長楊宮校獵。隨行的還有滿朝的文武百官。到了獵場以後，元帝坐在獵場外的龍椅上，左邊坐著傅昭儀，右邊坐著馮婕妤，六宮的其餘美人，都在下面坐著。文官遠遠站立著觀看，武官大多數都去打獵了。數個時辰過後，武官們獵獲了許多飛禽走獸，都來到御前報功。元帝龍顏大悅，傳旨獎賞獲獵最多的人。

一直到了午後，還是沒有盡興，於是他們來到虎圈前面，看猛獸之間的搏鬥。傅昭儀和馮婕妤緊跟著元帝。虎圈中的各種野獸，本來是各歸各柵，互不相連的。當將牠們聚集在一起的時候，由於種類不同，立即咆哮跳躍，互相爭鬥。眾人正看得興起，忽然一個野熊躍出了虎圈，朝著御座的方向飛奔而來。熊把兩個前爪攀在圍著御座的鐵欄杆上，向上聳起身體，想要翻越過來。頓時，御座旁邊的妃嬪們，被嚇得魂魄飛揚，爭先恐後地向後宮逃去。傅昭儀也被嚇得不輕，立刻拽起裙裾，跌跌絆絆地跑

馮婕妤擋熊

漢元帝大病初愈後，攜了馮婕妤和傅昭儀以及眾妃嬪來到獵場圍獵。後來有一頭黑熊衝開了柵欄跑到了外邊，眾人都嚇得四散逃竄，只有馮婕妤擋在了熊的前邊，因為她吸引了熊的注意力，使得獵場免去了一場災難。

向其他地方。只有馮婕妤保持鎮靜，她不跑反而挺身向前，站立在熊的前面。元帝不覺大驚，想要喊她趕緊逃走，武士們趁著熊凝視馮婕妤的那一瞬間，拿起兵器，將熊殺死。

馮婕妤面色不改，徐徐退至元帝身旁。元帝問她猛獸出籠，為何不逃命反而站在了牠的面前。馮婕妤告訴元帝，自己曾經聽過，猛獸想要傷人的時候，只要人出現在牠面前，他就會停住，自己怕熊來到御座前之後，會傷害元帝，所以上前用自己的身體擋住熊，免得元帝受到驚嚇。元帝聽了，讚歎不已。後來封馮婕妤為昭儀，封她的兒子為信都王。

解 讀

　　人活著的時候，身體是柔軟的；死後卻會變得僵硬。凡是強大的事物往往居於下位，而柔弱的事物，反而居於上位。柔能克剛，柔弱的東西才屬於生命。馮婕妤用自己柔弱的身體去擋住凶惡的黑熊，並不是她不怕死，而是將個人的生死已經看淡。為了更重要的東西，她情願放棄自己的生命，但是她的行為不僅沒有讓她失去生命，反而讓她獲得了更高的位置和榮譽。

蘭石圖

　　柔弱者生，蘭花被看做花中君子。一是它通常生長在幽深的山谷，不和世俗的花朵在一起爭奇鬥豔；二是它不畏岩石峭壁，即使是生長在岩縫中，它也能怡然自得，綻放自己的生命。就好像老子所說的一般，正因為柔弱，所以才會無所不克。

剛強易死

剛強易死，僵硬本來就是代表著死亡，太過剛強就會招致災禍，做人應該懂得守持柔弱。

1 水滴石穿

即使堅硬如石頭，與水相比總是處於下風。水不僅可以在它的身體周圍自由穿梭，而且還可以一滴一滴地穿透它的身體，一點一點地將它侵蝕。

2 跋扈必死

鰲拜是順治帝留給康熙的輔佐大臣之一，但是他忘記了自己的臣子本分，欺主年幼，結黨營私，先後殺死許多不服從他的大臣，終於引起康熙帝的怒火。康熙帝布局，利用摔跤的遊戲將鰲拜擒獲，收回了他的權力。

3 樹大易折

樹木雖大，但是在雷雨天氣最容易受傷。當雷電掠過的時候，往往是長得高大的樹木先遭殃，許多都會被雷電劈折。

功成不處、不欲見賢

【原文】天之道，其猶張弓歟？高者抑之，下者舉之；有餘者損之，不足者補之。天之道，損有餘而補不足。人之道則不然，損不足以奉有餘。孰能有餘以奉天下？唯有道者。是以聖人為而不恃，功成而不處，其不欲見賢。

在本章中，老子將「天之道」和「人之道」進行對比，突出了「天之道」的博大，「人之道」的渺小。提倡人們遵循「天之道」，追求萬事萬物之間的平等，保持謙和、恭敬、卑下的德性。

【譯文】自然的規律，不是很像張弓射箭嗎？弦拉高了就把它壓低一些，低了就把它舉高一些，拉得過滿了就把它放鬆一些，拉得不足了就把它補充一些。自然的規律，是減少有餘的補給不足的。可是社會的法則卻不是這樣，常常是

群賢飲宴圖

文人們歡聚在一起，有侍女隨從相伴，或是吟詩作賦，或是談論風月。他們大多都不再追求世俗的名利，從其悠閒安逸的生活中略可窺得他們的愛好。高談飲宴，遠離塵囂，平淡的生活可以滌蕩人們的靈魂。

天之道和人之道

老子將「天之道」和「人之道」進行對比，突出了「天之道」的博大，「人之道」的渺小。提倡人們遵循「天之道」，追求萬事萬物之間的平等，保持謙和、恭敬、卑下的德性。

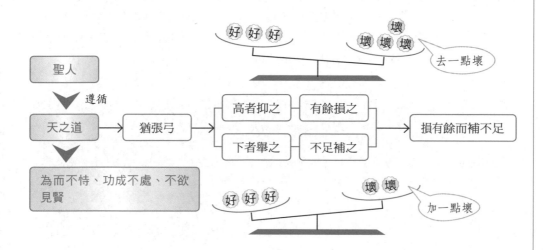

剝削不足的，將其奉獻給有餘的人。那麼，誰能夠減少有餘的，將其補給不足的呢？只有有道的人才可以做到。因此，有道的聖人才有所作為而不自恃功高，有所成就而不居功自傲，不願意顯示自己的賢能。

聞道賞析

三聚三散

春秋時期，范蠡戮力輔佐越王勾踐，終於使得越國復興。勝利後，越王封范蠡為上將軍。可是范蠡知道勾踐為人可以共患難，但是不能同富貴，於是就辭書一封，放棄高官厚祿，只裝少量珠寶，乘舟遠行，一去不返，這可謂「一聚一散」。

范蠡辭去上將軍後，到了齊國，更名改姓，耕於海畔，沒有幾年就積產數十萬。齊國人仰慕他的賢能，請他做宰相。范蠡感嘆道：「居家則至千金，居官則至卿相，此布衣之極也。久受尊名，不祥。」於是就歸還宰相印，將家財分給鄉鄰，再次隱去，這可謂「二聚二散」。

行至陶，范蠡看到此地為貿易的要道，可以據此致富。於是，他自稱陶朱

公，留在此地，根據時機進行物品貿易，時間不長，就累積百萬。後來，范蠡次子因殺人而被囚禁在楚國。范蠡說：「殺人償命，該是如此，但我的兒子不該死於大庭廣眾之下。」於是就派少子前去探視，並帶上一牛車的黃金。可是長子堅持要替少子去，並以自殺相威脅。沒辦法，范蠡只好同意。過了一段時間，長子帶著次子的死訊回到家。家人都感到悲哀，唯有范蠡獨笑說：「我早就知道次子會被殺，不是長子不愛弟弟，是有所不能忍也！他從小與我在一起，知道營生的艱難，不忍捨棄錢財。而少子生在家道富裕之時，不知財富來之不易，很易棄財。我先前決定派少子去，就是因為他能捨棄錢財，而長子不能。次子被殺是情理中的事，無足悲哀。」這可謂「三聚三散」。

解　讀

　　這裏主要講到了有道之人的行為表現，有道之人樂於助人，他往往會以自己的盈餘前去補充他人的不足，和世俗之人的表現正好相反。即使有很大的功勞，他都不會據為己有，因為他不願意顯示自己的才能賢德，除非是到了當用之時。就好像范蠡，雖然幫助越王勾踐打敗了齊國，但是他深知越王的為人，所以選擇急流勇退，泛舟五湖之上。他明知道長子救不了次子，可是仍然讓他去救弟弟。因為他知道一切都應該順從自然的發展規律。

小連結　文財神范蠡

　　相傳范蠡離開越國後，並沒有隱居起來，而是先後去過幾個地方經商。由於他生財有道，不久之後就積財百萬。並且他還寫出了自己的經商心得，後來人們稱他為陶朱公，將他看做是商業的始祖。他不僅生財有道，而且還喜歡散盡財寶，被人們尊為「文財神」。

三聚三散

范蠡曾經因為幫助勾踐打敗吳王而聲名遠揚，後來又因為財富天下而聞名。

一聚一散

范蠡輔助越王勾踐打敗吳王後，他知道越王易患難，難同富貴，於是毅然放棄了高官厚祿，帶著珠寶乘舟離去，再也未返回。

二聚二散

范蠡後來來到了齊國，更名改姓，耕種於河畔，沒有幾年就積產數十萬。齊國人仰慕他的賢能，請他做宰相。范蠡感嘆道：「居家則至千金，居官則至卿相，此布衣之極也。久受尊名，不祥。」於是就歸還宰相印，將家財分給鄉鄰，再次隱去。

三聚三散

范蠡離開齊國後行至陶，看到此地為貿易的要道，可以據此致富。於是，他自稱陶朱公，根據時機進行物品貿易，時間不長，就累積百萬。後來，范蠡次子因殺人而被囚禁在楚國。范蠡就派少子前去探視，並帶上一牛車的黃金。可是長子堅持要替少子去，並以自殺相威脅。沒辦法，范蠡只好同意。過了一段時間，長子帶著次子的死訊回到家。家人都感到悲哀，唯有范蠡獨笑說：「我早就知道次子會殺，不是長子不愛弟弟，是有所不能忍也！他從小與我在一起，知道營生的艱難，不忍捨棄錢財。而少子生在家道富裕之時，不知財富來之不易，很易棄財。我先前決定派少子去，就是因為他能捨棄錢財，而長子不能。次子被殺是情理中的事，無足悲哀。」

第 **2** 節　修 道 篇

知常曰明、沒身不殆

【原文】致虛極，守靜篤。萬物並作，吾以觀復。夫物芸芸，各復歸其根。歸根曰靜，是曰復命。復命曰常，知常曰明。不知常，妄作，凶。知常容，容乃公，公乃王，王乃天，天乃道，道乃久，沒身不殆。

「致虛極，守靜篤」這是老子提出的修行中的一種內覺狀態。修道者在修行中，內覺全身心融入太虛之中，達到了物我兩忘境界，並非茫然一片，一點真我靜守著湛然的純一。

【譯文】盡力使心靈達到虛無的極端境界，使生活清靜堅守不變。在萬物的生長發展中，我利用虛靜的境界考察其發展變化的規律。那萬物紛紛芸芸，各自返回它的初始狀態。返回到它的初始狀態就叫做清靜，清靜就叫做天道所歸的命。恢復其生命歷程是宇宙的永恆法則，認識了宇宙的永恆法則就叫做明智，不明白宇宙永恆法則的輕妄舉止，往往會招來災難。認識宇宙永恆法則就能包容一切，包容一切就會坦然公正，坦然公正就可以為天下君主，天下君主應合天理法則，而天理法則必須符合「道」，符合「道」就能夠長久存在，終生沒有危險。

闡道賞析

飲水思源

庾信是南北朝時期有名的文學家。早期的時候他曾任梁湘東國常侍等職，常常陪同太子蕭綱寫作一些綺豔的詩歌。在梁武帝末年，侯景叛亂，庾信當時作為建康縣令，率領士兵抵禦敵人，後來不敵戰敗。建康失陷後，他被迫逃亡至江陵，投奔了梁元帝蕭繹。在元帝承聖三年的時候，他奉命出使西魏，在抵達長安不久之後，西魏就攻陷了江陵，蕭繹被殺死。西魏王非常賞識庾信，於是就留他在長安做了官，官至驃騎大將軍開府儀同三司，因此又被世人稱為「庾開府」。

內覺狀態

　　「致虛極，守靜篤」是老子提出的修行中的一種內覺狀態。修道者在修行中，內覺全身心融入太虛之中，達到了物我兩忘境界，一點真我靜守著湛然的純一。

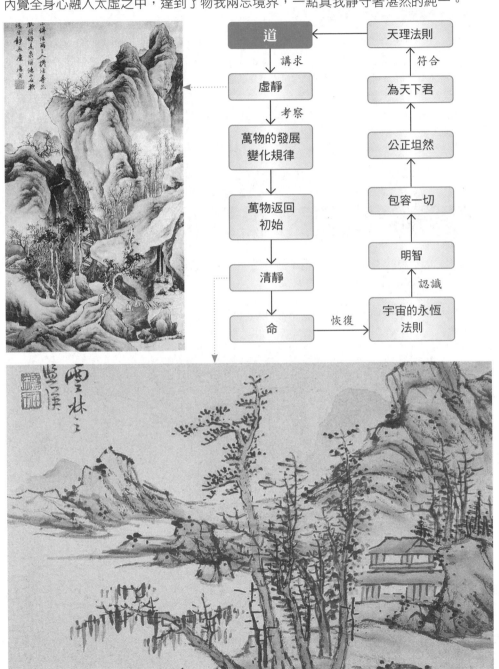

```
道 ← 天理法則
↓ 講求        ↑ 符合
虛靜          為天下君
↓ 考察        ↑
萬物的發展     公正坦然
變化規律       ↑
↓             包容一切
萬物返回        ↑
初始          明智
↓             ↑ 認識
清靜          宇宙的永恆
↓             法則
命 ── 恢復 →
```

處於少年時期的庾信被強留在長安之後，對於永不能回江南，內心很是痛苦，他在長安一直住了近30年，非常思念故土。他曾在《徵調曲》中寫道：「落其實者思其樹，飲其流者懷其源。」這其中表達了他對故土的思念之情。羈留北朝後，庾信的詩賦大量抒發了自己懷念故國鄉土的情感，以及對身世的感傷，風格也逐漸轉變為蒼勁、悲涼。

解　讀

　　那萬物紛紛芸芸，各自返回它的初始狀態。返回到它的初始狀態就叫做清靜，清靜就叫做天道所歸的命。庾信由於戰亂，被迫離鄉，即使在異國他鄉官居高位，也斬不斷他的思鄉濃情。「葉落歸根、飲水思源」，世間萬物終究都會返回自己的初始狀態，這也就是「道」之所存。

飲水思源

　　「飲水不忘挖井人」，人們不應該忘記根本。庾信雖然做了西魏的大官，但是他一天也沒有忘記過自己以前的家園。

　　庾信曾經是南朝梁國人，他因為奉命出使西魏，在抵達西魏不久之後，梁國就被西魏所滅。由於庾信受到西魏君主的敬重，就讓他在西安當地做了官。庾信因為懷念故鄉，詩歌由先前的綺豔轉變為蒼勁、悲涼。

得道之人與失道之人

「得道多助，失道寡助」這是治世的名言。作為君主一定要順應民意，百姓是國家的根本，也是君王的鏡子，君王的好壞就可以從百姓的反應中看出來，只有無為而治才可以讓國家繁榮昌盛。

獨異於人、而貴食母

【原文】唯之與阿，相去幾何？善之與惡，相去若何？人之所畏，不可不畏。荒兮，其未央哉！眾人熙熙，如享太牢，如春登臺。我獨泊兮，其未兆，如嬰兒之未孩。儽儽兮，若無所歸。眾人皆有餘，而我獨若遺。我愚人之心也哉！俗人昭昭，我獨昏昏；俗人察察，我獨悶悶。澹兮，其若海；漂兮，若無止。眾人皆有以，而我獨頑似鄙。我獨異於人，而貴食母。

這是老子思想的獨白，也是他思想的精華，可以說是《道德經》一書的重點。老子通過將自己和眾人對比，顯示出自己之所以無憂無慮、無傷無痛、逍遙自在，主要是因為自己注重以洞察萬物的根源來滋補靈魂。

【譯文】應諾和呵斥，相距有多遠？美好和醜惡，又相差多少？人們所畏懼的，不能不畏懼。這風氣從遠古以來就是如此，好像沒有盡頭的樣子。眾人都熙熙攘攘、興高采烈，如同去參加盛大的宴席，如同春天登臺觀賞美景。而我卻獨自淡泊寧靜，無動於衷。沒有尋歡作樂的念頭，如同嬰兒還不會發出嘻笑聲。疲倦閒散啊，好像浪子還沒有歸宿。眾人都富足，而我卻獨自匱乏。我真是只有一顆愚人的心啊！眾人光輝自炫，唯獨我迷迷糊糊；眾人都那麼嚴厲苛刻，唯獨我這樣淳厚寬宏。幽遠啊，像大海般洶湧；恍惚啊，四處飄泊，無處停留。世人都精明靈巧有本領，唯獨我愚昧而笨拙。我唯獨與人不同的，關鍵在於得到了「道」。

闡道 賞析

曲高和寡

宋玉是屈原的弟子，在頃襄王的時候作為大夫。因為才華和容貌出眾，深受楚王的寵愛，而他自己又平時因才傲物，所以受到一些小人的記恨。曾經有好幾個人說宋玉的品德有問題，請求楚王務必遠離宋玉。楚王曾經問宋玉：「我時常聽到有許多大臣經常在後面議論你的所作所為，好像對你很不滿意，是不是你的行為哪裏不端正，如果這樣的話，你需要好好檢討一下自己的行為！」宋玉本來就是一個非常聰明的人，而且他能言善辯，於是為楚王講了一個故事：有一個來自遠方的人，他為了賺取盤纏，所以就在鬧市的中心唱歌，他開始唱的是比較通俗易懂的民謠，因為人們對於這類的歌謠很熟悉，於是有幾千個人都跟著一同

聖人與俗人

本篇是老子思想的獨白，也是他思想的精華。他之所以不同於常人，主要是因為他懂得拿洞察萬物的根源來滋補靈魂。

篇一 《道德經》

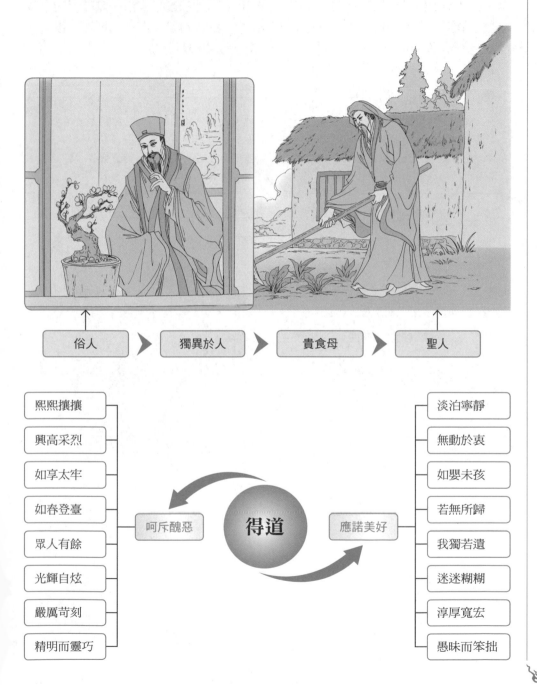

俗人　▶　獨異於人　▶　貴食母　▶　聖人

熙熙攘攘		淡泊寧靜
興高采烈		無動於衷
如享太牢		如嬰未孩
如春登臺	呵斥醜惡　得道　應諾美好	若無所歸
眾人有餘		我獨若遺
光輝自炫		迷迷糊糊
嚴厲苛刻		淳厚寬宏
精明而靈巧		愚昧而笨拙

83

唱了起來。後來，他又慢慢唱起了《陽阿》、《薤露》等一些意境稍稍比較深遠的曲子，這時候人群中只有幾百個人能夠跟上節奏唱。再後來，他開始唱《陽春白雪》這類高深的曲子的時候，就只剩下幾十個人勉強地跟著節奏一起唱了。最後他唱起用商調、羽調和徵調譜成的曲子的時候，人們全部都走開了，只剩下幾個人能夠聽懂，也只能勉強跟著唱。由此可見，曲子越是高深，跟著唱的人就越少。楚王很快就明白了宋玉的意思，他為自己的不辨是非而感到慚愧，後來他也就沒有懷疑過宋玉的品德，並且怒斥了那些說宋玉壞話的臣子。

解 讀

　　世人都精明靈巧有本領，唯獨我愚昧而笨拙。我唯獨與人不同的，關鍵在於得到了「道」。因為「得道」，所以與眾不同，宋玉對於楚王的疑問並沒有做出直接的回答，反而給他講了一個故事，表明了自己受人議論並不是自己品行不端，而是許多人都沒有達到自己的那個境界。

小連結　中國十大古曲

中國十大古曲

- 高山流水（古琴曲）
- 廣陵散（古琴曲）
- 平沙落雁（古琴曲）
- 梅花三弄（古琴曲）
- 十面埋伏（琵琶曲）
- 夕陽簫鼓（琵琶曲）
- 漁樵問答（琴簫曲）
- 胡笳十八拍（古琴曲）
- 漢宮秋月（二胡曲）
- 陽春白雪（琵琶曲）

曲高和寡

「曲高和寡」，形容具有高貴品德的人，因為正直不肯與他人同流合汙，所以往往會受到人們的中傷。

❶ 楚王曾經問宋玉，為何老是有人在背後議論宋玉，希望宋玉能改改自己的行為。
但是宋玉卻以《陽春白雪》和《下里巴人》作比較，顯示了自己的品行高潔。

❷ 唱起通俗易懂的民謠時，許多人都和著節拍唱起來。

❸ 等唱到《陽春白雪》的時候，就只剩下那麼幾個人勉強跟得上節拍了。

自知者明、知足者富

【原文】知人者智，自知者明。勝人者有力，自勝者強。知足者富，強行者有志。不失其所者久，死而不亡者壽。

老子主要提出了「知足者富」的概念，並非人們常說的知足常樂，而是指拋棄所有的私心雜念，達到物我兩忘的境界。只有達到這個境界的人才能做到無所不容，萬物皆容，自然強大。

【譯文】能了解、認識別人的人是有智慧的人，能認識、了解自己的人才算真正聰明的人。能戰勝他人的人是有力量的，能戰勝自我的人才是真正的強者。知道滿足而不妄想的人是富有的。堅持力行、努力不懈的人是有志氣的。言行不離道之規律的人就能長久不衰，身雖死而「道」仍存的，才算真正的長壽。

闡道賞析

季札掛劍

延陵季子奉命到往西邊去訪問晉國，在途中，他佩帶著寶劍順便拜訪了徐國的國君。徐國國君是一位喜歡收藏寶劍的君主，他看到延陵季子的寶劍就借來觀賞，觀賞完畢後，雖然嘴上沒有說什麼，但他的神色卻透露出對寶劍深深的喜愛之情。延陵季子因為有出使上國的任務，就沒有當場將寶劍獻給徐國國君，但是在他的心裏已經將寶劍許給徐君了。

季子出使在晉國的日子裏，心裏總是會想起這件事。後來他要回國了，但是卻得到徐君客死楚國的消息。於是，延陵季子解下寶劍將它送給新繼位的徐國國君。隨從人員阻止他說：「這是吳國的寶物，不是用來作贈禮的。」延陵季子說：「我不是贈給他的，前些日子我經過這裏，徐國國君觀賞我的寶劍，雖然他嘴上沒有說什麼，但是他的臉色透露出對這把寶劍極度的喜愛之情。我當時因為有出使上國的任務，於是就沒有獻給他。雖是這樣，但在我心裏早就把寶劍贈送給他了。如今他死了，就不將寶劍進獻給他，這樣做是在欺騙我自己的良心。因為愛惜寶劍就使自己的良心變得虛偽，品性廉潔的人是不會這樣做的。」於是他解下寶劍送給了剛繼位的徐國國君。但是，新繼位的徐國國君說：「先君並沒有留下遺命來，我不敢輕易接受您的寶劍。」

於是，延陵季子就把寶劍掛在了前徐國國君的墳墓邊才離開。他的行為得到

人 的 分 類

老子將人按照自己的標準分成了六類，並將他們各自的品性做了比較客觀的評價。這其中也顯示出了老子「知足而富」的處世觀點。

了解、認識別人的人

堅持力行、努力不懈的人

認識、了解自己的人

智者

志者

明者

勝人者

富者

勝己者

知道滿足而不妄想的人

能夠戰勝他人的人

能夠戰勝自我的人

人

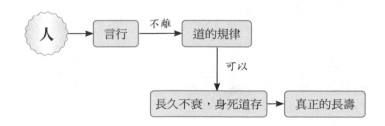

人 → 言行 ──不離── 道的規律

可以

長久不衰，身死道存 → 真正的長壽

了徐國人的讚美，他們是這樣來歌唱延陵季子的：「延陵季子兮不忘故，脫千金之劍兮帶丘墓。」

言行不離道之規律的人就能長久不衰，身雖死而「道」仍存的，才算真正的長壽。延陵季子並沒有在口頭上答應將寶劍贈送給徐國國君，但是他遵循自己心裏的意願，即使徐國國君已死，他還是信守承諾將寶劍掛在死者的墳前。

山間交談

古時候的高士大多居住在山中，他們遠離世俗，追求自然的樸實和恬淡。將自己高潔的品德融入自然，寄情於山水之間，他們所追尋的品德境界，正好和老子的自然無為相合。

季札掛劍

雖然徐國的國君已經死了，但是季札還是將自己的寶劍掛在了死去國君的墓地，以表明自己的守信。

延陵季子看到徐國國君十分喜歡自己的寶劍，因為身擔出使重任，所以沒有將劍給徐君。後來出使返回後，才知徐君已死，於是將劍掛在徐君的墳墓上，以表示自己的誠信。

季札掛劍的品性所在

誠信是人們追求的高尚品德之一，是值得人們秉持的。

用語言去成就 ← **誠 信** → 以行動來證明

季札

不貴難得之物

擁有寶劍卻不獨占　徐君愛劍，季子成人之美

解劍掛在墓旁　淡看富貴名利

篇一 《道德經》

道隱無名、善貸善成

【原文】上士聞道，勤而行之；中士聞道，若存若亡；下士聞道，大笑之。不笑不足以為道。故《建言》有之：「明道若昧；進道若退；夷道若纇；上德若谷；大白若辱；廣德若不足；建德若偷；質真若渝；大方無隅；大器晚成；大音希聲；大象無形；道隱無名。夫唯道，善貸且成。」

本章中，老子主要講應該如何依道修德。老子依據人類對於道的理解程度，將人分為三個等級。提倡人們應該以自己的品行感化人，使他們慢慢脫離低俗。

【譯文】上士聽了道的理論，就會努力去實踐；中士聽了道的理論，對它半信半疑；下士聽了道的理論，哈哈大笑以示嘲笑。不被嘲笑，那就不足以稱其為道了。所以《建言》書中說過這樣的話：「光明的道好似暗昧；前進的道好似後退；平坦的道好似崎嶇；崇高的德好似峽谷；廣大的德好像不足；剛健的德好似怠惰；質樸而純真好像混濁未開。最潔白的東西，反而含有汙垢；最方正的東西，反而沒有棱角；最大的聲響，反而聽來無聲無息；最大的形象，反而沒有形狀。大道幽隱而沒有名稱，無名無聲。只有「道」，才能使萬物善始善終。」

闡道賞析

大器晚成

在袁紹的身邊有一位門客，名字叫做崔琰，他從小就喜好武藝，到了23歲時才開始讀《論語》、《韓詩》，才開始拜師學習知識。由於他刻苦努力肯吃苦，學問也逐漸淵博起來。當時袁紹的士兵都非常殘暴，他們喜歡掘開別人的墳墓將屍骨暴露出來。崔琰勸說袁紹不要這樣做，這樣有悖於倫理道德，會引起百姓的憤怒。袁紹認為他說得很有道理，於是採納了他的建議並封他為騎都尉。後來，崔琰跟隨了曹操，他為曹操出了不少良計妙策。在他作尚書的時候，曹操曾經想立曹植為嗣子，但是崔琰反對他的決定，他說：「自古以來的規矩是立長子，怎麼能立曹植呢？」曹植是崔琰的侄女婿，盡管是親屬他也不會偏祖，曹操十分佩服他的公正。崔琰有個堂弟叫崔林，年輕時既無成就也無名望，親戚朋友都看不起他，可是崔琰卻很器重他，崔琰常對人說：「才能大的人需要長時間才能成器，崔林將來一定會成大器。」後來，崔林果然當上了冀州主簿、御史中丞，還在魏文帝手下任過司空。

解讀

　　最潔白的東西，反而含有汙垢；最方正的東西，反而沒有棱角；最大的聲響，反而聽來無聲無息；最大的形象，反而沒有形狀。大道幽隱而沒有名稱，無名無聲。崔琰面對毫無建樹的堂弟，不但沒有譏諷他，反而卻很器重他，並告誡眾人，凡是有大成就的人，通常都要經歷很長的時間。

不同人對待「道」的態度

　　老子在這裏講述了人們應該如何依照「道」來修「德」，他提倡人們應該用自己的品行感化他人，使其與低俗脫離。

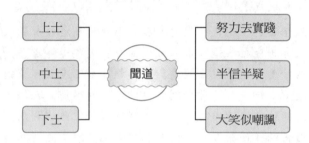

「道」的辯證性

　　老子所講的「道」具有完全相對的辯證關係。虛實和有無相結合，闡述了老子的「無為」主張。

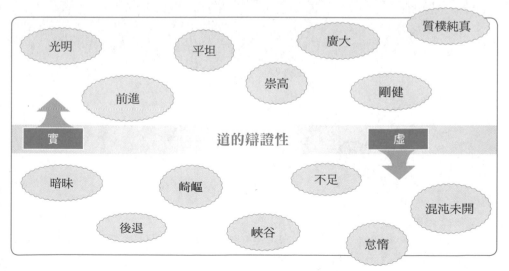

善攝生者、其無死地

【原文】出生入死。生之徒，十有三；死之徒，十有三；人之生生，動皆之死地，亦十有三。夫何故？以其生生之厚。蓋聞善攝生者，陸行不遇兕虎，入軍不被甲兵。兕無所投其角；虎無所措其爪；兵無所容其刃。夫何故？以其無死地。

老子在這裏主要探討了人的生死問題。老子認為人之生死皆由天命，人們既然無法左右，倒不如順其自然。他認為真正懂得養生的人也就是合乎大道德性的人，主要通過讓生命釋放價值和能量來表達對生命的珍惜。

【譯文】人始出於世而生，最終入於地而死。屬於長壽的人有十分之三；屬於短命而亡的人有十分之三；人本來可以活得長久些，卻自己走向死亡之路的也占十分之三。為什麼會這樣呢？因為對生活執著太過度了。據說，善於養護自己生命的人，在陸地上行走，不會遇到凶惡的犀牛和猛虎，在戰爭中也受不到武器的傷害。犀牛對於他無法使用自己的角，老虎對於他無法利用自己的利爪，武器對於他無法施用它的鋒芒利刃。為什麼會這樣呢？因為他沒有進入死亡的領域。

群仙聚會圖

佛界的尊者和道家的神仙聚集在一起，他們雖然各尊其主，但是他們的本原思想卻大同小異。他們都是講求尋求神靈的合一，講求清靜無為。

生死割據

老子在這裏主要討論了生死的問題，他提出生死本來就是聽天由命的事情，人們也強求不來，倒不如順其自然。

長壽者

不執著於生死，一切順應自然，對生沒有過大的歡喜，對死也沒有什麼恐懼。因為不執著，不貪，所以能夠長壽。

生死割據

由於一些原因，可能是先天不足，生有各種疾病，由於當時的醫療條件的不足，所以導致死亡。

短命而亡者

自取滅亡者

這些人對生活太過執著，總是在為滿足自己的無邊欲望而煩惱。沉浸在對物質的追求中，並且很容易陷入痛苦和哀傷之中。因為貪欲太過，所以才會短命。

善於養生的人

「曖曖遠人村，依依墟里煙」，這正是陶淵明所追求的平淡無奇的田園生活。善於養生的人，追求的是一份淡定和無為。

質樸純真

淡看生死

怡情田園

悠遊自得

心無所牽

身無所羈

無欲無求

賞析

捨生取義

荀巨伯曾經在尼山書院讀書，和梁山伯是同窗。有一次，他千里迢迢去探望一個正在生病的朋友，剛好碰上外族敵寇前來攻打朋友所在的那座郡城。朋友聽說敵寇入侵，於是勸巨伯趕快離開，並說：「我馬上就是要死的人了，不想再拖累你，你還是盡快離開這兒吧！」巨伯說：「我遠道而來探望你，你卻要我拋下你離開，敗壞道義來換得生存，這難道是我荀巨伯做得出來的事情嗎？」最終他留下來陪伴重病的好友並沒有離開。郡城被敵寇攻陷以後，敵寇進了城，他們很奇怪荀巨伯竟然還待在這裏，就問他：「我們大軍一進城，整個郡城的人都跑光了，你是什麼人，竟然還敢一個人留下來，難道不怕死嗎？」巨伯回答道：「我的朋友生病了，我不忍心丟下他一個人，如果你們非要殺死他，我願意用我的命來換取他的生命。」敵寇聽後，內心大受震動，相互議論說：「我們這些不講道義的人，卻侵入這個有道義的地方，真是不應該。」於是就將軍隊撤離這裏，整個郡城也因此而得以保全。

解讀

善於養護自己生命的人，在陸地上行走，不會遇到凶惡的犀牛和猛虎，在戰爭中也受不到武器的傷害。荀巨伯並非不懼生死，但是對於朋友的情誼讓他拋卻了對生死的懼怕，所以不僅保全了自己和朋友，也拯救了整個郡城。

捨生取義

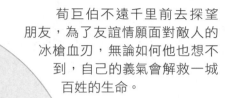

荀巨伯不遠千里前去探望朋友，為了友誼情願面對敵人的冰槍血刃，無論如何他也想不到，自己的義氣會解救一城百姓的生命。

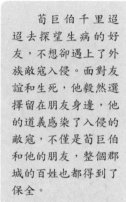

荀巨伯千里迢迢去探望生病的好友，不想卻遇上了外族敵寇入侵。面對友誼和生死，他毅然選擇留在朋友身邊，他的道義感染了入侵的敵寇，不僅是荀巨伯和他的朋友，整個郡城的百姓也都得到了保全。

含德之厚、比於赤子

【原文】含德之厚，比於赤子。毒蟲不螫，猛獸不據，攫鳥不搏。骨弱筋柔而握固。未知牝牡之合而朘作，精之至也。終日號而不嗄，和之至也。知和曰常，知常曰明，益生曰祥，心使氣曰強。物壯則老，謂之不道，不道早已。

老子在這一章主要講述了人的最佳狀態，是一個人將無為大道修至最高境界後的狀態，也就是進入到無我和忘我的赤子狀態。同時，他還提出了「物極必反」的理論，告誡人們做任何事情都要把持一個度。

【譯文】道德涵養渾厚的人，就好比初生的嬰孩。毒蟲不螫他，猛獸不傷害他，凶惡的鳥不搏擊他。骨軟筋柔的小手握東西卻很緊。他雖然不知道男女的交合之事，但他的小生殖器卻勃然舉起，這是因為精氣充沛的緣故。他整天啼哭，但嗓子卻不會沙啞，這是因為和氣純厚的緣故。陰陽兩氣統一是和氣，了解了和氣就是明，有益於生命的稱為祥，欲念主使精氣就叫做逞強。事物過於壯盛了就會逐漸開始衰弱，這就叫違反了「道」的法則，不遵守常道就會很快地死亡。

闡道賞析

楊修之死

三國時期，曹操出兵漢中進攻劉備的時候，大軍被困於斜谷界口，想要進兵吧，前方有馬超守護，無法輕鬆通過；想要收兵回朝吧，又怕受到蜀兵的恥笑，正在他心中猶豫不決的時候，恰巧碰上廚師進上了雞湯。曹操看見碗中有雞肋，於是有感於懷。正獨自沉吟之間，夏侯惇進入軍帳，前來稟請夜間的口號。曹操隨口答道：「雞肋！雞肋！」於是，夏侯惇傳令眾將領，都稱「雞肋！」行軍主簿楊修聽見曹操傳「雞肋」二字，便教隨行的軍士們都趕緊收拾好行裝，提前準備歸程。有人將這個情況報知了夏侯惇。夏侯惇聽後大驚，於是急忙將楊修請到了帳中，問道：「您為什麼要大家收拾行裝啊？這樣做不是擾亂軍心嗎？」楊修說：「我是從今夜的號令看出來的，我認為魏王不久之後便要退兵回國。雞肋，吃起來沒有肉，丟了又可惜。現在，魏王是進兵不能勝利，退兵又恐他人恥笑，倒不如早日回去，明日魏王必然班師還朝。所以就吩咐大家先行收拾了行裝，免得臨到走的時候手忙腳亂。」夏侯惇說：「您真是明白魏王的心事啊！」於是自己也收拾好了行裝。而軍寨中的其他將領也各自前去準備回去的事物。曹操得知

赤子狀態

　　老子在這一章主要講述了人的最佳狀態，是一個人將無為大道修至最高境界後的狀態，也就是進入到無我和忘我的赤子狀態。

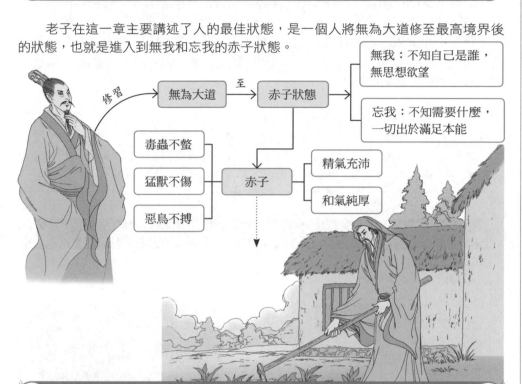

無我：不知自己是誰，無思想欲望

忘我：不知需要什麼，一切出於滿足本能

修習　無為大道　至　赤子狀態

毒蟲不螫

猛獸不傷　赤子　精氣充沛

惡鳥不搏　　　和氣純厚

楊修之死

　　「恃才傲物，自取滅亡」。由於楊修不懂得收斂，以至於引來了曹操的忌恨，最後被殺。

　　楊修本來是一個很有才華的人，他任曹操的隨軍主簿。但是他鋒芒畢露，引起了曹操的殺意。也可以說楊修的死並不怨曹操，而是怪他自己不知道謙虛收斂。

這個情況後，傳喚楊修問他為何這般蠱惑軍心，楊修用雞肋的意義回答。曹操大怒：「你怎麼敢如此這般造謠生事，動亂軍心！」便喝令刀斧手將楊修推出去斬了，並將他的頭顱掛於轅門之外。並且傳喚夏侯惇前來，準備將他一並斬殺，還好眾將領一起求情，才被責打了幾十軍棍。第二天，曹操就下令進兵，但是他受到了馬超的狠命打擊，損失慘重，不得不班師還朝。臨走時，他想起了楊修的話，於是吩咐人將他厚葬。

解　讀

　　事物過於壯盛了就會逐漸開始衰弱，這就叫違反了「道」的法則，不遵守常道就會很快地死亡。凡事要有個度，就好比主簿楊修，他雖然擁有蓋世的才華，可是由於恃才傲物，鋒芒畢露，反而斷送了自己年輕的性命。

得道的表象

　　得道的最高表現就是回到赤子狀態，像小孩一般無欲無求。

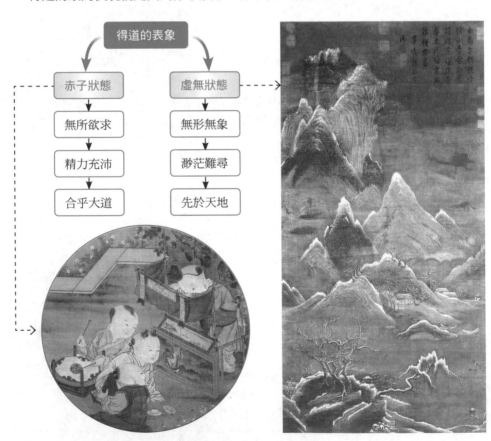

```
得道的表象

赤子狀態          虛無狀態

無所欲求          無形無象

精力充沛          渺茫難尋

合乎大道          先於天地
```

1

有一次，曹操造了一所後花園。花園落成後，曹操前去觀看，在園中轉了一圈，臨走時什麼話也沒有說，只在園門上寫了一個「活」字。工匠們不知道他的意思，於是就去請教楊修。楊修對工匠們說，門內添活字，乃闊字也，丞相嫌你們把園門造得太寬大了。工匠們恍然大悟，於是重新建造園門。完工後再請曹操驗收。曹操看後很高興，問道：「誰領會了我的意思？」左右回答：「多虧楊主簿賜教！」曹操雖表面上稱好，但是心裏卻很忌諱。

2

一天，塞北有人給曹操送了一盒精美的酥（奶酪），想要巴結討好他。曹操嘗了一口，突然靈機一動，就想考考周圍文臣武將的才智，於是就在酥盒上豎寫了「一合酥」三個字，讓使臣送給文武大臣。大臣們面對這盒酥，百思不得其解，就向楊修求教。楊修看到盒子上的字，竟拿取餐具給大家分吃了。大家問他：「我們怎麼敢吃魏王的東西？」楊修說：「是魏王讓我們一人一口酥嘛！」在場的文臣武將都為楊修的聰敏而拍案叫絕。而後，曹操問楊修為何分食他的酥，楊修從容回答說：「盒上明明寫著『一人一口酥』，我怎麼敢違抗丞相的命令呢？」曹操雖然面帶微笑，但是心裏卻很討厭楊修。

3

曹操是一個疑心很重的人，深怕人家暗中謀害自己，於是常常吩咐左右說：「我夢中好殺人，凡我睡著的時候，你們切勿近前！」有一天，曹操在帳中睡覺，故意落被於地上，他的一位近侍慌取被為他覆蓋。曹操即刻跳起來拔劍把他殺了，復上床睡。睡了半天起來的時候，假裝作夢，佯驚問：「何人殺我近侍？」大家都以實情相告。曹操痛哭，命厚葬近侍。人們都以為曹操果真在夢中殺人，惟有楊修又識破了他的意圖，臨葬時指著近侍屍體而嘆惜說：「丞相非在夢中，君乃在夢中耳！」曹操聽到後更加厭惡楊修。

第 **3** 節 治世篇

道者於道、失者於失

【原文】希言自然。故飄風不終朝，驟雨不終日。孰為此者？天地。天地尚不能久，而況於人乎？故從事於道者，道者同於道；德者同於德；失者同於失。同於道者，道亦樂得之；同於德者，德亦樂得之；同於失者，失亦樂得之。信不足焉，有不信焉。

老子主要論述了統治者實施不言之教的重要意義，藉助自然界的變化來比喻說明。提出人們只有和「道」、「德」相一致，才能真正地順應自然，只有做到天人合一，才能從中受益。

【譯文】不言政令、不擾民是合乎於自然的。狂風刮不了一個早晨，暴雨下不了一整天。誰使它這樣的呢？是天地。天地的狂暴尚且不能長久，更何況是人呢？所以，從事於道的人就合於道，從事於德的人就合於德，失德失道的人就會失去它們。合於道的人，道也樂意幫助他；合於德的人，道就會使之有德；合乎失的人，道就會使他失道失德。統治者的誠信不足，就不會有人信任他。

闡道賞析

周厲王止謗

周厲王是出了名的暴君，國都裏的人公開指責他。召公報告說：「百姓不能忍受君王的命令了！」周厲王大怒，於是找到衛國的巫者，派他前去監視公開指責自己的人。巫者將這些人報告給厲王，厲王就將他們一個個都殺掉。國都裏的人因為怕遭殺害所以都不敢說話，路上彼此用眼睛互相望一望而已。厲王高興了，告訴召公說：「我能止住謗言了，大家終於不敢說話了。」召公說：「這是堵他們的口。堵住百姓的口，比堵住河水更厲害。河水堵塞而沖破堤壩，傷害的人一定很多，百姓也像河水一樣。所以，治理河水的人，要疏通它，使它暢通，治理百姓的人，要放任他們，讓他們講話。因此，天子治理政事，命令公、卿以

不言之教

老子藉助自然界的變化來闡述實施不言之教的重要意義，告誡人們只有和「道」、「德」相一致，順應自然，才能夠得到好的發展。

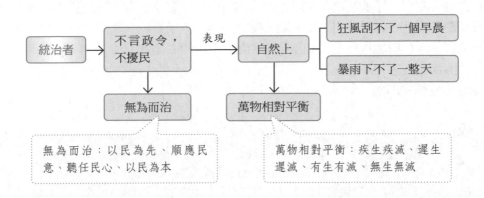

統治者 → 不言政令，不擾民 —表現→ 自然上 → 狂風刮不了一個早晨 / 暴雨下不了一整天

不言政令，不擾民 ↓ 無為而治

自然上 ↓ 萬物相對平衡

無為而治：以民為先、順應民意、聽任民心、以民為本

萬物相對平衡：疾生疾滅、遲生遲滅、有生有滅、無生無滅

周厲王止謗

「防民之口甚於防川」，周厲王為了不讓人民說自己的壞話，於是施行強力鎮壓，結果本地的居民不再說話，三年之後將周厲王趕出國都。

周厲王是出了名的暴君，百姓對於他的所作所為十分痛恨，於是對他總是指指點點的。召公告訴厲王百姓們的反應後，厲王不但不知悔改，而且竟然下令捕殺那些說話的人，他封住了百姓的口，同時也封住了自己的耳朵。三年後，百姓起義，推翻了他的統治。

至列士獻詩，樂官獻曲，史官獻書，少師獻箴言，盲者朗誦詩歌，朦者背誦典籍，各類工匠在工作中規諫，百姓請人傳話，近臣盡心規勸，親戚彌補監察，太師、太史進行教誨，元老大臣整理闡明，然後君王考慮實行。所以，政事得到推行而不違背事理。百姓有口，好像土地有高山河流一樣，財富就從這裏出來；好像土地有高原、窪地、平原和灌溉過的田野一樣，衣食就從這裏產生。口用來發表言論，政事的好壞就建立在這上面。施行好的而防止壞的，這是豐富財富衣食的基礎。百姓心裏考慮的，口裏就公開講出來，天子要成全他們，將他們的意見付諸實行，怎麼能堵住呢？如果堵住百姓的口，將能維持多久？」 屬王不聽。於是國都裏的人再不敢講話。三年以後，國都的人們一起造反，周屬王逃到了彘地，並死在那裏。

解　讀

　　狂風刮不了一個早晨，暴雨下不了一整天。誰使它這樣的呢？是天地。天地的狂暴尚且不能長久，更何況是人呢？周屬王因為國人說自己暴虐，所以用殘忍的手段迫使那裏的人都不敢說話，百姓的口被堵住了，也就是失去了自己辨別真假的能力，失道的國君，不會長久存在。

道家神仙圖
　　神仙因為無所欲求，所以能夠神遊四海，擁有無上的法力。不去強求一切，所以擁有一切；不去刻意追求，所以能夠成就偉大的功業。各司其職，各守本分，做到真正的順應自然。

召公的治國之道

篇一 《道德經》

　　「水能載舟，亦能覆舟」，召公將百姓比作河水，提議周厲王應當廣聽民意。可惜周厲王卻沒有採用他的建議。

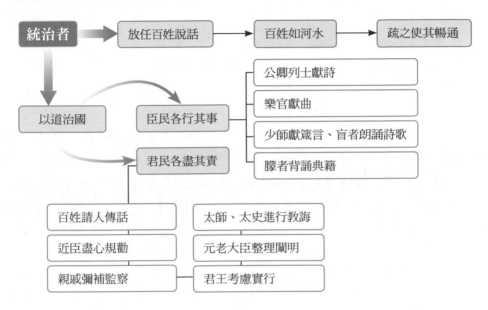

統治者 → 放任百姓說話 → 百姓如河水 → 疏之使其暢通

統治者 → 以道治國 → 臣民各行其事
- 公卿列士獻詩
- 樂官獻曲
- 少師獻箴言、盲者朗誦詩歌
- 矇者背誦典籍

→ 君民各盡其責

百姓請人傳話 ／ 太師、太史進行教誨
近臣盡心規勸 ／ 元老大臣整理闡明
親戚彌補監察 ／ 君王考慮實行

道常無名、知止不殆

【原文】道常無名，樸雖小，天下莫能臣也。侯王若能守之，萬物將自賓。天地相合，以降甘露，民莫之令而自均。始制有名，名亦既有，夫亦將知止，知止所以不殆。譬道之在天下，猶川谷之於江海。

老子在這裏主要強調了侯王治理天下，必須要像大道之樸那般善於處下，而容納天下萬物，庇護萬民百姓。道德存在於萬物，而萬物也受到道德的支配和調節。如果合乎了大道大德，一切事情就會順其自然，天下也會安定。

【譯文】「道」永遠是無名而質樸的，它雖然很小不可見，但是天下沒有誰能使它臣服於己。侯王如果能夠依照「道」的原則治理天下，百姓們將會自然地歸從於它。天地間陰陽之氣相合，就會降下潤澤萬物的甘露，人們不必指使它，它就會自然分布均勻。治理天下就要建立一種管理體制，制定各種制度，確定各種名分，任命各級官長辦事。名分既然有了，就要有所制約，適可而止。知道制約、適可而止，就沒有什麼危險了。「道」存在於天下，就像江海，一切河川溪水都歸流於它，萬物自然賓服。

闡道賞析

一鳴驚人

楚莊王執政三年，這三年中他沒有發布過任何命令，也沒有處理過任何政事。右司馬侍座，用隱語對莊王說：「有一隻鳥棲息在南邊的土丘上，三年不展翅，不飛不鳴，默然無聲，這鳥該怎麼稱呼？」莊王說：「三年不展翅，是用三年的時間來長羽翼；不飛不鳴，是在默默地觀察民眾的習慣。雖三年之內沒有起飛，但一起飛必定沖天；雖然沒有鳴叫，一鳴必定驚人。您不要擔心，我知道您的意思！」半年之後，莊王開始處理政事。他廢掉十件事情，興辦九件事情，誅殺五個大臣，進用六個處士，把國家治理得非常好。在徐州發兵擊潰齊國，在河雍戰勝晉國，在宋國與各地諸侯結盟，稱霸於天下。

解讀

「道」永遠是無名而質樸的，它雖然很小不可見，但是天下沒有誰能使它臣服於己。侯王如果能夠依照「道」的原則治理天下，百姓們將會自然地歸從於它。楚莊王不因為好事太小而不做，這樣就有了高的名望。不把沒意義的東西拿出來炫耀張揚，所以有大的功勞。

王道處下

老子強調了君王治理國家就要善於處下，只有處下才能夠容納天下萬物，庇護萬民百姓。

王道	天地	陰陽之氣相合	降下甘露	無指使而分布均勻
	治世	建立管理體制	任命長官辦事	制約但適可所以不殆

一鳴驚人

「不鳴則已，一鳴驚人」，真正有才智的人不會輕易去做事情，但是只要是他要做的事情，就一定能夠成功。

楚莊王執政的前三年，他沒有發布過任何命令，也不處理任何政事。右司馬侍座很是著急，於是用隱語勸莊王，莊王則告訴他「不鳴則已，一鳴驚人！」

小連結　楚莊王葬馬

　　楚莊王有一匹心愛之馬，莊王給馬的待遇不僅超過了對待百姓，甚至超過了給大夫的待遇。莊王給牠穿刺繡的衣服，吃有錢人家才吃得起的棗脯，住富麗堂皇的房子。後來，這匹因為恩寵過度，得肥胖症而死。楚莊王要群臣為馬發喪，並要以大夫之禮為之安葬。大臣們認為莊王在侮辱大家，說大家和馬一樣。從而，眾臣對莊王此舉表示不滿。莊王下令，說再有議論葬馬者，將被處死。優孟聽說楚莊王要葬馬的事，跑進大殿，仰天痛哭。莊王很吃驚，問其緣由。優孟說，死掉的馬是大王的心愛之物，堂堂楚國，地大物博，無所不有，而如今只以大夫之禮安葬，太寒嗇了。大王應該以君王之禮為之安葬。莊王聽後，無言以對，只好取消以大夫之禮葬馬的打算。

大象無既、淡乎無味

【原文】執大象，天下往。往而不害，安平太。樂與餌，過客止。道之出言，淡乎其無味。視之不足見，聽之不足聞，用之不足既。

在這裏，老子提出了「大象」的概念，「大象」是道的法象，類似於路線圖。主要講述的是如果統治者能夠掌握大道的「大象」，就可以得到天下人的順從和歸附。也是對無為而治的進一步深入。

【譯文】誰掌握了那偉大的「道」，普天下的人們便都來向他投靠。向往、投靠他而不互相妨害，於是大家就和平而安泰、寧靜。音樂和美好的食物，可以使過路的人停下腳步。用言語來表述大道，是平淡而無味的。看它，看也看不見，聽它，聽也聽不見，而它的作用，卻是無窮無盡，無限制的。

闡道賞析

無用之用，方是大用

莊子與弟子，在一座山腳下，見一株大樹，枝繁葉茂，聳立在大溪旁，特別顯眼。這棵樹樹身粗壯有百尺，高數千丈，樹枝一直指向雲霄；樹冠繁茂好像巨傘，能遮蔽十幾畝地。莊子就問伐木者，這麼粗壯的一棵樹，怎麼會一直無人砍伐呢？伐木者似對此樹不屑一顧，道：「這何足為奇？此樹是一種不中用的木材。用來作舟船，則沉於水；用來作棺材，則很快腐爛；用來作器具，則容易毀壞；用來作門窗，則脂液不乾；用來作柱子，則易受蟲蝕，此乃不成材之木。不材之木也，無所可用，故能有如此之壽。」

聽了這話，莊子對弟子說：「此樹因不材而得以終其天年，豈不是無用之用，無為而於已有為？」弟子恍然大悟，點頭不已。然後莊子總結說：「山木，自寇也；膏火，自煎也。桂可食，故伐之；漆可用，故割之。人皆知有用之用，卻不知無用之用也。」

解讀

看它，看也看不見，聽它，聽也聽不見，而它的作用，卻是無窮無盡，無限制的。就好像莊子和他的弟子所見的這棵樹，木匠們因為它沒用所以不去砍伐它，它獨自生長在山腳下，經歷風吹雨打，但是它仍然長勢茂盛。它的無用反而成就了它的長壽，正好暗合老子所提出的「無為」。

道的延伸——大象

老子在這裏提出了「道」的法象，也就是「大象」。「大象」類似路線圖，主要統治者掌握了這個路線圖，就可以得到天下人的順從和歸附。

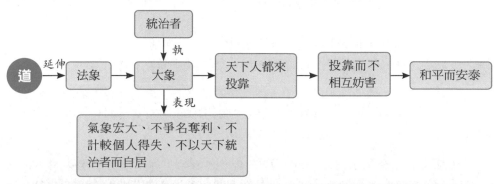

無用之用

「大無用即是有用」，正因為無用，所以才能保全自己。也就是老子所説的大道，看似無用，實際上妙用無窮。

莊子聽到木匠的一番話後，恍然大悟，他高興地告訴弟子，這棵樹正是因為無用才能夠終其天年，也就是無用之用了，這正是無為而於己有為啊！

篇一 《道德經》

道恆無為、天下自定

【原文】道常無為而無不為。侯王若能守之，萬物將自化。化而欲作，吾將鎮之以無名之樸。無名之樸，夫亦將無欲。無欲以靜，天下將自定。

在這一章中，老子再次強調了治國之道在於無為，治民之道在於使民無欲。對於老百姓的違道作亂，不採取刑罰之法，也不可以利用武力鎮壓，而是以淳樸和無欲來教化。

【譯文】「道」永遠是順任自然而無所作為的，卻又沒有什麼事情不是它所作為的。侯王如果能按照「道」的原則為政治民，萬事萬物就會自我化育、自生自滅而得以充分發展。自生自長而產生貪欲時，我就要用「道」的純樸來鎮服它。用「道」的真樸來鎮服它，就不會產生貪欲之心了。萬事萬物沒有貪欲之心了，天下便自然而然達到穩定、安寧。

無 為

老子主要強調的是無為而治，提出治民之道在於使民無欲，對於老百姓的為亂作亂不應該以武力鎮壓，應該以淳樸和無欲感化。

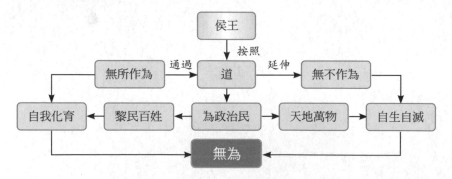

解讀

萬事萬物沒有貪欲之心了，天下便自然而然達到穩定、安寧。統治者如果能夠放棄自己的私欲去治理國家，那麼國家也就不會產生混亂了。孔子認為申根並非真正的剛強之人，因為他逞強好勝，往往表現出感情用事，並沒有克制自己的欲望。只有不違背天理，不輕易改變才算真正的剛強。

<h2>無欲則剛</h2>

　　一天，孔子在為他的學生們講道理時，忍不住感嘆道：「我還沒有見過真正剛強不屈的人啊！」那些年輕的弟子都覺得很奇怪，他們認為像子路、還有年輕的申棖等，都是很剛強的人。尤其是申棖，他雖然年紀很輕，可是每次在和別人辯論時，卻總是不肯輕易讓步。即使在面對長輩或師兄時，申棖也毫不隱藏，總是擺出一副強硬的姿態。大家都對他退讓三分。所以，當學生們聽到孔子感嘆說還沒有見過剛強的人時，他們不約而同地說：「如果要論剛強，申棖應該是可以當之無愧的吧！」孔子說：「申棖這個人欲望多，怎麼可以稱得上是剛強呢？」

<h1>無欲則剛</h1>

　　真正的剛直不阿並不是指處事魯莽，而是指無欲狀態下的自然剛直。因為無欲，所以能夠明辨是非。

其實所謂的欲望，並不見得就是指貪愛錢財。簡單地說，凡是沒有明辨是非就一味和別人爭、想勝過別人的私心就算是「欲」。

申棖並不像是個貪愛錢財的人，老師怎麼會說他欲望多呢？

　　孔子在一天講學的時候忍不住感慨自己沒有遇到真正剛強不屈的人，他的弟子就問他原因。他告訴弟子真正剛強不屈的人是沒有欲望的。

一個學生問：「申棖並不像是個貪愛錢財的人，老師怎麼會說他欲望多呢？」孔子回答說：「其實所謂的欲望，並不見得就是指貪愛錢財。簡單地說，凡是沒有明辨是非就一味和別人爭、想勝過別人的私心就算是『欲』。申棖雖然性格正直，但他卻逞強好勝，往往流於感情用事，這就是一種『欲』啊！像他這樣的人，怎麼可以稱得上是剛強不屈呢？」孔子又說：「所謂的『剛』，並不是指逞強好勝，而是一種克制自己的功夫。能夠克制住自己的欲望，無論在任何環境中，都不違背天理，而且始終如一，不輕易改變，這才算是真正的『剛』啊！」

康熙南巡圖

作為一位賢明的統治者，他所治理下的國家必然是一派祥和之氣，人們擺脫了對於衣食的憂慮，有更多的時間去從事娛樂性的活動，他們開始追求溫飽以外的精神上的需求，也是推動社會進步的一種方式。

俗人的欲望

欲望就好像是魔鬼，人們一旦接近它，就會被它牢牢束縛住。只有拋開欲望，人們才能夠獲得愉快的生活。

俗人是相對於老子所提出的聖人而言的，他們心中充滿了各式各樣的欲望，聲色犬馬無所不有，人們在這些欲望的不斷煎熬中，慢慢失去了本性，迷失了自我。

欲望帶來的後果

人們被欲望蒙蔽了心智，就好像身處苦海之中，只要回頭就可以看到岸邊。

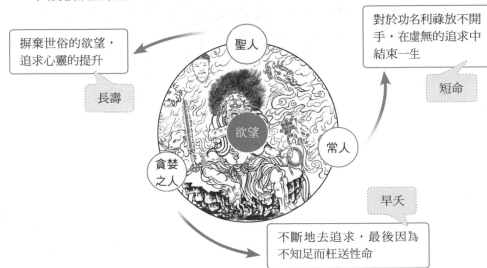

摒棄世俗的欲望，追求心靈的提升

長壽

聖人

欲望

貪婪之人

常人

對於功名利祿放不開手，在虛無的追求中結束一生

短命

早夭

不斷地去追求，最後因為不知足而枉送性命

聖人之治、使民不爭

【原文】不尚賢，使民不爭；不貴難得之貨，使民不為盜；不見可欲，使心不亂。是以聖人之治，虛其心，實其腹，弱其志，強其骨。常使民無知無欲。使夫智者不敢為也。為無為，則無不治。

老子站在時代的高度來審視整個社會現象，最後提出了統治者的「無為而治」。看似無為，實則有為，這種境界在悠然中隱含著人性的真實。

【譯文】不推崇有才德的人，使民眾不會相互爭名奪利；不將難以得到的財物當作無價之寶，使民眾不會去做偷盜的行為；不將可貪的功名利祿現於民前，這樣民眾也就不會產生邪惡動亂的念頭。因此，聖君的治理原則應該是：淨化人們的心靈，滿足人們的溫飽，削弱人們追名逐利的雄心，強健人們的筋骨體魄。讓人們長時間沒有偽詐的心智，沒有爭奪權力的欲望。讓那些即使有才智的人也不敢妄為造事。聖人按照「無為」的原則去做，辦事順應自然，那麼，天下就不會不太平了。

聖君之治

老子在這裏主要還是講述了無為而治。作為聖君，透過治理應該讓人民的心靈得到淨化，滿足人民最基本的溫飽，削弱他們追名逐利的雄心。

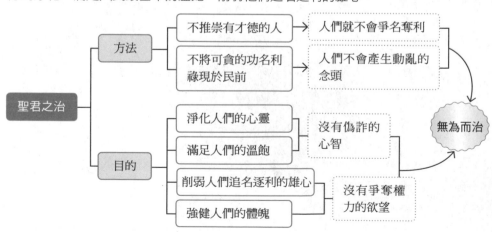

闡道賞析

路不拾遺

　　唐朝建中年間，南劍州有個秀才，叫林善甫。他自幼聰慧異常，為人耿直，博覽群書，在京城太學讀書。因為母親患病，告假回家。在母親病愈後，他才收拾行李，帶了書童王吉，趕往京城太學讀書。他們一路上，飢餐渴飲，夜住曉行，不幾日就到了蔡州邊界。

　　天黑的時候，他們找了一家客棧投宿。飯後，林善甫點燈讀了一會兒詩書。王吉由於白天勞累，已經呼呼入睡。林善甫因為思念母親，很晚才躺下，但是他

路不拾遺

　　「夜不閉戶，路不拾遺」，是古代君王和官吏們理想中的清明廉政，林善甫還回無價寶珠的事跡，成為了千古流傳的佳話。

如果我是為了你的感謝的話，我也就不會留下姓名等你找來了。你就安心收好東西，區區小事不足掛齒。

您真是我的大恩人，請您無論如何收下一半的明珠，以表示我的感謝之情。

林善甫在客棧投宿的時候撿到了之前客人遺留下的一袋珍珠，於是他留下了自己的住址和姓名，希望前來尋珠的人能夠找回珠子。同時，他拾金不昧的精神也值得人們學習。

隱隱覺得身下有一硬物硌著，橫豎睡不舒服。於是點燈一看，有一個袋子，裏面的錦囊中裝著上百顆罕見的大珍珠，價值連城。林善甫拿在手裏細細察看，略一思索，就收在自己行李中，然後躺下熄燈休息。

第二天，林善甫臨走時，到帳臺前問店主人前天夜裏居住的是什麼人，並告訴店主人所住之人是自己的故友，如果尋來就到京城太學尋問林善甫便可。林善甫恐怕店主人誤事，於是在沿途顯眼的牆上張貼啟事。不過半月，主僕已到京城，去太學銷假後，仍舊安心讀書。

那個遺失珍珠的商客知道珠子丟失後萬分緊張，於是來到蔡州客棧，向店主人打聽住客。店主人將林善甫尋故友的事情告訴了商客。商客很迷惑，但還是去了京城。他見到林善甫後就跪地相求，林善甫得知情況後，將珠子一顆不少地還給他。商客很感動，決定將一半的珠子贈予林善甫以作酬謝，後來被林善甫拒絕。從此以後，林善甫路不拾遺的故事也流傳千古。

解讀

　　聖君的治理原則應該是：淨化人們的心靈，滿足人們的溫飽，削弱人們追名逐利的雄心，強健人們的筋骨體魄。林善甫面對價值連城的珍珠而不據為己有，他視金如土的高尚品德值得人們傳頌。

山間求道圖
　　聖人因為無欲無求，所以就顯得平易近人，人們接近他的時候就感覺是在接近大自然，所以無論是動物還是人，都向往能夠親近他，並得到他的教誨。

小連結　孔子和老子的治世方式對比

精神體現　　治世方式
人道精神　　君主以仁愛治理天下

治世主張　　核心思想
仁政　　　　仁禮學說

治世方式　　　　　　精神體現
君主順應人民的本性　順應自然
治理天下

核心思想　　治世主張
道德之理　　無為而治

孔子講學

　　作為一代聖人的孔子，他的弟子遍布天下。當時前來聽他講學的人，有的身居國家要職，有的只是販夫走卒，但是他們的目標都是一致的，對孔子的尊敬也是一樣的。在這裏，孔子開始擁有了自己獨特的天下。

多言數窮、不如守中

【原文】天地不仁，以萬物為芻狗；聖人不仁，以百姓為芻狗。天地之間，其猶橐籥乎，虛而不屈，動而愈出。多言數窮，不如守中。

老子認為「無為而治」的政治主張，不僅適用於治理國家，成為統治者的法寶，而且也適用於個體。將自己和大道緊密相連，甚至融為一體，這樣人們才可以獲得自由和幸福，也就是大道的完美境界。

【譯文】天地是無所謂仁慈的，它沒有仁愛，對待萬事萬物就像對待芻狗一樣，任憑萬物自生自滅。聖人也是沒有仁愛的，也同樣像對待芻狗一般對待百姓，任憑人們自作自息。天地之間，豈不就像個風箱一樣嗎？它雖然空虛，但是不會枯竭。越鼓動，產生的風越多，生生不息。政令名目繁多反而會加速一個國家的瓦解。這樣變得更加不行，倒不如保持中間狀態。

闡道賞析

轅門射戟

三國時期，袁術派大將紀靈率領著十萬大軍準備前去攻打劉備。袁術擔心居於徐州的呂布會前去救援劉備，於是派人送去了糧草和密信給呂布，要呂布不要插手兩家的戰爭，保持按兵不動。劉備考慮到自己的兵力不足，難以和紀靈相抗衡，於是他也寫信求助於呂布。呂布先是收了袁術的糧草，隨後又收了劉備的求援信，他在私下裏沉吟：如果自己不援助劉備，袁術奸計得逞後自己也將陷入危險之中；如若自己救了劉備，袁術必然懷恨在心。於是，呂布派人將劉備和紀靈一同請來赴宴。

呂布坐在劉備和紀靈的中間，他吩咐開宴，剛吃了幾杯酒之後，呂布就讓劉備和紀靈看在自己的面子上，不要打仗了。劉備自然是欣然接受，可是紀靈卻堅決不肯。於是，呂布大叫一聲，吩咐左右將自己的武器方天畫戟拿來。劉備和紀靈都嚇了一大跳，都不知道呂布想要幹什麼。呂布接著對他們說，自己現在就把畫戟插到轅門外一百五十步的地方，如果他能一箭射中畫戟，那麼兩家就不要打仗了；如果射不中，那樣自己就會坐視不理，任憑兩家拚個你死我活。紀靈和劉備都同意這個建議，但是紀靈希望呂布射不中，劉備希望他能射中。呂布叫人端上酒來，各自飲了一杯，飲完之後，他取出弓箭，搭箭拉弦，只聽見「嗖」的一

中庸之道

　　老子提出大道的完美境界就是人們和道結合在一起，得到真正的無欲無求，也就是老子所提倡的「中庸之道」。

生活愉快、平靜淡然

無欲無求、返回本原

為人

↑

中庸

↓

治世

順應民意，毫無政令

民風自清、天下太平

聲，呂布大喊一聲：「著！」那箭就不偏不倚，正好射中畫戟的戟尖。在場的人無不喝彩。呂布把弓扔在地上，笑著告訴兩個人，這一切都是天意，老天並不希望他們兩家之間展開戰爭！紀靈雖然心裏很不開心，但是有言在先，他也無能為力，況且他現在在呂布的地盤上，一個不小心，就會有性命之虞。就這樣，呂布以他精湛的箭法平息了一場即將到來的廝殺。

　　政令名目繁多反而會加速一個國家的瓦解。這樣變得更加不行，倒不如保持中間狀態。中庸之道並非膽小怕事，而是一種君子的處世方式，以天人合一作為它的理論基礎。好比故事中的呂布，他沒有刻意地去運用自己的特權，而是權衡利弊之後，憑藉自己精湛的箭術化解了一場戰爭，達到了救人救己的目的。

高士讀書圖
　　高士身處山間，面對著山岩和松柏，他手拿書卷，怡然自得。山間的清麗景色和高士融合在一起，清淨的環境也隱喻著高士的品德。

轅門射戟

呂布被看做是有勇無謀的莽夫，但是在這個故事中卻可以顯示出他圓滑的處事方式。他憑藉自己的超強武藝，避免了一場戰爭的爆發。

三國時期，袁術想攻打劉備，但是又怕居於徐州的呂布前去援助劉備，於是送禮給呂布，希望他能袖手旁觀；而劉備聽說袁術要攻打自己，就派人向呂布求援。呂布都答應了雙方的請求，於是設宴款待兩方，在酒宴上，他運用自己精湛的箭法平息了一場即將爆發的戰爭。

大道的完美境界

大道的完美境界，就是人和大道結合在一起，遵循自然之理，才能夠達到目標。

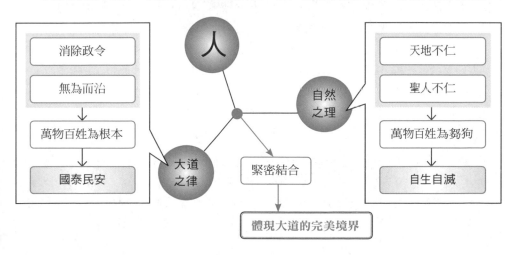

為而不恃、長而不宰

【原文】載營魄抱一，能無離乎？專氣致柔，能嬰兒乎？滌除玄覽，能無疵乎？愛民治國，能無為乎？天門開闔，能為雌乎？明白四達，能無知乎？生之畜之。生而不有，為而不恃，長而不宰，是謂玄德。

老子在這一章裏主要講到了「無為而治」的觀點，他提倡統治者應該和嬰兒一樣無欲無為，順應自然的本性，不加任何人為的因素。

【譯文】精神和形體合二為一，能不分離嗎？聚結精氣以致柔和溫順，能回到嬰兒的無欲狀態嗎？清除私心雜念，深入觀察能心如明鏡毫無瑕疵嗎？愛民治國能遵行自然無為的規律嗎？開閉口鼻，呼吸吐納，能夠綿綿靜靜地守候嗎？通達高明，能做到大智若愚嗎？生長萬物、養育萬物，生長而不占為己有，養育萬物而不自恃有功，作為萬物之長而不主宰它們，這就叫做自然無為最高深的德性。

闡道 賞析

愛民如子

唐太宗李世民在位23年，使唐朝經濟發展，社會安定，政治清明，人民富裕安康，出現了空前的繁榮。人們把他統治的這一段時期稱為「貞觀之治」。唐太宗從波瀾壯闊的戰爭中認識到群眾力量的偉大，他吸取了隋朝滅亡的原因，非常重視老百姓的生活。他強調以民為本，常說：「民，水也；君，舟也。水能載舟，亦能覆舟。」唐太宗剛剛即位，就下令輕徭薄賦，讓老百姓休養生息。唐太宗十分愛惜民力，他從不輕易徵發徭役。當時他患有氣疾，御醫建議他不要居住在潮濕的舊宮殿裏，但是他為了不勞民傷財，在隋朝的舊宮殿裏住了很長時間。他還下令合並州縣，革除「民少吏多」的弊利，他的這一系列政治主張，都有利於減輕人民的負擔。唐太宗還十分注重法制，他曾說：「國家法律不是帝王一家之法，是天下都要共同遵守的法律，因此一切都要以法為準。」法律制定出來後，唐太宗以身作則，帶頭守法，用法律去維護國家的統一和穩定。

解 讀

> 生長萬物、養育萬物，生長而不占為己有，養育萬物而不自恃有功，作為萬物之長而不主宰它們，這就叫做自然無為最高深的德性。唐太宗作為國家的統治者，他以民為本，將百姓視為自己的孩子，注重他們的所欲所求，創造了歷史上最為繁盛的一段時期。

玄　德

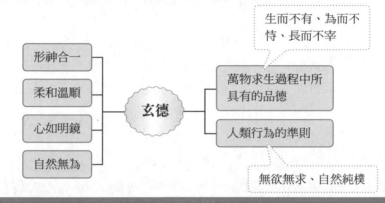

老子在本章還是闡述了無為而治，主要說明了統治者應該具有的形象：如嬰兒一般無欲無求，順應自然的本色，不加任何人為的因素。

- 形神合一
- 柔和溫順
- 心如明鏡
- 自然無為

→ 玄德 →

- 萬物求生過程中所具有的品德 ── 生而不有、為而不恃、長而不宰
- 人類行為的準則 ── 無欲無求、自然純樸

愛民如子

唐太宗在位23年，使唐朝經濟發展，社會安定，政治清明，百姓安居樂業，出現了空前的繁榮。

陛下，您的這病並不適合居住在潮濕的舊宮殿裏啊！您要三思啊！

現在國家剛剛穩定，百姓好不容易過上了安寧的日子，我豈能為了一己之私蓋什麼宮殿，做這勞民傷財的荒唐事！

唐太宗是歷史上著名的皇帝之一，在他的治理下，出現了人們理想中的國度的情景：夜不閉戶，路不拾遺，真正一派太平盛世的氣象。

聖君貴身、以身治國

【原文】寵辱若驚，貴大患若身。何謂寵辱若驚？寵為下，得之若驚，失之若驚，是謂寵辱若驚。何謂貴大患若身？吾所以有大患者，為吾有身；及吾無身，吾有何患？故貴以身為天下，若可寄天下；愛以身為天下，若可託天下。

老子從貴身的角度出發，認為生命遠遠貴於名利榮寵，統治者應該清靜寡欲，面對一切聲色貨利之事都無動於衷。然後才可以受天下之重寄，而為萬民所托命。

【譯文】受到寵愛和侮辱都覺得驚恐不安，把榮辱這樣的大患看得與自身生命一樣珍貴。什麼叫做得寵和受辱都感到擔驚受怕呢？因為當得寵的人處於地位卑下的位置時，得到寵愛感到格外驚喜，失去寵愛則令其惶恐不安，這就叫做得寵和受辱都感到恐慌不安。什麼叫做重視大患像重視自身生命一樣？我之所以大患，是因為我有這個身體；如果我沒有這個身體，那還會存在什麼禍患呢？所能做到貴身忘我去治理天下的人，才可以將整個天下託付於他；像愛護自己的身體一樣去愛護天下的人，整個天下才可以依靠他。

闡道賞析

寵辱不驚

唐太宗時期，有個叫盧承慶的人，他為官清廉，做事認真，講求實際。盧承慶是一個寵辱不驚的人。他認為作為一名官員，主要是為國盡忠，官職是升是降都不是很重要的。他由於耿直不說假話，得罪了皇上，獲罪被貶，他沒有因此而傷心；後來，朝廷把他又調回朝中當刑部尚書，盧承慶也沒有因此特別高興。

到了晚年病危的時候，盧承慶吩咐兒女，自己死後，喪事一切從簡。日常穿的衣裳作為裝裹；用一層棺材裝著埋了就可以；墳頭不要太高，能看見就可以了；碑文不要亂寫，只老老實實寫上履歷就行了。這就是盧承慶的遺言。可見，他不僅為官清廉，而且也是個對虛名權利看得非常淡的人。

解讀

生命遠遠貴於榮譽名利，作為統治者應該清心寡欲，面對一切聲色貨利之事都無動於衷，也就是做到寵辱不驚。就好像盧承慶，他不僅為官清廉，而且對於自己個人的得失從不放在心上，面對官職的升降毫不在乎，始終秉承為民請命的高尚情操。

貴身忘我

老子主要從貴身的角度出發，認為人們的生命遠遠比功名利祿重要，告誡統治者應該清心寡欲，遠離一切聲色犬馬的東西。

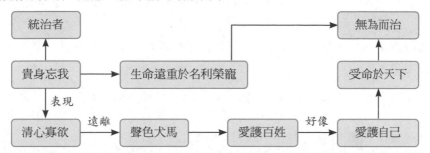

寵辱不驚

「不以物喜，不以己悲」，面對生死能夠做到從容不迫，官職的升降不會左右情緒，這就是人們應該追求的處世方式。

盧承慶是唐太宗時期的一名官員，他生性耿直，認為做官主要是為國盡忠，官職的升降高低並不重要。對於功名，他寵辱不驚，真是難能可貴。

仁義之道、國亂忠現

【原文】大道廢，有仁義；智慧出，有大偽；六親不和，有孝慈；國家昏亂，有忠臣。

老子提出當人們的行為偏離大道，也就是大道被廢後，應該如何保證社會的正常運轉和協調發展的問題。有所為成為廢止大道的必然結果，有了作為就有了好與壞的對比，褒揚贊頌對的，鞭撻懲治壞的。

【譯文】大道被廢棄了，才有提倡仁義的需要；聰明智巧的現象出現了，偽詐才盛行一時；家庭之間出現了糾紛，才能顯示出孝悌與慈愛；國家陷於動蕩混亂，才能顯現出忠臣。

闡道 賞析

力挽狂瀾

西元317年，世家大族王導及其兄弟輔佐晉元帝司馬睿在江東開創了東晉基業，琅琊王氏也因此成為東晉第一大豪門。王導死後，桓溫翦除了庾氏勢力，專擅朝政，桓氏家庭隨之興起。謝安就是在桓溫執政前夕出仕的。桓溫掌政權後仍不滿足，他多次北伐，企圖為謀取帝位做好準備。太和六年，桓溫廢除了皇帝司馬奕，另立簡文帝司馬昱，簡文帝臨終時立司馬曜為皇太子。謝安等人則趁桓溫不在京都，馬上扶持太子做了皇帝。

桓溫氣急敗壞，親率大軍，回兵京師準備向謝安、王坦之問罪，並欲趁機掃平京城，改朝換代。謝安和王坦之受邀前去赴宴。到席後，謝安先作了一首詠浩浩洪流的《洛生詠》，然後才平靜從容地說：「我聽說諸侯有道，就會命守衛之士在四方防禦鄰國的入侵。明公入朝，會見諸位大臣，哪用得著在牆壁後設置人馬呢？」桓溫被謝安的坦然自若一下子鎮住了，於是趕忙賠笑說：「正因為不得已才這樣做呀！」囂張氣焰被打下去後，他連忙傳令撤走兵士，籠罩在四周的緊張氣氛一下子消除了。接下來在歡笑聲中，朝廷總算度過了一場虛驚。

解讀

國家陷於動蕩混亂，才能顯現出忠臣。忠臣的聰明才智在這個時候可以派上大用場。謝安面對桓溫的百萬大軍而鎮定自若，面不改色。並不是他不懼怕，而是他懂得利用自己的聰明才智去化解國家所面臨的危難。既然決定出仕為官，所以國家的興亡早已高於個人的生死。

大道被廢的後果

老子在這裏提出了人的行為偏離大道後應該如何維持社會的安定，廢止大道的必然結果是有所為，有所為就要懲惡揚善。

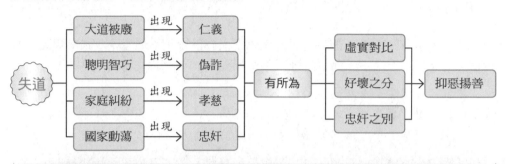

力挽狂瀾

桓溫本來就有篡國之心，但是簡文帝臨死之前卻將太子立為帝王。桓溫怒火中燒，決定帶兵前去討伐。

我也是萬般無奈才這樣做的！

我聽說諸侯有道，就會命守衛之士在四方防禦鄰國的入侵。明公入朝，會見諸位大臣，哪用得著在牆壁後設置人馬呢？

寧康元年二月，桓溫因為簡文帝臨死立太子，十分生氣，他氣急敗壞地回師問罪。謝安運用自己的聰明才智化解了一場即將到來的危機，讓桓溫碰了一個軟釘子。

輕則失本、躁則失君

【原文】重為輕根，靜為躁君。是以聖人終日行，不離輜重。雖有榮觀，燕處超然。奈何萬乘之主，而以身輕天下？輕則失本，躁則失君。

本章主要講述了自然對人的制約以及人類為何順應自然的問題。老子舉出兩對矛盾的現象，真實地反映了他的辯證法思想。最後將矛頭對準統治者，批評了他們沉湎玩樂享受而忽略了治理國家。失道的暴君大多都以慘敗收局。

【譯文】穩重是輕率的根本，靜定是躁動的主宰。因此君子終日行走，都不離開載裝行李的車輛。即使有美食勝景吸引著他，也能安然處之。為什麼擁有萬輛軍車的大國君主，還要以輕率躁動治理天下呢？輕率就會失去根基，躁動就會失去君位。

闡道賞析

暴君失國

桀即位後，發兵征伐有施氏，有施氏抵擋不住，進貢給他一個美女，名叫妹喜。桀十分寵愛妹喜，特地為她造了富麗堂皇的瓊室、象廊、瑤臺和玉床，這一切的負擔都落在百姓的身上，人民痛苦異常，敢怒而不敢言。夏桀重用佞臣，排斥忠良。

夏桀認為他的統治永遠不會滅亡。他說：「天上有太陽，正像我有百姓一樣，太陽會滅亡嗎？太陽滅亡，我才會滅亡。」他還召集所屬各部首領開會，準備發動討伐其他部落的戰爭。夏桀日益失去人心，弄得眾叛親離。這時候，商部落在其首領湯的領導下，日益強大起來。商湯實行仁政，勵精圖治，使商國人口日益增多，糧食充足，國勢強大起來。夏桀擔心商湯會危及自己，就藉故把他囚禁在夏臺。商湯設計使夏桀釋放了自己。回國後，決定推翻夏桀，拯救百姓脫離苦難。在名相伊尹的謀劃下，起兵伐桀。夏軍紛紛潰逃，夏桀攜帶妹喜逃至南巢之山後一同死去。

解讀

輕率就會失去根基，躁動就會失去君位。即使是擁有萬輛軍車的大國君主，依然喜歡以輕率躁動來治理國家。夏桀遠離忠賢，親近奸臣小人，聽信妃子之言，棄天下百姓於不顧，最終落得國破家亡。過分地貪圖享樂，所以偏離了治國之道，亡國也就伴隨而至。

重為輕根

老子在這裏主要批判了當時的統治者沉湎享受、不思進取的現象，並且預知了他們的結局：輕則失本，躁則失君！

暴君失國

自古以來，凡是殘暴的君王，他們的統治都不會長久。因為他們只知道貪圖享樂，置百姓的生死於不顧，所以並不符合「大道」，不符合「大道」就會被取代。

夏桀是出名的暴君，他因為迷戀妹喜而大興土木，以至於勞民傷財，民怨四起。後來他眾叛親離，終於被商湯取而代之。

物壯則老、不道早已

【原文】以道佐人主者，不以兵強於天下。其事好還。師之所處，荊棘生焉；大軍之後，必有凶年。善有果而已，不敢以取強。果而勿矜，果而勿伐，果而勿驕，果而不得已，果而勿強。物壯則老，是謂不道，不道早已。

在本章，老子主要論述了戰爭問題，他從哲學的角度來論兵，著重講了戰爭帶給百姓的災禍：背井離鄉、妻離子散，他認為戰爭是人類最殘酷、最愚昧的行為。他告誡統治者不可以運用窮兵黷武的政治主張。

【譯文】依照「道」的原則輔佐君主的人，不以兵力逞強於天下。窮兵黷武

失道的表現

這裏主要講述了老子的反戰思想，他從民眾的角度出發，剖析了戰爭帶給百姓的災禍，批判了戰爭是人類最殘酷、最愚昧的行為，告誡統治者不能有窮兵黷武的政治主張。

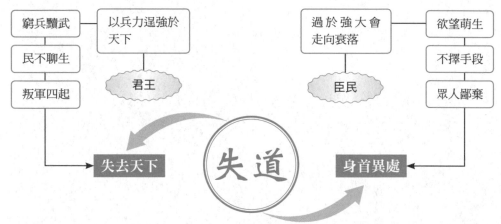

解 讀

事物過於強大就會走向衰落，這就說明它不符合於「道」，不符合於「道」的，就會很快消亡。楊氏一門憑藉著楊玉環侍奉君側而權傾天下，可是楊國忠因此而洋洋得意，不知收斂，利用自己的職權之便做了許多壞事。在安史之亂爆發後，楊氏一門也走向了滅亡。

戰爭帶來的災禍

　　「邊庭流血成海水，武皇開邊意未已。」說的正是戰爭帶給人民的疾苦，由於戰爭，田園荒廢，百姓生活在水深火熱之中。

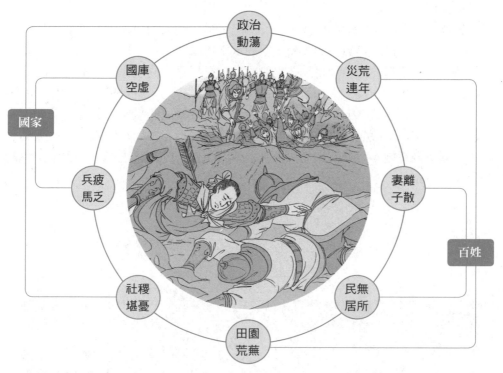

政治動蕩

災荒連年

國庫空虛

國家

兵疲馬乏

妻離子散

百姓

社稷堪憂

民無居所

田園荒蕪

　　這種事必然會得到報應。軍隊所到的地方，荊棘橫生，大戰之後，一定會出現荒年。善於用兵的人，只要達到用兵的目的也就可以了，並不以兵力強大而逞強好鬥。達到目的卻不自我矜持，達到目的也不去誇耀驕傲，達到目的也不要自以為是，達到目的卻出於不得已，達到目的卻不逞強。事物過於強大就會走向衰落，這就說明它不符合於「道」，不符合於「道」的，就會很快消亡。

闡道賞析

貴妃之死

　　楊玉環在她17歲的時候，就擁有傾城傾國之美，天生麗質，又精通音律，擅歌舞，並善彈琵琶，被武惠妃選為壽王妃。後來武惠妃死後，唐玄宗無意間遇上楊玉環，於是決定違背倫理，據為己有。於天寶四年，她27歲的時候被封為貴妃，她的父兄也因此而得以勢傾天下。唐玄宗極度寵愛她，所以一些官員想要升

職，都盡力地巴結討好她。貴妃每次乘馬，都有大宦官高力士親自執鞭，貴妃的織繡工就有七百人，更有爭獻珍玩者。嶺南經略使張九章，廣陵長使王翼，因所獻精美，二人均被升官。於是，百官競相仿效。楊貴妃喜愛嶺南荔枝，就有人千方百計急運新鮮荔枝到長安，有詩云「一騎紅塵妃子笑，無人知是荔枝來」，所以荔枝又稱「妃子笑」。

　　天寶十五年，安祿山起兵造反，沉迷於酒色歌舞之中的唐玄宗倉皇逃離長安，西幸成都。途經馬嵬坡的時候，右龍武軍將軍陳玄禮等六軍將士認為楊家禍國殃民，於是不肯前行，說是因為楊國忠也就是楊貴妃的堂哥私下和胡人相通，才導致安祿山起兵造反，唐玄宗為了平息眾怒穩定軍心，於是殺死楊國忠。而左右羽林軍和左右龍武軍還是不肯前行，說楊國忠為貴妃的堂兄，堂兄有罪，堂妹也難免，唐玄宗萬般無奈之下，只好下令讓宦官將貴妃縊死在馬嵬坡下。其實，安史之亂與楊貴妃本來無關，她只是被迫成為唐玄宗的替罪羔羊。貴妃死時年僅38歲。

觀道圖
　　功名利祿，一切都是過眼煙雲。當人們被欲望操縱的時候，就會沉迷而忘卻自我。事物過於強大終究會走向衰亡，人們應該及時地醒悟，不要在不知不覺中斷送了自己的生命。

貴妃之死

娘娘，你一路走好，聖上也是被逼無奈啊！老奴只能送你上路了！

楊玉環可謂是集三千寵愛於一身，她深受唐明皇的寵愛，楊氏一門也因此而封官進爵，權傾朝野。但是盛極必衰，安史之亂中，楊氏一門全部被誅殺，楊貴妃也死在馬嵬坡下。

小連結　楊貴妃的下落

❶ 民間傳說楊貴妃並未死於馬嵬坡，而是流落於民間。

❷ 有一種離奇的說法是楊貴妃遠走美洲。說當時楊貴妃並未死於馬嵬坡，而是被人帶往遙遠的美洲。

❸ 還有一種說法認為，楊貴妃逃亡日本。當時，在馬嵬坡被縊死的，乃是一個侍女。禁軍將領陳玄禮惜貴妃貌美，不忍殺之，遂與高力士謀，以侍女代死。楊貴妃則由陳玄禮的親信護送南逃，行至現上海附近揚帆出海，飄至日本久谷町久津，並在日本終其天年。

君子貴左、用兵貴右

【原文】夫佳兵者，不祥之器。物或惡之，故有道者不處。君子居則貴左，用兵則貴右。兵者，不祥之器，非君子之器。不得已而用之，恬淡為上。勝而不美，而美之者，是樂殺人。夫樂殺人者，則不可以得志於天下矣。吉事尚左，凶事尚右。偏將軍居左，上將軍居右，言以喪禮處之。殺人之眾，以哀悲泣之；戰勝，以喪禮處之。

老子反對戰爭，他在本章對兵器進行了犀利的批判，認為兵器是不祥之物。他把對兵器的看法融入自己高深的哲理之中，認為戰爭是有悖於大道的，是得道之人應該摒棄的。

【譯文】兵器啊，是不祥的東西，人們都厭惡它，所以有「道」的人不使用它。君子平時居處就以左邊為貴，而用兵打仗時就以右邊為貴。兵器這個不祥的東西，不是君子所使用的東西，萬不得已才使用它，最好淡然處之，勝利了也不要自鳴得意，如果自以為了不起，那就是喜歡殺人。凡是喜歡殺人的人，就不可能得志於天下。吉慶的事情以左邊為上，凶喪的事情以右方為上，偏將軍居於左邊，上將軍居於右邊，這就是說要以喪禮儀式來處理用兵打仗的事情。戰爭中殺人眾多，要用哀痛的心情參加，打了勝仗，也要以喪禮的儀式去對待戰死的人。

闡道賞析

草菅人命

胡亥是秦朝第二代皇帝，秦始皇第十八子。早年曾跟隨中車府令趙高學習獄法。秦始皇死後，胡亥在趙高和李斯的幫助下害死了公子扶蘇，自己做了皇帝。他做皇帝後，對其他眾多的兄弟姐妹更是殘忍有加，毫無人性。胡亥在咸陽市將自己的十二個兄弟處死。在杜郵又將六個兄弟和十個姐妹碾死，刑場慘不忍睹。將閭等三人也是胡亥的兄弟，最終也被逼自盡。他們三個人比其他兄弟都沉穩，胡亥找不出什麼罪名陷害，就關在了宮內。等其他許多的兄弟被殺後，趙高派人逼他們自盡，將閭他們對來人說：「宮廷中的禮節，我們沒有任何過錯。朝廷規定的禮制，我們也沒有違背，聽命應對，我們更沒有一點過失，為什麼說我們不是國家忠臣，卻要我們自裁？」來人答道：「我不知道你們為什麼被定罪處死，我只是奉命行事。」將閭三人相對而泣，最後引劍自刎。除了兄弟姐妹，胡

道的軍事體現

　　老子在本章中藉助批判兵器而闡明了自己的反戰思想，他認為戰爭是有悖於大道的，得道之人應該摒棄它。

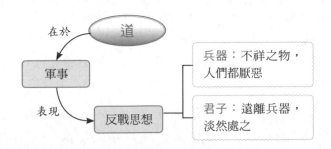

草菅人命

　　秦二世是歷史上殘暴君王中的一個，他從小就被交給管理刑法的趙高教育，以至於長大後殘暴無比，嗜殺成性。

他現在毫不顧念兄弟之情，將我們一個個都除掉才肯罷休，秦國必亡於他手啊！

不要怪我殘忍，因為我知道對敵人的仁慈就是對自己的殘忍，為了這王位，我只好犧牲你們了。

胡亥為了坐穩自己的王位，不僅殺死了自己的兄弟姐妹，而且對於曾經擁護公子扶蘇的大臣也毫不手軟，他聽信了趙高的讒言，處死了許多股肱大臣。

133

亥對其他不聽話的文武大臣也不放過。首先迫害的是蒙恬兄弟倆，開始胡亥想繼續用他們兄弟倆，但趙高害怕他們對自己構成威脅，就向胡亥造謠說，秦始皇原來曾想立胡亥做太子，但蒙恬的兄弟蒙毅極力阻止，秦始皇這才打消了立他做太子的念頭。胡亥卻信以為真，不但沒有釋放蒙恬，還將蒙毅也囚禁在代郡的監獄中。後來，胡亥派使者逼蒙毅自盡，然後又派人到陽周的監獄中逼蒙恬自殺。正是因為當時傳授給胡亥的是嚴刑酷獄，所學的不是殺頭割鼻子，就是滿門抄斬。所以，他一當上皇帝，就亂殺人，看待殺人，就好像看待割茅草一樣，不當一回事。這並不是胡亥的本性生來就壞。他所以這樣，是教導他的人沒有引導他走上正道，這才是根本原因之所在。

解　讀

　　兵器啊，是不祥的東西，人們都厭惡它，所以有「道」的人不使用它。凡是喜歡殺人的人，就不可能得志於天下。胡亥本性並不是很壞，但是趙高卻教導其以酷刑服天下，將天下百姓的性命視為草芥，所以也就注定了秦朝的滅亡。

供職圖（唐・閻立本）

　　賢明的君主，即使有小鬼擋道，也可以將小鬼變為己用，可以統攝祂們，讓祂們安分守己，不為禍人間；昏庸的君王，就會縱容小鬼，讓祂們四處為害，弄得民不聊生，天下一片混亂。

古代的方位與尊卑

在古代，一個人所處的方位就代表了他身份的尊卑。君王會晤，一旦疏忽了落座時的方位，嚴重的話還會引發戰爭。

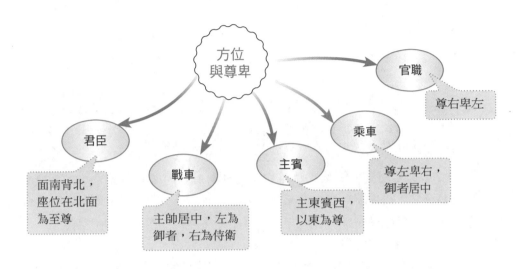

方位與尊卑

官職
尊右卑左

君臣
面南背北，座位在北面為至尊

戰車
主帥居中，左為御者，右為侍衛

主賓
主東賓西，以東為尊

乘車
尊左卑右，御者居中

小連結　公子扶蘇

扶蘇是秦始皇長子，屬於秦朝統治者中具有政治遠見的人物。他認為天下未定，百姓未安，反對實行「焚書坑儒」、「重法繩之臣」等政策，因而被秦始皇貶到上郡監蒙恬軍。秦始皇死後，趙高等人害怕扶蘇即位執政，便偽造詔書，指責扶蘇在邊疆和蒙恬屯兵期間，「為人不孝」、「士卒多耗，無尺寸之功」、「上書直言誹謗」，逼其自殺。

是謂微明、柔可勝剛

【原文】將欲歙之，必固張之；將欲弱之，必固強之；將欲廢之，必固興之；將欲奪之，必固與之。是謂微明。柔弱勝剛強。魚不可脫於淵，國之利器不可以示人。

這裏老子主要講述了事物的兩重性和矛盾相互轉化的辯證關係，透過對這些矛盾的辯證分析，說明了社會現象，引起人們的警覺。同時依然主張君主以無為的思想來治理國家。

【譯文】想要收攏它，必先擴張它；想要削弱它，必先加強它；想要廢去它，必先推舉它；想要奪取它，必先給予它。這就是一般人所不覺察的幽妙明通的道理，柔弱能夠戰勝剛強。魚的生存不可以脫離池淵，國家的刑法政教不可以向人炫耀，不能輕易用來嚇唬人。

矛盾的兩重性

老子在這裏主要講述了事物的兩重性和矛盾相互轉化的辯證關係，透過對這些矛盾的辯證分析，說明了社會現象，引起人們的警覺。

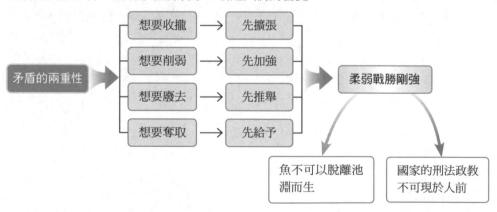

矛盾的兩重性

| 想要收攏 → 先擴張 |
| 想要削弱 → 先加強 |
| 想要廢去 → 先推舉 |
| 想要奪取 → 先給予 |

柔弱戰勝剛強

魚不可以脫離池淵而生

國家的刑法政教不可現於人前

解讀

想要收攏它，必先擴張它；想要削弱它，必先加強它；想要廢去它，必先推舉它；想要奪取它，必先給予它。諸葛亮想要得到孟獲的誠心降服，所以他不惜對孟獲七擒七放，最終孟獲深受感動，發誓永不反蜀。

聞道賞析

七擒孟獲

蜀漢建立之後，諸葛亮定下了北伐大計。當時，西南夷酋長孟獲率十萬大軍侵犯蜀國。諸葛亮為了解決北伐的後顧之憂，決定親自率兵先平孟獲。蜀軍主力到達瀘水附近，誘敵出戰，事先在山谷中埋下伏兵，孟獲被誘入伏擊圈內，兵敗被擒。

但是，諸葛亮考慮到孟獲在西南夷中威望很高，影響很大，如果讓他心悅誠服，主動請降，就能使南方真正穩定。不然的話，南方夷各個部落仍不會停止侵擾，後方難以安定。諸葛亮決定對孟獲採取「攻心」戰，斷然釋放孟獲。孟獲表示下次定能戰勝，諸葛亮笑而不答。孟獲多次的計謀都被諸葛亮巧妙識破，終於最後一次，諸葛亮火燒孟獲的藤甲兵，第七次生擒了孟獲。孟獲深受感動，他感謝諸葛亮七次不殺之恩，誓不再反。

山間高士圖

有才德的人，即使居住在深山野林，也會有人慕名前來拜會。不張揚，不自耀，心憂社稷，身繫天下。

東漢末年，魏、蜀、吳三分天下。蜀丞相諸葛亮受昭烈帝劉備託孤遺詔，立志北伐，以重興漢室。就在這時，蜀南方之南蠻又來犯蜀，諸葛亮當即點兵南征。

一擒孟獲

　　到了南蠻之地，雙方首戰，諸葛亮就大獲全勝，擒住了南蠻的首領孟獲。但孟獲卻不服氣，說自己因為不知道諸葛亮的虛實，才會大意被擒，況且勝敗乃兵家常事。孔明得知一笑，下令放了孟獲。

二擒孟獲

　　放走孟獲後，孔明找來他的副將，故意說孟獲將此次叛亂的罪名都推到了他的頭上。副將聽了十分生氣，大聲喊冤，於是孔明將他也放了回去。

　　副將回營後，心裏一直憤憤不平。一天，他將孟獲請入自己帳內，捆綁後送至了漢營。孔明用計二次擒獲了孟獲，孟獲卻還是不服，諸葛亮便又放了他。

三擒孟獲

　　孟獲再次回到營中，他的弟弟孟優獻了個計謀給他。半夜時分，孟優帶人來到漢營詐降，孔明一眼就識破了他，於是下令賞了大量的美酒給南蠻之兵，使孟優帶來的人喝得酩酊大醉。這時孟獲按計劃前來劫營，卻不料自投羅網，被再次擒獲。這回孟獲卻仍是不甘心，孔明便第三次放虎歸山。

四擒孟獲

　　孟獲回到大營，立即著手整頓軍隊，待機而發。一天，忽有探子來報：孔明正獨自在陣前察看地形。孟獲聽後大喜，立即帶了人趕去捉拿諸葛亮。不料，這次他又中了諸葛亮的圈套，第四次成了甕中之鱉。孔明知他這次肯定還是不會服氣，再次放了他。

孟獲帶兵回到營中。他營中一員大將帶來洞主楊峰，楊峰因跟隨孟獲數次被擒、數次被放，心裏十分感激諸葛亮。為了報恩，他與夫人一起將孟獲灌醉後押到漢營。孟獲五次被擒仍是不服，大呼是內賊陷害。孔明便第五次放了他，命他再來戰。

六擒孟獲

孟獲這次回去後不敢大意，他去投奔了木鹿大王。諸葛亮歷盡艱辛才知道了木鹿王的營地。隨後，他回去造了大於真獸幾倍的假獸。當他們與木鹿大王交戰時，木鹿的人馬見了假獸十分害怕，不戰自退了。這次孟獲心裏雖仍有不服，但再沒理由開口了，孔明看出他的心思，仍舊放了他。

七擒孟獲

孟獲被釋後又去投奔了烏戈國，這烏戈國王兀突骨擁有一支英勇善戰的藤甲兵，所裝備的藤甲刀槍不入。

孔明對此卻早有所備，他用火攻將烏戈國兵士皆燒死於一山谷中。孟獲第七次被擒，孔明故意要再放了他。

孟獲忙跪下起誓：以後將決不再謀反。孔明見他已心悅誠服，覺得可以利用，於是便委派他掌管南蠻之地，孟獲等聽後不禁深受感動。

小連結　諸葛亮平南計謀

原因 → 孟獲為當地漢人和土著人所信服

蜀漢軍士對南蠻之地並不熟悉

→ 採取的戰略 → 攻心為上，攻城為下

心攻為上，兵攻為下

善者吾善、信者吾信

【原文】聖人無常心，以百姓心為心。善者吾善之，不善者吾亦善之，德善。信者吾信之，不信者吾亦信之，德信。聖人在天下，歙歙焉，為天下渾其心。百姓皆注其耳目，聖人皆孩之。

老子提出了相當於恆心的「常心」，他認為古代的聖人正是因為沒有屬於自己的恆心，拋棄了雄心壯志，所以才將天下百姓的心作為自己的「常心」。聖人自然沒有任何舉動，所以能夠回歸到嬰孩般的自然純樸狀態。

【譯文】聖人常常是沒有私心的，以百姓的意志為自己的意志。對於善良的人，我善待他；對於不善良的人，我也善待他，這樣就可以得到善良了，從而使人人向善。對於守信的人，我信任他；對不守信的人，我也信任他，這樣可以得到誠信了，從而使人人守信。有道的聖人統治天下，收斂自己的私欲和偏見，使天下百姓的心思歸於渾樸。百姓們都專注於自己的耳目聰明，有道的人使他們都回到嬰孩般純樸的狀態。

闡道 賞析

臥閣清風

汲黯是西漢名臣，漢武帝內心深嘉汲黯的耿直和忠誠。但由於他過於戇直，說辭不知婉轉，往往又使武帝在感情上一時難以接受，對他歷次的冒顏直諫，在接受程度上每每多打折扣，事後細思，仍不得不在內心深處認為他是一個不可多得的骨鯁之臣！汲黯兩次公開抗旨，一次假傳聖旨，處處與漢武帝唱反調，當朝揭露漢武帝為人虛偽，重磅批判當朝最紅的大臣等等不可思議的作為，卻得到漢武帝一而再、再而三的容忍，最終他還得到漢武帝最高的評價——社稷之臣！關鍵是他有著抓大放小、善抓本質的特點和能力。

東粵國內起爭鬥，「上使黯往視之」。到了半路吳地，汲黯便返程並向皇帝報稱：粵人互相攻擊是他們的習俗，不足以用天子的使臣前去處理。國內各類問題層出不窮，如果都這樣派使節前往處理的話，必然是應接不暇，疲於對付，且不符合一級對一級負責的階層管理規則，容易弱化下級的職能，造成依賴性，降低責任感。汲黯的半路而返，雖然班文中未加深敘，實際上從側面已經說明汲黯認識到了粵人相攻的本質並且獲得了處理的最佳方式。

聖人的「常心」

老子提出了和恆心相當的「常心」，他認為古代的聖人正是因為沒有屬於自己的恆心，拋棄了雄心壯志，才將天下百姓的心作為自己的「常心」。

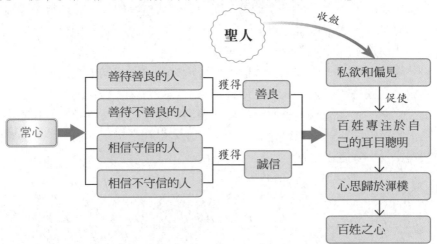

聖人 ──收斂──→

常心 →
- 善待善良的人
- 善待不善良的人 } 獲得 → 善良
- 相信守信的人
- 相信不守信的人 } 獲得 → 誠信

→ 私欲和偏見
↓ 促使
百姓專注於自己的耳目聰明
↓
心思歸於渾樸
↓
百姓之心

臥閣清風

汲黯是漢武帝時期的官員，深受漢武帝的尊重。由於汲黯正直，善於諫言，當時漢武帝讓他臥閣治理淮陽，於是後人就稱讚他為「臥閣清風」。

汲黯是東漢時期著名的大臣，他主張老子的無為而治，並且敢於直言進諫，連漢武帝都對他禮讓三分。

河內郡失火燒毀千餘家，漢武帝派遣汲黯前往了解火災情況。汲黯發現火災的損失其實有限，倒是當地的「水旱災害」涉及萬餘家，嚴重到「父子相食」的程度！汲黯當即決定以所持皇帝發給的「節」為憑據，「代傳皇帝旨意」，命河內郡的官員打開官倉，分發糧食以賑貧民。他回到朝廷立即「自劾」，漢武帝念他為國為民的一片忠心，下令免於究辦。敢假傳聖旨賑災，且自行請罪又能全身而退的官員，大概就屬汲黯無第二人了吧！河內失火與父子相食，孰輕孰重？表面看，火燒連片，片瓦不存，一片狼藉，損失嚴重，這是大事！而汲黯用「家人失火，屋比延燒，不足憂」十一個字作了清楚的答覆。父子相食，才是身受利祿的高官必須關注的問題。人不是逼到絕路，是不會父子相食的。旱災已經把人逼得走投無路了，如果政府不盡快處理，很容易激起民變，會動搖執政的根基。這才是汲黯所考慮到的實質性問題。所以，在未得朝廷指示的情況下，汲黯指揮當地開倉賑災，安定了百姓。

解讀

有道的聖人統治天下，收斂自己的私欲和偏見，使天下百姓的心思歸於渾樸。百姓們都專注於自己的耳目聰明，有道的人使他們都回到嬰孩般純樸的狀態。漢武帝能夠採納汲黯的忠諫，採取寬大懷柔的政策，才會讓當時的政治一片清明。聖人君王以百姓為重，以自身為輕。

蓬萊仙境圖

政治清明，民間被祥和之氣所籠罩，就好像是生在蓬萊仙境中。淳樸的民風，與傳說中的仙境又有何區別？

汲黯為政

汲黯為政，以民為本，同情民眾的疾苦。他為政清明、斷案如神的故事，至今在民間廣為流傳。

農民王麥囤和李小鳳從小相愛，私訂終身，但小鳳父母硬是又給她找了個富婆家，不料未過門先死了未婚夫，婆家硬逼她與白公雞拜堂，並打算將她賣給一個50多歲的財主。小鳳聽到風聲，便與麥囤私奔，被婆家抓回，把他倆打得死去活來。汲黯察明原委，親自為這對青年作媒並辦理了婚事，並贈送紋銀，命衙役護送回家。

城南關的江鳳榮勾結姦夫嚴光林害死了丈夫鄭春生，把屍體拋入南關水井，頭埋在郊外麥地裏，有人從井中撈出屍體，但沒頭無法辨認。汲太守宣布：誰能找到被害者的頭，賞銀300兩。江鳳榮、嚴光林就讓表弟扒出人頭報案領銀。在公堂上，汲太守問明了實情，斬了殺人兇犯，他又幫助民眾將井掏深，挖出一個大泉眼，使之成為淮陽南關有名的一口甜水井。

有一位教書先生叫劉壽山，他膝下有一子一女，兒子叫劉海江，娶妻朱雲英；女兒叫劉青麗，待字閨中。一家五口人，和和睦睦。不久，因女兒出嫁，陪送的嫁妝讓父子、婆媳之間產生嫌隙。官司打到汲太守處。汲黯問明了情況，就帶一行人來到天帝廟，他讓劉海江念誦廟門旁的一副對聯：女無不愛，媳無不憎，勸天下家婆：減三分愛女之心而愛媳。妻何以順，親何以逆，願爾輩人子：將一點順妻之意而順親。一家人頓時羞愧不已，於是和好如初。

唯施是畏、而民好徑

【原文】使我介然有知，行於大道，唯施是畏。大道甚夷，而民好徑。朝甚除，田甚蕪，倉甚虛。服文綵，帶利劍，厭飲食，財貨有餘，是為盜誇，非道也哉！

本章老子站在人民的立場上對於統治階級的所作所為進行了無情地批判，他對統治階級不遵循大道而修習綱常做了比較深入的探討。警告統治者如果執迷不悟，最終將會以慘淡收場。

【譯文】假如我稍微地有了對政事的認識，行走在大道上，唯一擔心的是害怕走了邪路。大道雖然平坦，但人君卻喜歡走邪徑。朝政腐敗已極，弄得農田一片荒蕪，倉庫十分空虛，而人君仍穿著錦繡的衣服，佩帶著鋒利的寶劍，飽餐精美的飲食，搜刮占有富餘的財貨，這就叫做強盜頭子。他們的所作所為不是行大道啊！

歷代帝王圖（唐·閻立本）

作為帝王，只有將人民的利益放置在自己的私欲之上，才能夠受到人民的愛戴，讓自己的國家繁榮昌盛。

老子站在人民的立場上對於統治階級的所作所為進行嚴厲的批判，他對統治階級不遵循大道而修習綱常做了比較深入的探討。

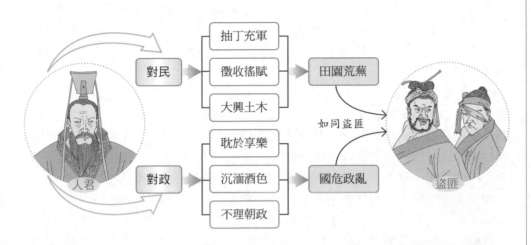

山間行路

一行人馬，行走在群山之間。在幽深的山林裏，只聽見噠噠的馬蹄聲和風在山間吹過的聲音。往前的路雖然很長，但是行者似乎已經陶醉在山水之間，因為心中已知歸途，所以並不著急歸去。

闡道賞析

窮兵黷武

　　東吳後期的名將陸抗，二十歲時就被任命為建武校尉，率領他父親陸遜留下的部眾五千人。西元264年，孫皓當了東吳的國君，三十八歲的陸抗擔任鎮軍大將軍。當時，東吳的朝政非常腐敗。孫皓荒淫暴虐，宮女有好幾千人，還向民間掠奪；又用剝面皮、鑿眼睛等酷刑任意殺人。陸抗對孫皓的所作所為非常不滿，多次上疏，勸諫他對外加強防守，對內改善政治，以增強國力。但是，孫皓對他的建議置之不理。

　　西元272年，鎮守西陵的吳將步闡投降晉朝。陸抗得知後，立即率軍征討步闡。他知道晉軍一定會來接應步闡，因此命令軍民在西陵外圍修築一道堅固的圍牆。吳將多次要求攻打西陵，但陸抗總是不許。等到工事完成，晉軍已經趕到西陵接應步闡，陸抗率軍擊退來援的晉軍，再向西陵發起猛攻，很快攻進城內，將叛將步闡殺死。當時，晉朝的車騎將軍羊祜鎮守襄陽。他見陸抗能攻善守，知道打敗東吳並不容易，因此對東吳採取和解策略：部下掠奪了東吳的孩子，他下令放回；行軍到東吳邊境，收割了東吳方面的莊稼，就送絹帛給東吳作抵償；獵獲的禽獸已被吳人打傷，就送還東吳。

　　陸抗明白羊祜的用意，也用同樣的態度對待晉商。兩人還經常派使者往來，互相表示友好。因此，吳、晉一部分邊境地帶一時出現了和好的局面。孫皓聽說那裏的邊境和好，很不高興，派人責問陸抗。陸抗回話說：「一鄉一縣尚且不能沒有信義，何況大國呢！我如果不這樣做，反而會顯出羊祜很有威德，對他沒有什麼損害。」孫皓聽了，無話可說，但他還是想出兵攻晉。陸抗見軍隊不斷出動，百姓精疲力竭，便向孫皓上疏說：「現在，朝廷不富國強兵，加緊農業生產，儲備糧食，讓有才能的人發揮作用，使各級官署不荒怠職守，嚴明升遷制度以激勵百官，審慎實施刑罰以警戒百姓，用道德教導官吏，以仁義安撫百姓，反而聽任眾將追求名聲，用盡所有兵力，好戰不止，耗費的資財動以萬計，士兵疲勞不堪。這樣，敵人沒有削弱，而我們自己倒像生了一場大病。」陸抗還鄭重指出，吳、晉兩國實力不同，今天即使出兵獲勝，也得不償失。所以，應該停止用兵，積蓄力量，以待時機。但是，孫皓對這些忠告都聽不進去。後來，陸抗去世，晉軍討伐東吳，沿著長江順流東下，勢如破竹，吳國終於被晉所滅亡。

解讀

　　腐敗的朝政才會弄得農田一片荒蕪，國庫空虛。但是高高在上的君王依舊穿著錦衣繡服，吃著山珍海味，不斷地搜刮各地的財產為己占有，弄得民不聊生，怨聲載道。這樣的君王和強盜頭子沒有什麼差別。吳王孫皓，不想著休養生息，強國富民，卻一再地將心思放在戰爭上，所以當幫助他守國的陸抗去世後，他的國家也滅亡了。窮兵黷武、爭強好戰可以導致一個國家的滅亡啊！

窮兵黷武

陸抗是東吳後期的名將，二十歲時就被任命為建武校尉。面對孫皓的荒淫無道，他是憂心不已。

孫皓荒淫暴虐，光是宮女有好幾千人，但是他還向民間掠奪。整天就知道在後宮飲酒作樂，而一些奸佞小人更是投其所好，朝政日益荒廢，對此陸抗憂心不已。

陸抗對於孫皓的不理朝政十分擔憂。雖然他活著的時候，晉國沒有前來攻打吳國，但他死後，晉國滅了吳國。

小連結　羊祜

羊祜（221—278），字淑子，西晉大臣，泰山南城人。世代為官，羊祜早年喪父，青年時博學多才，能文著稱，身材魁梧，眉目清秀。曹魏末年，被文帝召見並封為大將軍，另被拜為中部侍郎，後曾任關中侯、秘書監、相國從事中郎、中領軍悉統宿衛等職，參與司馬昭機密。晉武帝司馬炎代魏後，因羊祜輔佐有功，被授為中軍將軍、加散騎常侍。泰始五年，晉武帝與他策劃滅吳，以尚書左僕射都督荊州諸軍事，坐鎮襄陽。在位十年，廣泛開設鄉村學校，治理地方秩序，並開屯田，儲軍糧，為滅吳做了充分準備。

修之天下、其德乃普

【原文】善建者不拔，善抱者不脫，子孫以祭祀不輟。修之於身，其德乃真；修之於家，其德乃餘；修之於鄉，其德乃長；修之於邦，其德乃豐；修之於天下，其德乃普。故以身觀身，以家觀家，以鄉觀鄉，以邦觀邦，以天下觀天下。吾何以知天下然哉？以此。

在本章中，老子主要批判了儒家和法家的社會觀，認為以法治國和以禮儀教化治國都是有為之治。他通過對法、儒兩家思想的批判，在無為而治的基礎上提出了修身、齊家、睦鄰、治國、平天下的標準。

【譯文】善於立法的人自己就會被禁錮在法律的規範之內拔不出身子，善於聚攏徒眾的人自己也被聚攏在徒眾之中脫不開身。如果子孫能夠遵循、守持這個道理，那麼祖祖孫孫就不會斷絕。把這個道理付諸自己，他的德性就會是真實純正的；把這個道理付諸自家，他的德性就會是豐盈有餘的；把這個道理付諸自鄉，他的德性就會受到尊崇；把這個道理付諸自邦，他的德性就會豐盛碩大；把這個道理付諸天下，他的德性就會無限普及。所以，用自身的修身之道來觀察別人；以自家察看觀照別家；以自鄉察看觀照別鄉；以平天下之道察看觀照天下。我憑藉什麼去判斷天下處於一種什麼狀況呢？就是將這個作為依照的準則。

闡道賞析

愚公移山

太行、王屋兩座大山，面積七百里，高七八百千丈。北山腳下有個叫愚公的人，年紀將近九十歲了，面對著山居住。愚公苦於山北面道路阻塞，進進出出曲折繞遠。於是，愚公便召集全家人來商量說：「我和你們盡全力鏟平險峻的大山，使它一直通到豫州南部，到達漢水南岸，好嗎？」大家紛紛表示贊同他的意見。愚公的妻子提出疑問說：「憑你的力量，連魁父這座小山都鏟平不了，又能把太行、王屋這兩座山怎麼樣呢？況且把土石放到哪裏去呢？」大家紛紛說：「把土石扔到渤海的邊上，隱土的北面。」於是，愚公帶領兒子和孫子中能挑擔子的幾個，鑿石挖土，用箕畚裝土石運到渤海的邊上。鄰居姓京城的寡婦有個孤兒，剛七八歲，也蹦蹦跳跳地去幫助他們。冬夏換季，才往返一次。

河曲有一個聰明的老頭笑著阻止愚公說：「你真是太不聰明了。憑你殘餘

評判天下之勢的準則

老子主要批判了儒家和法家的社會觀，認為以法治國和以禮儀教化治國都是有為之治。他透過對法、儒兩家思想的批判，在無為而治的基礎上提出了修身、齊家、睦鄰、治國、平天下的標準。

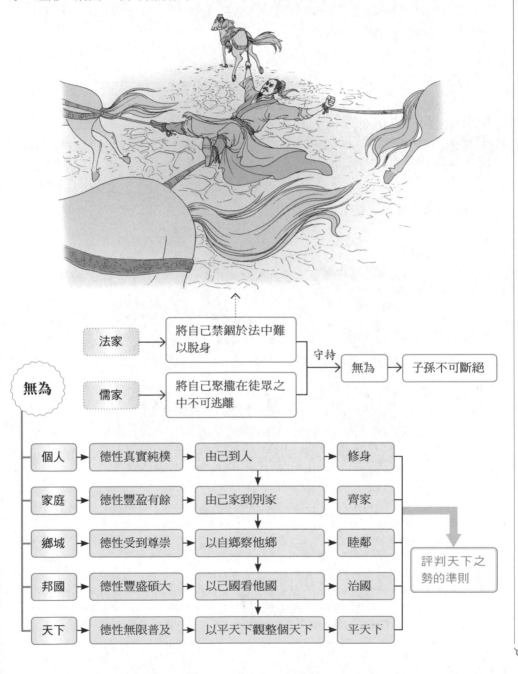

| 法家 | → | 將自己禁錮於法中難以脫身 | | 守持 | | 無為 | → | 子孫不可斷絕 |
| 儒家 | → | 將自己聚攏在徒眾之中不可逃離 | | | | | | |

無為	個人	→	德性真實純樸	→	由己到人	→	修身
	家庭	→	德性豐盈有餘	→	由己家到別家	→	齊家
	鄉城	→	德性受到尊崇	→	以自鄉察他鄉	→	睦鄰
	邦國	→	德性豐盛碩大	→	以己國看他國	→	治國
	天下	→	德性無限普及	→	以平天下觀整個天下	→	平天下

評判天下之勢的準則

的歲月，連山上的一根草木都動不了，又能把泥土和石頭怎麼樣呢？」愚公長嘆一聲說：「你思想頑固，頑固到不能改變的地步，連寡婦孤兒都不如。即使我死了，還有兒子在呀；兒子又生孫子，孫子又生兒子；兒子又有兒子，兒子又有孫子；子子孫孫沒有窮盡的，可是山不會增高加大，何必愁挖不平呢？」河曲那個聰明的老頭無言以對。山神聽說了這件事，怕他不停地挖下去，向天帝報告了這件事。天帝被他的誠心感動，命令誇娥氏的兩個兒子背走了兩座山。一座放在朔方東部，一座放在雍州南面。

解 讀

　　善於立法的人自己就會被禁錮在法律的規範之內拔不出身，善於聚攏徒眾的人自己也被聚攏在徒眾之中脫不開身。如果子孫能夠遵循、守持這個道理，那麼祖祖孫孫就不會斷絕。愚公脫出了自己生命的羈絆，而將移山的重任由子孫後代傳承下去，他以久遠的目光來看待事物，所以他移山的願望也會實現。

小連結　商鞅變法

　　商鞅聽說秦孝公四下招賢，於是來到秦國，求見秦孝公。商鞅以「伯術」為題展開話題，卻正中孝公下懷，兩人交談三日三夜，孝公不覺過癮。孝公大喜，封他為左庶長。於是，商鞅果斷頒布變法之道。他想測試一下民眾對變法的態度，更為了取信於民，以便新法能順利地貫徹、實施下去。商鞅派人把一根長木頭放在鬧市中，下令說：「誰能把木頭搬到北門去，就獎賞十金」。老百姓紛紛來看，但都抱懷疑的態度，無人去搬。於是，商鞅把賞金加到五十金，大家更加猜疑：秦國可是從來沒有這麼重的獎賞的。有一人不信邪，心想：雖然沒有這麼多的獎金，但總有一些吧。他扛起木頭，搬到北門，跟隨的觀眾很多。商鞅如數地兌現了獎金，大家這才相信：商鞅出令必行！

愚公移山

　　真正擁有智慧的人，看起來覺得有些愚笨。愚公始終相信自己可以移走王屋、太行兩座大山，他並不是愚蠢，而是信念堅定。

北山腳下有個叫愚公的人，年紀將近九十歲了，面對著王屋、太行兩山居住。愚公苦於山北面道路阻塞，於是決定將兩山移走。後來，他的誠信感動了上天，玉帝就派大力神搬走了大山。

①

②

無事民富、無欲民樸

【原文】以正治國，以奇用兵，以無事取天下。吾何以知其然哉？以此。天下多忌諱，而民彌貧；民多利器，國家滋昏；人多伎巧，奇物滋起；法令滋彰，盜賊多有。故聖人云：「我無為而民自化；我好靜而民自正；我無事而民自富；我無欲而民自樸。」

老子在本章提到了以「正」治國，以「奇」用兵，對自己無為治國的思想進一步做了闡釋。呼籲統治者利用「無為」、「無欲」來治理天下，讓民眾富足守紀，民風淳樸自然。

【譯文】以無為、清靜的正道去治理國家，以奇巧、詭秘的方法去用兵，以不擾害人民而治理天下。我怎麼知道應該這樣做呢？根據就在於此：天下的禁忌越多，而老百姓就越陷於貧窮；人民的銳利武器越多，國家就越陷於混亂；人們的心智和技巧越多，邪風怪事就越鬧得厲害；法令越是森嚴，盜賊就越是不斷地增加。所以，有道的聖人說：「我無為，人民就自我教化；我好靜，人民就會遵紀守法；我無欲，而人民就自然淳樸。」

天王送子圖（吳道子）

萬事萬物都要順應自然，即使是高高在上的天王，他的孩子也要經歷一番風雨，才能夠升天成為神仙。

以正治國，以奇用兵

　　老子在這裏提到了以「正」治國，以「奇」用兵，對自己無為治國的思想進一步做了闡釋。呼籲統治者利用「無為」、「無欲」來治理天下，讓民眾富足守紀，民風淳樸自然。

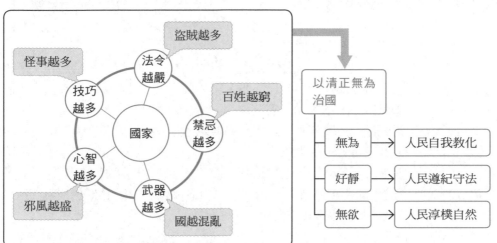

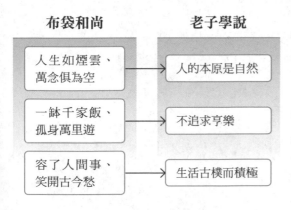

布袋和尚與道

　　布袋和尚雖然隸屬於佛教之人，但是他的處世方式卻與老子的無為思想暗合。

布袋和尚	老子學說
人生如煙雲、萬念俱為空	→ 人的本原是自然
一缽千家飯、孤身萬里遊	→ 不追求亨樂
容了人間事、笑開古今愁	→ 生活古樸而積極

布袋和尚的人生觀是合乎大道的

美人計

　　漢獻帝登基後，朝廷由董卓專權。他為人陰險，濫施殺戮，並有謀朝篡位的野心。他的義子呂布驍勇異常，更是對他忠心耿耿。司徒王允，為保朝廷，於是針對董卓父子的好色心態決定用 「美人計」，讓他們互相殘殺，以除奸賊！王允府中有一名叫貂蟬的歌女，她色藝雙全，且深明大義。貂蟬為感激王允的養育之恩，決心犧牲自己，為民除害。

　　在一次私人宴會上，王允主動提出將自己的「女兒」貂蟬許配給呂布。呂布見到貂蟬，喜不自勝，決定選擇吉日完婚。第二天，王允又請董卓到家裏來，酒席筵間，要貂蟬獻舞。董卓一見，饞涎欲滴，他當天就把貂蟬帶回府中去了。呂布知道大怒，當面斥責王允。王允編出董卓要幫呂布完婚的謊言欺騙於他。呂布見董卓把貂蟬據為己有，十分生氣。

　　董卓疑心很重，一天他在後花園鳳儀亭內，看到呂布與貂蟬抱在一起，大怒，於是提戟刺向呂布。董卓和呂布父子之間的心結日益嚴重。王允見時機成熟，邀呂布到密室商議一起除掉董卓。在王允和呂布的密謀下，終於將董卓殺死。

解讀

　　人民的銳利武器越多，國家就越陷於混亂；人們的心智和技巧越多，邪風怪事就越鬧得厲害；如果君主懦弱無能，那麼他的國家就會變得難以統治，而奸臣邪妄也會相繼產生。正因為漢獻帝的軟弱無能，所以董卓才會肆意妄為，國家出現邪風怪事，而治國只能依賴陰謀詭計。

小連結　貂蟬

　　貂蟬，是中國民間傳說中的人物，為東漢末年司徒王允的義女，為拯救漢朝，由王允授意施行連環計，使董卓、呂布兩人反目成仇，最終借呂布之手除掉了惡賊董卓。之後，貂蟬成為呂布的妾，董卓部將李傕擊敗呂布後，她隨呂布來到徐州。下邳一役後，呂布被曹操所殺，貂蟬跟隨呂布家眷前往許昌，從此不知所蹤。

美人計

為了解除漢王朝的危機，司徒王允利用美人計離間了董卓父子。而貂蟬為了報答王允的養育之恩，憑藉自己的聰明才智周旋在他們之間。

漢獻帝時期，董卓專政，他陰險狠毒，濫施殺戮，並有謀朝篡位的野心。司徒王允為了除去董卓父子，於是使用美人計，以至於董卓父子相互殘殺，最終除去了董卓這個大奸臣。

深根固柢、長生久視

【原文】治人事天，莫若嗇。夫唯嗇，是謂早服；早服謂之重積德；重積德則無不克，無不克則莫知其極；莫知其極，可以有國；有國之母，可以長久。是謂深根固柢，長生久視之道也。

老子在這一章中主要說明了如果統治者能夠節儉治國，國家就可以長治久安。節儉不僅對於統治者的意義重大，對於普通老百姓也是很重要的。一個人如果以節儉為美，那麼他就和大道大德同步，必然快樂多於煩惱。

【譯文】治理民眾尊奉自然，沒有比像種田一樣，應時按節，並注重節儉、愛惜財力物力更重要的了。順天道、應時節儉、愛惜各種資源，正是早早就做好了準備；早做準備，有了長遠的打算，就是不斷地積「德」；不斷地積「德」，就沒有什麼不能攻克的；沒有什麼不能攻克的，那就無法估量它的力量；具備了

 深 根 固 柢

老子將治理國家和農民耕種結合在一起，說明任何事情都要遵循大自然的規律，這樣治國，國家就可以長治久安；這樣耕種，人民就可以豐收。

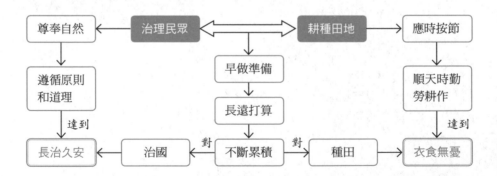

 解 讀

老子所提到的「道」，就是治理國家的根本，是一種合乎自然的道理和依據。當然任何事情都是一樣的道理，基礎是根本，是事物賴以存在的依據，如果本末顛倒，那將是得不償失的。就如故事中的那個反穿羊皮衣的人，本來是因為珍愛皮衣，才將其反穿。但是他忽略了毛賴以生存的是皮，根基壞了，賴其存在的毛也就不會長久了。

道教的神仙圖

道教將老子的《道德經》奉為寶典，他們是由一些凡人或者生靈修道進而參悟修成正果後，成為天界的神仙。

 節 儉 的 重 要 性

節儉不僅對於統治者的意義重大，對於普通老百姓也是很重要的。一個人如果以節儉為美，那麼他就和大道大德同步，必然快樂多於煩惱。

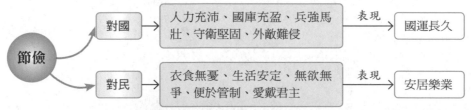

節儉 → 對國 → 人力充沛、國庫充盈、兵強馬壯、守衛堅固、外敵難侵 → 表現 → 國運長久

節儉 → 對民 → 衣食無憂、生活安定、無欲無爭、便於管制、愛戴君主 → 表現 → 安居樂業

羅漢圖

一根手杖，一件僧衣，身無長物，遊走在人世間，穿梭在深林裏。不懼虎狼，不畏嚴寒，磨練自己的意志，培養悲天憫人的慈悲之心，這正是羅漢們所追求的境界。

這種無法估量的力量，就可以擔負治理國家的重任。有了治理國家的原則和道理，就可以長久維持國家。國運長久，就叫做根深固柢，符合長久維持之道。

闡道賞析

皮之不存，毛將焉附

有一年，魏國的東陽地方向國家上繳的錢糧布帛比往年足足多出十倍，為此，滿朝的文武大臣一齊向魏文侯表示祝賀。魏文侯對這件事並不表示開心。他在想：東陽這個地方的土地並沒有增加，人口也還是原來那麼多，怎麼一下子比往年多交十倍的錢糧布帛呢？即使是豐收了，可是向國家上交也是有比例的呀。他分析這必定是各級官員向下面老百姓加重徵收得來的。這件事使他想起了一年前他遇到的一件事。

一年前，魏文侯出外巡遊。一天，他在路上見到一個人將羊皮統子反穿在

皮之不存，毛將焉附

魏文侯是一個有才能的君主，大臣們恣意誇大國家的繁榮，並沒有讓他沾沾自喜，反而從中抓住了重要的疏漏，於是講了一個故事教育他的臣子。

皮之不存，毛將焉附？如果老百姓不得安寧，國君的地位也難以鞏固。希望你們記住這個道理，不要被一點小利蒙蔽了眼睛，看不到實質。

恭喜陛下，今年東陽地區上繳的錢糧布匹如此之豐，看來是您治國有方啊！

魏文侯聽到大臣們稟報東陽地區所上繳的錢糧布匹比以往十倍還多，並沒有因此而開心，反而從中看到了官吏對百姓加重了徭賦，於是透過講故事告訴大臣們不應該捨本逐末。

身上，皮統子的毛向內而皮朝外，那人還在背上背著一簍餵牲口的草。魏文侯感到很奇怪，便上前問那人道：「你為什麼要反穿著羊皮衣，把皮板露在外面來背東西呢？」那人回答說：「我真的很愛惜這件皮衣，我怕把毛露在外面會受到損傷，特別是在背東西的時候，我怕把毛磨掉了。」

魏文侯聽了，很認真地對那人說：「你知道嗎？其實皮板比毛更重要，如果皮板磨破了，毛就沒有依附的地方了，那你捨皮保毛其實是一個完全錯誤的想法。」但是那人依然我行我素，背著草直接走了。如今，官吏們大肆徵收老百姓的錢糧布帛而不顧老百姓的死活，這跟那個反穿皮衣的人的行為又有什麼區別？

於是，魏文侯將朝廷大臣們召集起來，對他們講了那個反穿皮衣的人的故事，並說：「皮之不存，毛將焉附？如果老百姓不得安寧，國君的地位也難以鞏固。希望你們記住這個道理，不要被一點小利蒙蔽了眼睛，看不到實質。」眾大臣深受啟發，對自己之前欣喜的事情感到十分慚愧。

小連結　魏文侯從諫

　　魏文侯命令大將樂羊去攻打中山國，拿下後他把中山國給了兒子魏擊。事後的某一天，魏文侯問眾大臣：「你們看我這君王當得如何呀？」眾人一齊說：「簡直就是聖君，無人可比！」大臣中只有一人提出了反對意見，他叫任座。他說：「你把中山國打下來了，不把這中山國給自己的弟弟，卻給了自己的兒子，就憑你這一點，就看出你不是明君！」文侯一聽大怒，任座一看不好，於是就急匆匆地走了。他剛走，文侯就問翟璜：「我是個好的國君嗎？」翟璜說：「你是個好的國君。」文侯問：「說說理由。」翟璜說：「臣聽說君王如果仁義賢明，那麼手下的臣子一定敢說真話。今天看這個任座敢這樣說你，我就知道你是個仁君了。」文侯一聽大喜，馬上命翟璜去叫任座回來，並且親自走下堂來迎接，把他當成上賓來看待。

兩不相傷、德交歸焉

【原文】治大國，若烹小鮮。以道蒞天下，其鬼不神；非其鬼不神，其神不傷人；非其神不傷人，聖人亦不傷人。夫兩不相傷，故德交歸焉。

無為思想貫穿《道德經》的始終，不管是為官還是為人，老子都提倡以無為作為其思想準則。他在這裏將治理國家比喻為烹製小魚，統治者的恣意妄為只會使國家混亂，同時也表明了無為而治的重要性。

【譯文】治理大國，就好像煎烹小魚。用「道」治理天下，鬼神就發揮不了作用，並不是鬼怪不願作怪，而是鬼怪作怪也傷不了人。不但鬼怪作怪傷害不了人，聖人有道也不會傷害人。這樣，鬼神和有道的聖人都不傷害人，所以，就可以讓人民享受到德的恩澤。

乾隆在書房

乾隆名為愛新覺羅·弘曆，是雍正帝第四子。雍正十三年，雍正帝去世，弘曆即位。乾隆帝即位後，在政治上矯其祖寬父嚴之弊，實行「寬嚴相濟」之策，整頓吏治，釐定各項典章制度；優待士人，安撫起復雍正朝受打擊之宗室；經濟上獎勵墾荒，興修水利，蠲免錢糧，促進了經濟的繁榮；軍事上多次平定西部少數民族貴族叛亂，反擊廓爾喀對西藏的入侵，完善了清朝對新疆和西藏等地區的管理。

治國的策略

「得道多助，失道寡助」，老子提倡統治者以道治國，只有遵循道的規則，國家才能夠長治久安。

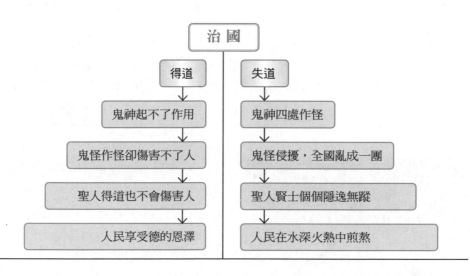

治國

得道　　　失道

鬼神起不了作用　　　鬼神四處作怪

鬼怪作怪卻傷害不了人　　　鬼怪侵擾，全國亂成一團

聖人得道也不會傷害人　　　聖人賢士個個隱逸無蹤

人民享受德的恩澤　　　人民在水深火熱中煎熬

治國與烹小魚

老子在這裏將治理國家比喻為烹製小魚，統治者的恣意妄為只會使國家混亂，同時也表明了無為而治的重要性。

烹小魚	治國
特點：身體未長成，骨弱肉薄	特點：成分複雜，參差不齊
烹製注意：不可不斷翻折，否則小魚 　　　　　會碎	治理注意：不可侵擾百姓，否則災禍 　　　　　不斷
烹製要求：火適宜，不能過大或過小	治理要求：不以個人主觀願望去改變
烹製技巧：足夠耐心、仔細謹慎	治理技巧：安靜無為、順應自然
成果：完整無缺	成果：國定民安

沉溺酒色，奢靡腐化

商紂王，名叫帝辛，是商朝最後一位君主。「紂」是「殘義損善」之意，「紂王」是後人對他的貶損評價。史書上記載的紂王的罪行有：沉溺酒色，奢靡腐化。

據說，紂王喜歡飲酒，他鑿地為池，池中注滿美酒，紂王與姬妾親眾在池上一邊划船一邊飲酒。而且，他還在宮內豎起像樹林一樣的木椿，上面掛滿了熟肉，叫一些陪伴他的人光著身子在這「肉林」裏飲酒作樂。餓了就吃，吃了就玩。他還大興土木，造了一座鹿臺。地基三里見方，高逾百丈。他把搜刮來的金銀珠寶和美女們聚集在臺上，宴飲狂歡，長達七日七夜，以至君臣姬妾都忘了日月時辰。

他不僅貪圖享樂，而且殘暴無道。他特別寵愛妲己。妲己卻是一個亡國之妃，她盡想出一些壞主意，叫紂王幹一些傷天害理的事。她叫商紂王用一種炮烙的殘酷刑罰來懲治那些反對他的人。炮烙就是用炭火把銅柱燒熱後，強迫人在銅柱上爬，掉下來被熊熊燃燒的炭火活活燒死。為了觀察正在成長的胎兒，讓人剖開孕婦的肚子。想要弄清冬天光腳過河的農夫為什麼不怕凍，竟叫人砍掉農夫的雙腳，砸骨驗髓。紂王寵幸奸臣，重用小人，不敬祖先，荼毒忠良，罪行到了罄竹難書的地步。後來，他終於被周武王打敗。他自己自焚在鹿臺上，而他的寵妃妲己也被武王送上了斷頭臺。

羅漢觀道圖

圖中有五位羅漢，他們神色各異，但是都在抬頭注視從山間雲層裏走出的三隻小怪。人的善惡就在一念之間，現實中所反映的也是自己內心的真實影射。

沉溺酒色、奢靡腐化

商紂王暴虐無道，荒淫無度，他設立了酒池肉林，建造了鹿臺，使商朝的經濟崩潰，民不聊生，百姓怨聲載道。

商紂王沉溺於酒色，他不僅建造了酒池肉林，和近臣宮女們遊戲其間，而且花費大量的人力和物力建造了鹿臺，搜刮人間的珠寶置於其中，日夜與妲己歡飲，荒廢政事。

姐己

商紂王亡國的原因

「昏君無道」，興盛的商朝，由於紂王的荒淫無道而被大周取代。

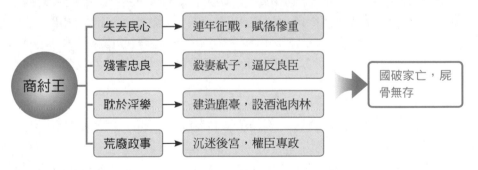

商紂王

失去民心 → 連年征戰，賦徭慘重

殘害忠良 → 殺妻弒子，逼反良臣

耽於淫樂 → 建造鹿臺，設酒池肉林

荒廢政事 → 沉迷後宮，權臣專政

→ 國破家亡，屍骨無存

解讀

用「道」治理天下，鬼神就發揮不了作用，並不是鬼怪不願作怪，而是鬼怪作怪也傷不了人。紂王慘無人道，所以他所統治下的商朝才會敗壞。奸臣當道，那些聖賢之士不是被殺害就是被迫投奔大周，「得道多助，失道寡助」，殷商滅亡正是最好的見證。

各得其欲、大者宜下

【原文】大國者下流也，天下之牝，天下之交，牝常以靜勝牡，以靜為下。故大國以下小國，則取小國；小國以下大國，則取大國。故或下以取，或下而取。大國不過欲兼畜人，小國不過欲入事人。夫兩者各得其所欲，大者宜為下。

老子在本章中依然提到了無為治國的觀點，主要針對大國對於小國的態度而展開論述。結合當時的社會現實，企圖喚醒大國的寬厚和仁慈，通過自己的力量來改變社會現狀。

【譯文】大國要像海一般居於江河的下游，使天下百川河流交匯在這裏，處在天下雌柔的位置，與天下各方相結交。雌柔常以安靜守定而勝過雄強，這是因為它居於柔下的緣故。所以，大國對小國謙下忍讓，就可以取得小國的信任和依賴；小國對大國謙下忍讓，就可以見容於大國。所以，或者大國對小國謙讓而取得大國的信任，或者小國對大國謙讓而見容於大國。大國不要過分想統治小國，小國不要過分想順從大國，兩方面各得所欲，而大國應該特別謙下忍讓。

闡道 賞析

姜太公釣魚

當時，正是東方大國殷商王朝走向衰亡的時期。殷紂王暴虐無道，荒淫無度，朝政腐敗，社會黑暗，商朝的經濟崩潰，民不聊生，怨聲載道。而西部的周國由於西伯侯姬昌倡行仁政，發展經濟，實行勤儉立國和裕民政策，政治清明，人心安定，國勢日強，天下民眾傾心於周，四邊諸侯望風依附。壯心不已的姜尚，獲悉姬昌為了治國興邦，正在廣求天下賢能之士，便毅然離開商朝，來到渭水之濱的西周領地，棲身於磻溪，終日以垂釣為事，以靜觀世態的變化，待機出山。

一般人釣魚，都是用彎鉤，上面接著有香味的餌食，然後把它沉在水裏，誘騙魚兒上鉤。但太公的釣鉤是直的，上面不掛魚餌，也不沉到水裏，並且離水面三尺高。他一邊高高舉起釣竿，一邊自言自語道：「不想活的魚兒呀，你們願意的話，就自己上鉤吧！」有個打柴的來到溪邊，見太公用不放魚餌的直鉤在水面上釣魚，便對他說：「老先生，像你這樣釣魚，一百年也釣不到一條魚的！」太公舉了舉釣竿，說：「實話告訴你，我不是為了釣到魚，而是為了釣到王與侯！」 太公奇特的釣魚方法，終於傳到了姬昌那裏。姬昌知道後，派一

謙下忍讓

　　老子在這裏還是強調了自己的無為而治的主張，但是他主要結合了當時的現實，希望喚醒大國的仁慈之心，利用自己的力量來改變社會現狀。

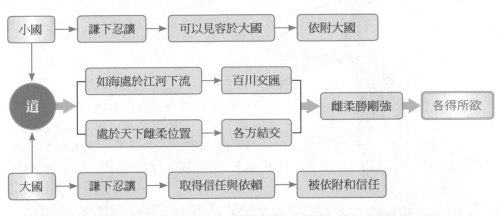

姜太公釣魚

　　「姜太公釣魚——願者上鉤」，姜子牙聽說西伯侯姬昌，為了治國興邦，正在廣納天下賢士，於是垂釣江邊，等待出山。

　　殷紂王無道，以至於民不聊生，怨聲載道。壯心不已的姜尚，獲悉姬昌為了治國興邦，正在廣求天下賢能之士，便毅然離開商朝，來到渭水之濱的西周領地，棲身於磻溪，終日以垂釣為事，靜觀世態的變化，待機出山。

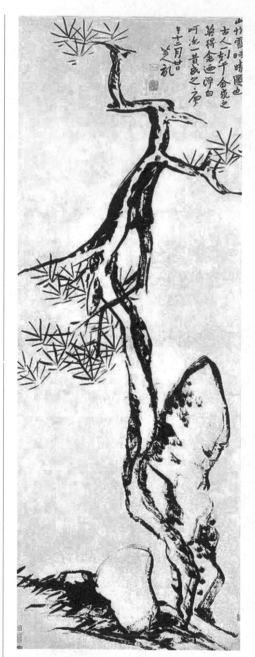

快雪曉晴圖（八大山人）

　　一棵老松，兩塊岩石，它們屹立在山中，相互扶持、映襯。松，不畏寒冷，傲然挺立於寒冬之際；岩石，不懼風雨，在風雨的洗刷下堅定不移。就好像是高士，他們高潔的品德並不會因為殘酷的現實而改變。

名士兵去叫他來。但太公並不理睬這個士兵，只顧自己釣魚，並自言自語道：「釣啊，釣啊，魚兒不上鉤，蝦兒來胡鬧！」　姬昌聽了士兵的稟報後，改派一名官員去請太公來。可是太公依然不答理，邊釣邊說：「釣啊，釣啊，大魚不上鉤，小魚別胡鬧！」姬昌這才意識到，這個釣者必是位賢才，要親自去請他才對。於是他吃了三天素，洗了澡，換了衣服，帶著厚禮，前往磻溪去聘請太公。二人不期而遇，談得十分投機。姬昌見姜尚學識淵博，通曉歷史和時勢，便向他請教治國興邦的良策，姜尚當即提出了「三常」之說，姬昌聽後甚喜，請求太公輔助自己成就一番事業。太公見他誠心誠意來聘請自己，便答應為他效力。於是，姬昌親自把姜尚扶上車輦，一起回宮，拜為太師，稱「太公望」。後來，姜尚輔佐文王，興邦立國，幫助文王的兒子武王姬發，滅掉了商朝，被武王封於齊地，實現了自己建功立業的願望。

解　讀

　　海因為處於百川之下，所以才會浩瀚無窮；而有道的聖君，唯有禮賢下士，才可以獲得賢者異士的輔佐而成就功業。姜太公在渭水之濱直鉤垂釣等待賢德的君主到來，而周文王為求賢才親身前往，最終在姜尚的輔佐之下，成為歷史上的一代聖君。

姜太公的思想

　　姜太公的文治武略影響深遠。他不僅是周王朝的開國元勳，而且是擔任國師輔佐文王、武王、成王、康王的四朝元老，累積了豐富的治國經驗，推動了社會的發展和進步。他的思想、理論、實踐博大精深。

❶ 韜略鼻祖，千古武聖

姜太公作為中國韜略的鼻祖、千古武聖，他的文韜武略、經國治軍，理民化俗之論、之策、之術，都為後人奠定了良好的基礎，並為華夏民族所稱頌、效法。

❷ 權謀思想

《六韜・文韜・文師》最後有一段姜太公的話：「太公曰：天下非一人之天下，乃天下人之天下也。同天下之利者，則得天下。」這是太公「陰謀修德以傾商政」，滅商興周最大的也是最根本的權謀思想。

❸ 愛民思想

愛民之道，就是以仁義之道，修德惠民，使民和服。他治國安民用仁道，施仁政，重教化，因民俗，順民情。

❹ 順民思想

姜太公深知「民為邦本，民固國興」的道理，有民則有國，無民則何國可言。因此，他力倡以民為本、仁政順民的思想。順民就是「重民」、「貴民」。最好的政治是因民俗、順民心進行治理，其次是宣傳教化，感化民眾。

❺ 舉賢思想

《六韜・文韜》中《上賢》、《舉賢》兩篇，集中表現了姜太公的重賢、上賢、選賢、舉賢的聖賢治國論及其思想內容。尊賢尚功是姜太公「國本」的主要內容之一。

❻ 六守三寶

姜太公的理財富國、富民、足民的發展經濟的思想主張是全面而周到、精闢而深刻的。《六韜・文韜・六守》載，太公曰：「人君有六守三寶。」六守：仁、義、忠、信、勇、謀。三寶：大農、大工、大商謂之三寶。農一其鄉則穀足；工一其鄉則器足，商一其鄉則貨足。三寶各安其處，民乃不慮。

❼ 九府圜法

姜太公的貨幣政策，主要是他制定的九府圜法。所謂「九府圜法」，顏師古《注》云：「《周官》大府、玉府、內府、外府、泉府、天府、職內、職金、職幣皆掌財幣之官，故云九府。圜謂均而通也。」姜太公所建立的「九府圜法」，是用行政手段保證財貨的均衡流通和合理出入，使錢幣與布帛不斷流通，聚散適宜，無積滯，無匱乏。

玄德深遠、乃至大順

【原文】古之善為道者，非以明民，將以愚之。民之難治，以其智多。故以智治國，國之賊；不以智治國，國之福。知此兩者亦稽式。常知稽式，是謂玄德。玄德深矣，遠矣，與物反矣，然後乃至大順。

在本章，老子出於對廣大老百姓的安定幸福考慮，他站在統治者的角度對其進行規勸，希望統治者能夠讓自己的靈魂徹底拋棄世間的浮華，達到自然的和諧統一，實施無為之治，做到民富國強。

【譯文】古代善於為道的人，不是教導人民知曉智巧偽詐，而是教導人民淳厚樸實。民眾之所以難於統治，乃是因為他們使用太多的智巧心機。所以用智巧心機治理國家，就必然會危害國家，不用智巧心機治理國家，才是國家的福氣。了解這兩種治國方略的差別，就是一個治國法則，經常了解這個法則，就叫做「玄德」。玄德又深又遠，和具體的事物復歸到真樸，然後才能順乎自然。

闡道賞析

指鹿為馬

秦二世時，趙高野心勃勃，日夜盤算著如何篡奪皇位。可是朝中大臣有多少人能夠聽他擺布，有多少人反對他。於是，他想了一個辦法，準備試一試自己的威信，同時也可以清楚敢於反對他的人。

一天上朝時，趙高讓人牽來一隻鹿，告訴秦二世他獻千里馬給秦二世。秦二世卻說那是鹿。於是趙高請求秦二世聽取大臣們的看法。一些膽小又有正義感的人都低下了頭，不敢說話。而有些正直的人，堅持認為是鹿而不是馬。還有一些平時就緊跟趙高的奸佞之人立刻表示擁護趙高的說法。事後，趙高以各種手段把那些不順從自己的正直大臣紛紛治罪，甚至滿門抄斬。

解讀

用智巧心機治理國家，就必然會危害國家，不用智巧心機治理國家，才是國家的福氣。秦二世主張刑罰，對百姓橫徵暴斂，早已失去民心。而他的寵臣趙高也在朝廷上下大肆培養自己的勢力，早有取而代之之心。智巧偽詐已經成為當時的治國之道，所以秦王朝的滅亡是不可避免的。

兩種治國方略

　　老子出於對廣大老百姓的安定幸福考慮，他站在統治者的角度對其進行規勸，希望統治者能夠讓自己的靈魂徹底拋棄世間的浮華，達到自然的和諧統一，實施無為之治，做到民富國強。

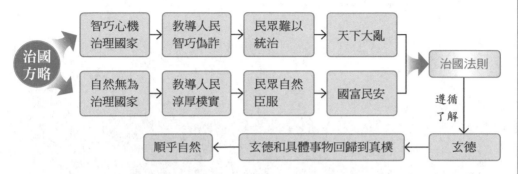

指鹿為馬

　　秦二世的時候，整個國家的大權幾乎都落在丞相趙高的手裏。他把持朝政，排除異己，進一步鞏固自己的權勢。

　　秦二世的時候，丞相趙高具有篡位之心，為了探知朝中大臣們的反應，於是牽來一隻鹿對秦二世說自己獻馬。趙高藉機知道了大臣們的選擇，於是之後將那些反對他的大臣們都殺害了。

趙高之所以能擁有顯貴的身份，主要是他不僅具有一定的才能，而且還善於揣測君王的心思，所以當時他也很受秦始皇的賞識。

1 與秦始皇的淵源

趙高本是秦國一位國君的後代，他的父親是秦王的遠房本家，因為犯罪，被施刑，其母受牽連淪為奴婢，趙高弟兄數人世世卑賤。秦始皇聽說他身強力大，又精通法律，便提拔他為中車府令掌皇帝車輿，還讓他教自己的少子胡亥判案斷獄。由於趙高善於觀言察色、逢迎獻媚，因而很快就博得了秦始皇和公子胡亥的賞識和信任。

2 扶立二世

秦始皇死後，趙高帶著扣押的遺詔來見胡亥，勸他殺死扶蘇而代之。胡亥早就夢想有朝一日能夠登上皇帝的寶座，只是礙於忠孝仁義不敢輕舉妄動。現在聽趙高一番貼心之語，蘊蓄已久的野心不禁蠢蠢欲動起來，他聽從了趙高的建議，決定將一切交給趙高辦理。

3 勸說李斯

李斯是秦朝開國元老之一。他跟隨秦始皇多年，協助秦始皇統一天下，治理國家，因而在朝中享有很高的聲望。趙高看出：只有爭取到李斯，篡位之事才有可能成功。趙高抓住李斯的弱點，然後李斯不得已只好同意了趙高的計謀，一起幫助胡亥謀取王位。

4 除掉扶蘇

扶蘇接到被改後的詔書，如晴天霹靂，肝膽俱裂。扶蘇一向仁孝，根本不去分辨詔書的真假，悲傷地說：「君要臣死，父要子亡，還有什麼好請求的呢？」言罷揮劍自殺。趙高使用計謀，相繼除去了蒙恬、蒙毅兩兄弟。

5 陰謀成功

趙高見障礙已除，建議胡亥趕快回去繼承皇位。一行人浩浩蕩蕩回到咸陽後，這才發喪，公告天下，不久舉行了空前隆重的葬禮。太子胡亥稱帝，是為秦二世。趙高官被封郎中令，成為胡亥最親信的決策者。從此以後，這對暴君奸臣便在一起製造出了一幕又一幕令人髮指的慘劇。看似強大的秦王朝，也由此分崩離析。

6 禍根已埋

當時的秦朝已是危機四伏，自秦始皇以來的暴政到了胡亥更加變本加厲。沉重的徭役賦稅和殘酷的苛政刑法，使人民苦不堪言；農民領袖陳勝、吳廣首先在大澤鄉揭竿而起；舊貴族的勢力也很活躍，他們紛紛招兵買馬，企圖利用農民力量達到復辟目的；秦朝的小官吏如劉邦等人，由於不滿秦的統治，也加入了起義的隊伍。雖然他們心懷各異，但由於眼前利益一致，因此很快就形成了一股強大的力量，所向披靡，極大地震撼著秦室的根基。

7 不得善終

胡亥死後，趙高要子嬰齋戒五日後正式即王位。等到期限到了，趙高便派人來請子嬰接受王印，正式登基。可是子嬰推說有病，不肯前往。趙高無奈，只得親自去請。等趙高一到，宦官韓談眼疾手快，一刀就將他砍死了。子嬰隨即召群臣進宮，歷數了趙高的罪孽，並夷其三族。

聖人上民、莫與之爭

【原文】江海所以能為百谷王者，以其善下之，故能為百谷王。是以聖人欲上民，必以言下之；欲先民，必以身後之。是以聖人處上而民不重，處前而民不害。是以天下樂推而不厭，以其不爭，故天下莫能與之爭。

老子將統治者之間進行對比，得出聖明的統治者之所以能夠領導民眾，得到民眾的歸順和愛戴，主要是因為他不計個人得失，甚至將個人的私利放在民眾的利益之後，一切以民為先。這也是老子的一種治世主張。

【譯文】江海所以能夠成為百川河流所匯往的地方，乃是由於它處於河流百川之下，所以能夠成為百川之王。因此，聖人要想身居人民之上，就必須對待民眾謙虛卑下，要想領導人民，必須把自己的利益放在他們的後面。所以，有道的聖人雖然地位居於人民之上，而人民並不感覺有沉重的負擔；當他處於人民之前時，人民並沒有受害的感覺。天下的人民都樂意擁戴他而不感到厭倦。因為他不與人民相爭，所以天下沒有人能和他相爭。

歷代帝王圖（唐·閻立本）
作為帝王，要有謙虛卑下的治世態度。只有這樣，他所統治的國家才能長治久安。只有奉行老子的無為而治，他的百姓才會聽從他的管制。

聖君和昏君

老子將統治者之間進行對比，得出聖明的統治者之所以能夠領導民眾，得到民眾的歸順和愛戴，主要是因為他不計個人得失，甚至將個人的私利放在民眾的利益之後，一切以民為先。

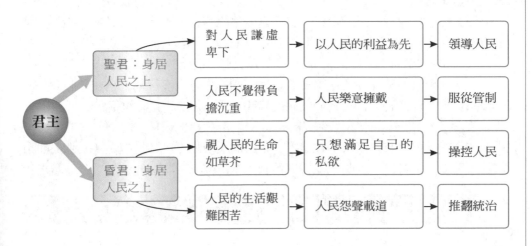

君主

聖君：身居人民之上
- 對人民謙虛卑下 → 以人民的利益為先 → 領導人民
- 人民不覺得負擔沉重 → 人民樂意擁戴 → 服從管制

昏君：身居人民之上
- 視人民的生命如草芥 → 只想滿足自己的私欲 → 操控人民
- 人民的生活艱難困苦 → 人民怨聲載道 → 推翻統治

千里江山（北宋‧王希孟）

「普天之下莫非王土，率土之濱莫非王臣」，這是許多君主都希望達到的目標，自己是天下的主宰，天下的一切都屬於帝王。這如畫的千里江山，引無數的英雄折腰。

禮賢下士

　　齊桓公聽說小臣稷是個賢士，於是渴望與其見面，並交談一番。一天，齊桓公連著三次去見他，小臣稷推託不見，跟隨桓公的人就說：「主公，您貴為萬乘之主，他是個布衣百姓，一天中您來了三次，既然未見他，也就算了吧。」齊桓公卻頗有耐心地說：「不能這樣，賢士傲視爵祿富貴，才能輕視君主，如果其君主傲視霸主也就會輕視賢士。縱有賢士傲視爵祿，我哪裏又敢傲視霸主呢？」這一天，齊桓公接連五次前去拜見，才得以見到小臣稷。

　　一天，桓公與管仲在宮內商討要征伐莒國的事，還沒行動，已在外面傳開。桓公氣憤地對管仲說：「我與仲父閉門謀劃伐莒，沒有行動就傳聞於外，這是什麼原因？」管仲曰：「宮中必有聖人。」桓公尋思了一下，說：「是的，白天雇來工作的人中，有一個拿拓杵春米，眼睛向上看的，一定是他吧？」那人叫東郭郵，等他來到齊桓公跟前，桓公把他請到上位坐下，詢問他說：「是你說出我

禮賢下士

　　作為有識之士，有時候要懂得察言觀色，經過觀察一個人的面色表情和細微動作，就知道他在想什麼，要做什麼。

你能從細微的表情和動作上斷定大事，真是了不起！我要與你共謀事。

　　齊桓公是一位愛惜人才賢士的君主，只要是有才之人，上至侯王爵士，下至黎民百姓，他都以禮相待。正因為他禮賢下士，所以也為他的霸業儲備了大量的有用之才。

●我看見君主在臺上坐著紅光滿面，精神煥發，是打仗的表示。君王唏噓長出氣卻沒有聲，看口型應是言莒國，君主舉起手遠指，也是指向著莒國的方向，因此，我斷定你是在謀劃伐莒。

要伐莒的消息的吧？」東郭郵果敢地說：「是的，是我。」桓公說：「我密謀欲伐莒，而您卻言伐莒，是何原因？」東郭郵回答：「我聽說過，君子善於謀劃，而小人善於推測。這是我推測出來的。」桓公又問：「你是如何推測出來的？」東郭郵說：「我聽說君子有三種表情，悠悠欣喜是慶典的表情，憂鬱清冷是服喪的表情，紅光滿面是打仗的表情。白天我看見君主在臺上坐著紅光滿面，精神煥發，是打仗的表示。君王唏噓長出氣卻沒有聲，看口型應是言莒國，君主舉起手遠指，也是指向著莒國的方向，我私下認為小諸侯國中不服君主的只有莒國，因此，我斷定你是在謀劃伐莒。」桓公聽言欣喜地說：「好！你從細微的表情和動作上斷定大事，了不起！我要與你共謀事。」不久，齊桓公就提拔了東郭郵，委以重任。正是齊桓公禮賢下士，選賢任能，才為其霸業儲備了大量的有用人才。

解讀

　　聖人想要身居人民之上，就必須對待民眾謙虛卑下，要想領導人民，必須把自己的利益放在他們的後面。齊桓公能夠三番五次地降低身份去拜訪小臣稷，能夠在東郭郵透露國家機密的時候仍舊以上禮對待他，並封官進爵。這為他的霸業儲備了大量的人才。

松下高士圖
　　高士端坐在松樹下，抬頭遠眺，似在思考東西。旁邊恭立著童子，畫面呈現一派悠然自得的神態。

配天之德、用人之力

【原文】善為士者不武，善戰者不怒，善勝敵者不與，善用人者為之下。是謂不爭之德，是謂用人之力，是謂配天古之極。

老子極度反對戰爭，「不以兵強於天下」、「夫佳兵者，不祥之器」是老子的反戰名言，從中也可以看出他對強大事物的反對。老子提倡柔弱不爭，是他無為處世的主要觀點。

【譯文】善於帶兵打仗的將帥，不逞其勇武；善於打仗的人，不輕易激怒；

 自然之道

老子極度反對戰爭，「不以兵強於天下」、「夫佳兵者，不祥之器」是老子的反戰名言，從中也可以看出他對強大事物的反對。他提倡柔弱不爭，是他無為處世的主要觀點。

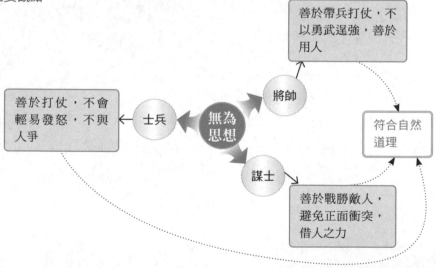

解讀

善於帶兵打仗的將帥，不逞其勇武；善於打仗的人，不輕易激怒；善於戰勝敵人的人，不與敵人正面衝突。孫臏對於龐涓的迫害並沒有一蹶不振，他依靠自己的才智逃到了齊國，受到齊君的賞識。在戰場上不僅報了致殘之仇，而且也擁有了顯赫的名譽，並寫出了著名的《孫臏兵法》，傳於後世。

善於戰勝敵人的人，不與敵人正面衝突；善於用人的人，對人表示謙下。這就叫做不與人爭的品德，這就叫做善於運用他人的能力，這就叫做符合自然的道理。

 聞道賞析

圍魏救趙

西元前354年，魏惠王想要報失去中山的仇恨，於是派大將龐涓前去攻打趙國。中山原本是東周時期魏國北鄰的一個小國，後來被魏國收服。趙國乘魏國國喪期間，伺機強占了中山，龐涓認為中山不過是彈丸之地，距離趙國又很近，倒不如直接攻打趙國的都城邯鄲，這樣一舉雙得。魏王聽從了他的建議，即刻撥五百戰車，龐涓作為將領，直奔趙國圍了趙國的都城邯鄲。危難之中，趙王只好求救於齊國，並許諾解圍後以中山相贈。齊威王應允，派田忌為將，並命孫臏為軍師領兵出發。

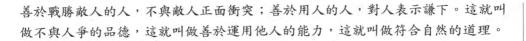

孫臏臏足

龐涓由於嫉妒孫臏的才能，於是將他騙到魏國，並用計砍去了他的雙足，致使孫臏後半生只能在輪椅上度過。

　　孫臏與龐涓本是同學，他諳熟精通用兵之法。當時魏王用重金聘得，龐涓那時也正事奉魏國。龐涓自知能力不及孫臏，怕他會危及自己的官位，於是使用毒計將孫臏的雙足砍去，將他致殘並且在臉上刺字。後來孫臏裝瘋，幸好齊國的使者救了他，並幫助他逃到了齊國。

　　田忌與孫臏率兵進入魏趙交界之地時，田忌想直逼趙國邯鄲，孫臏告訴田忌，要想解開紛亂的絲線，不能用手強拉硬扯，要排解別人打架，不能直接參與去打。派兵解圍，要避實就虛，擊中要害。他向田忌建議趁魏國精銳部隊都集中在趙國，內部空虛，可以帶兵前去攻打魏國的都城大梁，龐涓必然放下趙國回師自救，趙國之圍也就解了。

　　田忌依計而行，果然，魏軍馬上離開了邯鄲，歸路中又陷伏擊與齊戰於桂陵，魏部卒長途疲憊，潰不成軍，龐涓勉強收拾殘部，退回大梁，齊師大勝，趙國之圍亦解。過了幾年後，齊國和魏國再次交戰，龐涓再一次陷入孫臏的伏擊之中，他終於知道自己的才能遠遠比不上孫臏，絕望之餘，刎頸自殺。孫臏自此以後名揚天下，他的兵法也被後世流傳下來。

降龍圖
　　再強大的事物都會有自己的致命弱點，雖然它可以逞強一時，但是一旦違背了自然的本意，它就會消亡，即使是最弱小的生靈也可以將它消滅。

孫臏的故事

孫臏和龐涓是同門師兄弟，他們一同從師鬼谷子，學習兵法。後來，龐涓因為嫉妒孫臏，就設計陷害他。

❶ 龐涓得勢 龐涓下山後先到魏國又是送禮，又是託人說情，很快見到了魏惠王，並得到了魏惠王的賞識，被封為將軍。隨後，龐涓指揮軍隊同衛國和宋國開戰，打了幾個勝仗後，龐涓成了魏國上下皆知的人物，從此更得魏惠王的寵信。但是一想到孫臏，他心裏就有一種說不出來的滋味。他怕自己履行諾言將孫臏推薦給魏惠王，孫臏的聲名威望很快就會超過自己；不去履行當初的諾言吧，孫臏一旦去了別的國家，施展起來才能，自己同樣不是對手。龐涓寢食不安，日夜思謀著對策。

❷ 孫臏來魏 一天，正在山上攻讀兵書的孫臏，接到龐涓送來的密信。信上龐涓先敘述了他在魏國受到的禮待重用。然後又說，他向魏惠王極力推薦了師兄的蓋世才能，到底把惠王說動，請師兄來魏國就任將軍之職。孫臏看了來信，想到自己就要有大顯身手的機會了，立即隨來人趕往魏國的都城大梁。孫臏來後，龐涓大擺筵席，盛情款待。幾天過去了，就是沒有魏惠王的消息，龐涓也不提此事。孫臏自然不便多問，只好耐心等待。

❸ 孫臏受刑 這天，孫臏閒得難受，找到一本書讀起來。忽然，屋外傳來一陣吵嚷聲，他還沒有弄清是怎麼回事，就已被闖進屋子的兵士捆綁起來，推推搡搡帶到一個地方。那裏的一個當官模樣的人，立即宣布孫臏犯有私通齊國之罪，奉魏惠王之命對其施以臏足、黥面之刑。孫臏被這突如其來的事情驚呆了，隨即省悟過來，高聲為自己辯白。然而，一切都晚了，那些如狼似虎的兵士七手八腳地扒去孫臏的衣褲，砍掉了孫臏的雙腳，並在他的臉上刺上犯罪的標誌。孫臏倒臥在血泊之中。

❹ 後來孫臏知道原來是龐涓陷害了自己，他決定先逃出魏國，再想辦法報仇。不久之後，孫臏瘋了，他一會兒哭，一會兒笑，叫鬧個不停。龐涓聽說了這些，便叫人把他扔到豬圈去，又偷偷派人觀察。孫臏披頭散髮地倒在豬圈裏，弄得滿身是豬糞，甚至把糞塞到嘴裏大嚼起來。龐涓認為孫臏是真瘋了，從此看管逐漸鬆懈下來。

❺ 孫臏一邊裝瘋，一邊暗中尋找逃離虎口的機會。他偷偷拜訪了齊國的使臣，那使臣看出他並非凡人，於是答應幫他逃走。這樣，孫臏便藏身於齊國使臣的車子裏，秘密地回到了齊國。

❻ 這個時候，正值齊、魏爭霸，交戰不斷的年代。孫臏回齊國後，很快見到齊國的大將田忌。田忌十分賞識孫臏的才幹，便將他留在府中，以接待上賓的禮節殷勤加以款待。後推薦給齊王，孫臏的才能也得到施展。

抗兵相加、哀者勝矣

【原文】用兵有言：「吾不敢為主而為客，不敢進寸而退尺。」是謂行無行，攘無臂，扔無敵，執無兵。禍莫大於輕敵，輕敵幾喪吾寶。故抗兵相加，哀者勝矣。

盡管老子反對戰爭，但是不可否認他是一位傑出的軍事家，在本章中，他提出「哀者勝矣」，他認為在戰爭中應該懷著一顆仁慈的心，因為仁慈，所以就不會濫殺無辜。這種審慎的態度是對生命的尊重，也是對自己的尊重。

【譯文】用兵的人曾經這樣說：「我不敢主動挑起戰爭，而寧願選擇防守；不敢盲目前進一步，而寧可後退一尺。」這就叫做雖然有行動，卻像沒有採取行動一樣；雖然要奮臂，卻像沒有臂膀可舉一般；雖然面臨敵人，卻像沒有敵人可打一樣；雖然有兵器，卻像沒有兵器可以執握一樣。禍患再沒有比輕敵更大的了，輕敵幾乎喪失了我的「三寶」。所以，兩軍實力相當的時候，懷有仁慈悲憫之心的一方可以獲得勝利。

闡道賞析

哀兵必勝

西元1115年，天祚帝決定御駕親征，率領20萬遼軍逼近金國。完顏阿骨打的壓力驟增。即使之前的連連大捷，並不能改變女真族的「先天不足」：貧困、人口少。眼下，他只有兩萬人馬。已近半百之年的完顏阿骨打，再次走上誓師臺。他持刀割面，仰天慟哭：「我興兵反遼，是想建立女真人自己的國家，不再受壓迫。如今遼帝親征，我們非死不可。不如你們殺我一人、綁我一族，獻給遼帝，還能有條活路。」他的哭喊讓兩萬兵卒熱血沸騰。哀兵必勝，天祚帝二十萬軍隊，面對著一群不要命的「瘋子」。正當雙方交戰之際，天祚帝突然緊急撤兵。原來，遼國後方，貴族叛變了。

時機稍縱即逝，完顏阿骨打在護步答岡追上遼軍，左右包抄，幾乎全殲20萬遼軍。護步答岡之戰，被稱為「人類戰爭史上不可思議的對抗戰」。縱橫北方200年、不可一世的遼國，從此一蹶不振。但完顏阿骨打也無法鬆口氣，和耶律立遼、元昊立夏不同，完顏立金，是在戰火中匆匆完成的。除了軍隊建制，完顏阿骨打根本沒有時間來確立完備的中央官制和嫡長子世襲制。滅遼，才是他的當

用兵者的抉擇

老子盡管很反對戰爭，但是他在軍事方面的才能卻是無法忽略的。他在本章中提出「哀者勝矣」，可以看出他提倡在戰爭中要懷有仁慈之心，只有這樣才會取得勝利。

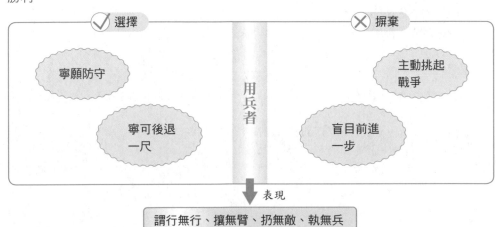

✓ 選擇	用兵者	✗ 摒棄
寧願防守		主動挑起戰爭
寧可後退一尺		盲目前進一步

表現

謂行無行、攘無臂、扔無敵、執無兵

江邊水色

天水一色，相互融入彼此之間。遠山被雲霧繚繞，淡淡水汽籠罩在江面上，天地之間靜謐一片，松柏江水相映成趣。

務之急，率領女真人進入帝國文明的使命，看來是要留給後世子孫了。天慶四年（1114年）九月，完顏阿骨打率部揭竿而起，開始了反遼民族戰爭。由於這場戰爭是對遼民族奴役與壓迫的反抗，所以得到了各族人民的擁護及宋朝的支持。為加強軍事力量，規定以300戶為一謀克，10謀克為一猛安，使部落聯盟組織更加軍事化。多次以少勝多、以弱勝強，大敗遼軍。不到一年時間，就占領了遼王朝在東北黑吉遼地區的許多重要城鎮和據點。天慶五年（1115年）正月初一，完顏阿骨打在會寧（今黑龍江阿城南白城）稱帝，國號大金，年號收國。

 解　讀

　　輕敵是作為一個統帥最不可犯的錯誤，旗鼓相當的兩兵相爭，哀者勝矣。只有心懷仁慈的一方才有獲勝的可能。完顏阿骨打以及他的軍隊抱著對人民所受壓迫的悲天憫人之心去討伐大遼，即使是戰勝了希望很渺茫，但是他們心中的信仰支撐著他們，使他們所向無敵，在短短的幾年時間裏，終於建立了大金國。

歷代帝王圖（唐·閻立本）
　　晉武帝司馬炎為司馬昭長子，曾出任中撫軍；司馬炎於265年5月被封為晉王太子。司馬炎逼迫魏元帝曹奐禪讓，即位為帝，國號晉。

輕敵的後果

「謙虛使人進步，驕傲使人落後」這是眾人皆知的一個道理，告誡人們做人不可以驕傲自大，要謙虛謹慎。正是老子所說的謙和卑下的處世方式。

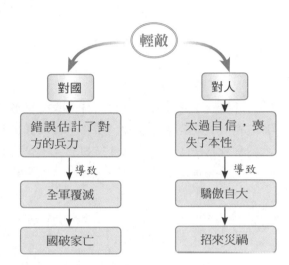

小連結　海東青

海東青，肅慎語（滿洲語）「雄庫魯」，漢語譯為「世界上飛得最高和最快的鳥」，有「萬鷹之神」的含義。傳說中十萬隻神鷹才出一隻海東青，是滿洲族系的最高圖騰。它代表著勇敢、智慧、堅忍、正直、強大、開拓、進取、永遠向上、永不放棄的肅慎（滿洲）精神。女真是滿族的祖先。在古滿語中，「女真」的意思是「海東青」。

自知不見、自愛不貴

【原文】民不畏威，則大威至。無狎其所居，無厭其所生。夫唯不厭，是以不厭。是以聖人自知不自見，自愛不自貴，故去彼取此。

在這一章，老子主要論述了統治者的自知之明。他針對當時的社會現狀，提出了自己的觀點：「是以聖人自知不自見，自愛不自貴，故去彼取此」。老子藉助高明統治者的行為來暗示當時的統治者應該如何立身處世。

【譯文】當人民不再懼怕統治者的權威時，那麼可怕的禍亂就要到來了。不要逼迫人民使其不能安居，不要壓榨人民使其無法生存。只要不壓迫人民，人民才不會厭惡統治者。所以有道的聖人不但要有自知之明，而且不可自以為是；懂得自我珍愛但是不顯耀權勢。所以，要捨棄自見、自貴而保持自知、自愛。

闡道 賞析

揭竿起義

西元前209年7月，陽城的地方官派出兩名差官押著九百名貧民壯丁到漁陽去防守邊疆。這兩個差官又從壯丁裏挑選出兩個身強力壯的人作屯長，讓他們再去管理其餘的壯丁。這兩個屯長一個叫陳勝，是個雇農；另一個叫吳廣，是個貧農。他倆原來並不認識，現在碰在一起，共同的命運很快就使他們成了好朋友。陳勝、吳廣一行人拚命地往北趕路，一點兒也不敢耽誤。因為按照秦王朝的法令，誤了日期，是要砍頭的。可是，他們剛剛走了幾天，才到大澤鄉，偏偏又遇上了連綿大雨，只好在此紮了營，待天晴再走。這場雨連綿不停，眼看日期要耽誤了，陳勝與吳廣商量，說：「我們即便趕路，誤了日期，也是死；逃，給官府抓住，也是個死。反正是個死，不如大家一起反了，推翻秦二世，為老百姓除害。」

吳廣也是個有見識的人，他同意了陳勝的意見，並商定藉著被秦二世害死的太子扶蘇和深得群眾擁戴的原楚國大將項燕的名頭，號召天下，去攻打秦二世。於是，陳勝和吳廣就帶著幾個心腹把那兩個官差砍死，然後提著他們的頭，向大家講明了不起義造反就得白白送死的道理。這幾百人都表示豁出性命願意跟著陳勝、吳廣一起。大夥砍伐樹木為兵器，高舉竹竿為旗幟，對天起誓，同心協力，推倒秦二世，替楚將項燕報仇。大家還公推陳勝、吳廣作首領，一下子就把大澤

統治者的行為

老子在這裏主要論述了統治者的自知之明。他針對當時的社會現狀，提出了自己的觀點：「是以聖人自知不自見，自愛不自貴，故去彼取此」，來暗示當時的統治者應該如何立身處世。

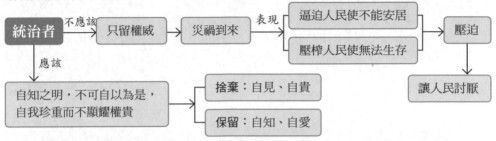

揭竿起義

面對秦二世的殘暴統治，陳勝、吳廣帶領著前往服苦役的人民揭竿而起，他們打著公子扶蘇的旗號，一起征討秦二世。

陳勝、吳廣押著壯丁來到大澤鄉，誰知卻遇上了連綿大雨，只好在此紮了營，待天晴再走。這場雨連綿不停，眼看日期要耽誤了，陳勝與吳廣商量乾脆反了，省得再受秦二世的迫害。

鄉占領了。大澤鄉的人民一聽陳勝、吳廣他們起來反抗秦朝的暴政，青年子弟都紛紛拿著鋤頭、鐵耙、扁擔、木棍來營裏投軍。

解 讀

　　作為人民的統治者不要逼迫人民，那樣會導致他們不能安居，過度的壓榨會讓人民失去對統治者的懼怕。當他們不再畏懼統治者的權利的時候，他們就會揭竿起義。就好像故事中的秦二世，過度苛刻的法令讓百姓民不聊生，橫徵暴斂讓人民吃盡苦頭。百姓處於水深火熱之中，敢怒而不敢言。終於陳勝、吳廣在大澤鄉起義，秦王朝開始走向衰敗。

供職圖（唐·閻立本）
　　圖中的各路鬼神因為有自己各自的職稱，於是就沒有多餘的時間前去為非作歹。好的君王治理國家，讓百姓安居樂業，讓官吏各司所職，這樣才能長久地統治國家。

官逼民反

官和民自古以來就是出於對立地位的兩個階層，只有官和民的利益一致的時候，才會出現祥和，否則就會發生禍亂。

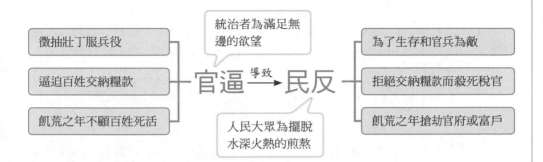

徵抽壯丁服兵役

逼迫百姓交納糧款

飢荒之年不顧百姓死活

統治者為滿足無邊的欲望

官逼 —導致→ 民反

人民大眾為擺脫水深火熱的煎熬

為了生存和官兵為敵

拒絕交納糧款而殺死稅官

飢荒之年搶劫官府或富戶

小連結　燕雀安知鴻鵠之志

陳勝在年輕的時候，就是個有志氣的人。他跟別的長工一塊兒給地主種田，心裏常常想：「我年輕力壯，為什麼這樣成年累月地給別人做牛做馬呢，總有一天，我也要闖出一番事業出來。」有一次，他跟夥伴們在田邊休息，他對夥伴們說：「我們將來富貴了，可別忘了老朋友啊！」大夥兒聽了好笑，說：「你只能為人家賣力氣種地，從哪來的富貴？」陳勝嘆口氣，自言自語說：「唉，燕雀怎麼會懂得鴻雁的志向呢！」

無以生為、賢於貴生

【原文】民之飢，以其上食稅之多，是以飢。民之難治，以其上之有為，是以難治。民之輕死，以其求生之厚，是以輕死。夫唯無以生為者，是賢於貴生。

在本章，老子提出了統治者和民眾之間的矛盾對抗。他借以告知統治者不應該恣意妄為，過分地搜刮民財來奉養自己，否則就會激起民憤，最終統治地位被顛覆。

【譯文】人民之所以遭受飢荒，就是由於統治者榨取吞食賦稅太多，所以人民才陷於飢餓。人民之所以難於統治，是由於統治者政令繁苛、喜歡有所作為，所以人民就難於統治。人民之所以置生命於不顧去冒犯法律，是由於統治者為了奉養自己，把民脂民膏都搜刮淨了，所以人民覺得死並沒有什麼可怕的。只有不去追求生活享樂的人，才比過分珍愛自己生命的人更勝一籌。

闡道賞析

貞觀之治

貞觀時期是清平廉潔的時期，這也是李世民最值得稱道的政績。在李世民的統治下，皇帝率先垂範，官員一心為公，吏佐各個都安守本分，濫用職權和貪汙瀆職的狀況降到了歷史上的最低點。貞觀王朝的三省職權劃分則初步體現了現代化政治特徵——分權原則。中書省發布命令，門下省部進行審查命令，然後交由尚書省執行命令。一個政令的形成，先由宰相和諸大臣在設於中書省的政事堂舉行會議，形成決議後呈報皇帝批准，再由中書省以皇帝的名義發布詔書。詔書發布之前，必須送門下省部審查，門下省部認為不合適的，可以拒絕「副署」。詔書缺少副署，依法不能頒布。只有門下省「副署」後的詔書才成為國家的正式法令，交由尚書省執行。最為難能可貴的是，李世民規定自己的詔書也必須由門下省部「副署」後才能生效。

解讀

　　人民之所以難於統治，是由於統治者政令繁苛、喜歡有所作為，所以人民就難於統治。人民之所以置生命於不顧去冒犯法律，是由於統治者為了奉養自己，把民脂民膏都搜刮淨了。李世民作為一代仁君，他將國家治理得繁榮昌盛，減輕人民的賦稅，讓百姓能夠安居樂業。以道治國，國家才會繁榮。

統治者與民眾的矛盾

老子提出了統治者和民眾之間的矛盾對抗。他借以告知統治者不應該恣意妄為，過分地搜刮民財來奉養自己，否則就會激起民憤，最終統治地位被顛覆。

統治者

榨取吞食過多的賦稅

政令繁苛，有所作為

只為奉養自己

搜刮民脂民膏

陷於飢餓

難以統治

冒犯法律

不懼怕生死

民眾

三省職權劃分

唐人宗讓中央政府組織實行「三省六部制」，貞觀王朝的三省職權劃分則初步體現了現代化的政治特徵——分權原則。

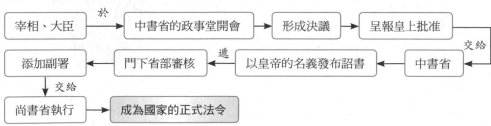

宰相、大臣 —於→ 中書省的政事堂開會 → 形成決議 → 呈報皇上批准

添加副署 ← 門下省部審核 ←遞— 以皇帝的名義發布詔書 ← 中書省 ←交給

添加副署 —交給→ 尚書省執行 → 成為國家的正式法令

弱之勝強、柔之勝剛

【原文】天下莫柔弱於水，而攻堅強者莫之能勝，其無以易之。弱之勝強，柔之勝剛，天下莫不知莫能行。是以聖人云：「受國之垢，是謂社稷主；受國不祥，是謂天下王。」正言若反。

水作為柔弱的象徵貫穿於老子思想的整個過程之中，也是被老子所稱道的。老子藉助聖人的話來說明真正的君主應該具備的品行，只有能夠承擔國家的恥辱，以民為主，愛惜百姓，才配做天下人的統治者。

【譯文】普天之下再沒有什麼東西比水更柔弱了，而攻堅克強卻沒有什麼東西可以勝過它，所以沒有任何事物可以代替水。弱可以戰勝強，柔能夠勝過剛，遍天下沒有人不知道，但是也沒有哪個人能做到。所以有道的聖人這樣說：「能夠承擔全國的屈辱，才能成為國家的君主；能夠承擔全國的禍災，才能成為天下的君王。」正面的話好像在反說一樣。

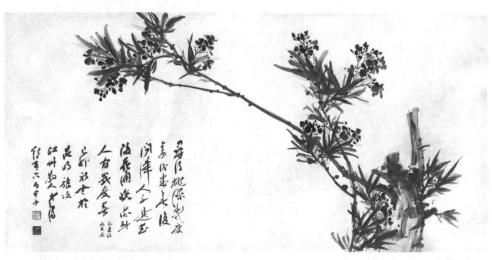

芙蓉花開

一段殘枝之間卻孕育出新的生機，芙蓉花開得如此燦爛。淡淡幾筆，將花的生機躍然綻放在畫上。有生命的東西，總是顯得柔弱而平和，但卻是不可替代的。

水與君王

　　水作為柔弱的象徵貫穿於老子思想的整個過程之中，也是被老子所稱道的。老子藉助聖人的話來説明真正的君主應該具備的品行，只有能夠承擔國家的恥辱，以民為主，愛惜百姓，才配做天下人的統治者。

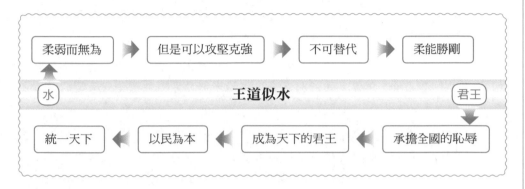

| 柔弱而無為 | ➡ | 但是可以攻堅克強 | ➡ | 不可替代 | ➡ | 柔能勝剛 |

水　　　　　　　　　　　**王道似水**　　　　　　　　　　　君王

| 統一天下 | ⬅ | 以民為本 | ⬅ | 成為天下的君王 | ⬅ | 承擔全國的恥辱 |

闡道賞析

齒亡舌存

　　春秋時期，著名思想家老子的老師常樅病重垂危之際，老子前去探望他，問：「還有什麼遺言要留給我？」他對老子說：「經過故鄉的時候要下車，你記住了嗎？」老子回答：「經過故鄉下車，就是告誡我不可以忘舊。」他又說：「看到喬木就迎上前去，你懂嗎？」老子說：「看到喬木迎上去，就是讓我要敬老尊賢。」

　　然後，常樅又張開嘴巴給老子看了看，問道：「你看我的舌頭還在嗎？」老子說：「當然還在。」常樅又問：「那麼我的牙齒還在嗎？」老子說：「早就沒有了。」常樅又問老子原因，老子回答說：「舌頭之所以存在，因為柔軟，牙齒太過堅硬，所以消失了。」常樅聽到這些，滿意地點點頭，示意老子離開。

解讀

　　普天之下再沒有什麼東西比水更柔弱了，而攻堅克強卻沒有什麼東西可以勝過它，所以沒有任何事物可以代替水。弱可以戰勝強，柔能夠勝過剛。在實際生活中，有的時候要柔，有的時候要剛，有的時候則要剛柔結合，根據具體情況而定，事物是在不斷變化的。舌頭之所以存在，是因為它柔軟，而牙齒卻顆粒不剩，只因為它過於剛強。

天道無親、常與善人

【原文】和大怨，必有餘怨，安可以為善？是以聖人執左契，而不責於人。有德司契，無德司徹。天道無親，常與善人。

本章老子再次論述了人民和統治階級之間的衝突，拿聖人的行為作為參照，指出了「有德」和「無德」的區別。警告統治者過分苛刻則會受到天道的譴責和懲治。

【譯文】調和大的怨節，必然還會留下殘餘的怨恨。用德來報答怨恨，怎麼能將其稱為妥善的解決方法呢？因此有道的聖人保存借據的存根，但並不以此強迫別人償還債務。有「德」的人就像持有借據的聖人那樣寬容不索取，沒有「德」的人就像掌管稅收的人那樣苛刻刁詐。自然規律對任何人都沒有偏愛，永遠幫助有德的善人。

騎牛歸來圖

品德高尚的人，即使是身處荒郊野外，也是一片坦然淡定之色。娛情在山水之間，渾然忘記了歸去的時間。騎著一頭青牛，象徵性地拿著一根樹枝，但是卻絲毫看不出趕路的著急，倒像是徐徐而行，留戀著路邊的無限風光。

無德和有德

老子論述了人民和統治階級之間的衝突，拿聖人的行為作為參照，指出了「有德」和「無德」的區別。警告統治者過分苛刻則會受到天道的譴責和懲治。

有德司契 → 持有借據的聖人 → 具有高潔的品德 → 寬容而不索取

懷有無邊的私欲 ← 掌管稅收的官吏 ← 無德司徹 ←

苛刻而刁詐

無德就只會拿刀劍去砍殺，成為名副其實的屠夫。

知遇之恩

管仲之所以能夠成為齊國的丞相，輔助齊桓公成就一番霸業，與鮑叔牙的知才善薦有著重大的關係。管仲曾經在晚年的時候說到「生我者父母，知我者鮑子也！」

管仲有位好朋友鮑叔牙，兩人友情很深。他們倆一起經商。在經商時賺了錢，管仲總是多分給自己，少分給鮑叔牙。而鮑叔牙對此從不和管仲計較。對此，人們背地議論說，管仲貪財，不講友誼，鮑叔牙知道後就替管仲解釋，說管仲不是不講友誼，只貪圖金錢，他這樣做，是由於他家貧困，多分給他錢，是我情願的。管仲三次參加戰鬥，但三次都從陣上逃跑回來。因此人們譏笑他，說管仲貪生怕死，沒有勇敢犧牲的精神。鮑叔牙聽到後，深知這不符合管仲的實際情況，就向人們解釋說，管仲不是怕死，因為他家有年邁的母親，全靠他一人供養，所以他不得不那樣做。管仲與鮑叔牙的友誼非常誠摯，他也多次想為鮑叔牙辦些好事，不過都沒有辦成。不但沒有辦成，反為鮑叔牙帶來很多新的困難，還不如不辦的好。因此，人們都認為管仲沒有辦事本領，鮑叔牙卻不這樣看，他心裏明白，自己的朋友管仲是個很有本領的人。事情所以沒有辦成，只是由於機會沒有成熟罷了。在長期交往中，他們兩人結下了深情厚誼，管仲多次對人講過：生我的是父母，知我的是鮑叔牙。

解讀

有道的聖人保存借據的存根，但並不以此強迫別人償還債務。有「德」的人就像持有借據的聖人那樣寬容不索取。鮑叔牙不計較管仲的種種行為，在其他人看來管仲處處都在為鮑叔牙找麻煩，但是鮑叔牙卻相信管仲身懷才能，只是未逢其時。後來他舉薦管仲成為齊國的丞相，管仲輔佐齊桓公成就了一世賢名，鮑叔牙的功勞是不可忽略的。

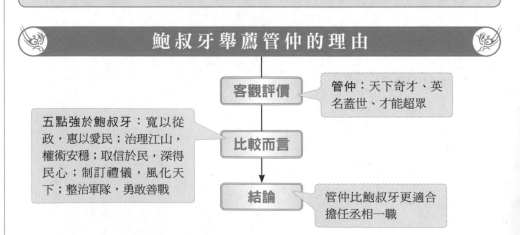

鮑叔牙舉薦管仲的理由

客觀評價 → 管仲：天下奇才、英名蓋世、才能超眾

五點強於鮑叔牙：寬以從政，惠以愛民；治理江山，權術安穩；取信於民，深得民心；制訂禮儀，風化天下；整治軍隊，勇敢善戰 → **比較而言**

結論 → 管仲比鮑叔牙更適合擔任丞相一職

知遇之恩

管仲能夠成為齊國的丞相，成就一番事業，和他的好朋友鮑叔牙是分不開的。鮑叔牙知道管仲是有才能的人，於是當齊桓公想成就一番霸業的時候，就向他舉薦了管仲。

小連結　鮑叔牙舉薦管仲

　　齊桓公即位後，急需找到有才幹的人來輔佐，因此就準備請鮑叔牙出來任齊相。鮑叔牙誠懇地對齊桓公說：「臣是個平庸之輩，現在國君施惠於我，使我如此享受厚遇，那是國君的恩賜。若把齊國治理富強，我的能力不行，還得請管仲。」齊桓公驚訝地反問道：「你不知道他是我的仇人嗎？」鮑叔牙回答道：「客觀地說，管仲，天下奇才。他英明蓋世，才能超眾。」齊桓公又問鮑叔牙：「管仲與你比較又如何？」鮑叔牙沉靜地指出：「管仲有五點比我強。寬以從政，惠以愛民；治理江山，權術安穩；取信於民，深得民心；制訂禮儀，風化天下；整治軍隊，勇敢善戰。」鮑叔牙進一步諫請齊桓公釋掉舊怨，化仇為友。齊桓公聽了鮑叔牙的話，原諒了管仲，並拜他為相，最後在他的輔佐下成就了一番霸業。

小國寡民、安居樂俗

【原文】小國寡民，使有什伯之器而不用，使民重死而不遠徙。雖有舟輿，無所乘之；雖有甲兵，無所陳之。使民復結繩而用之，甘其食，美其服，安其居，樂其俗。鄰國相望，雞犬之聲相聞，民至老死，不相往來。

老子藉助對自己理想中的國家的描寫，從側面告誡統治者不可存貪婪之心而去掠奪別國的土地，也是他反戰思想的另一種表達方式。

【譯文】使國家變小，讓人民稀少。即使有各種各樣功效的器具，卻並不使用；使人民重視生命而不向遠方遷徙；雖然有船隻車輛，卻沒有乘坐的必要；雖然有武器裝備，卻沒有地方去布陣打仗。使人民再回復到遠古結繩記事的自然狀態之中，使人民有甘甜美味的食物，華麗舒適的衣飾，安適的住所，快樂的生活。國與國之間相互望得見，雞犬的叫聲都可以聽得見，但人民從生到死，也不互相往來。

古剎圖

小國寡民，群山環繞，雲霧繚繞，有幾個小村落掩映在濃鬱的樹木之間，小橋流水，和老子所說的理想國相差無幾。高山之上，露出古剎的屋簷，也可暗知此處所居之人的德性。

老子藉助對自己理想中的國家的描寫，從側面告誡統治者不可存貪婪之心而去掠奪別國的土地，也是他反戰思想的另一種表達方式。

人民稀少

無仗可打

國家變小

不去使用

武器裝備

器具雖多

理想國

結繩記事

食物甘甜

衣飾華麗

住所安適

生活快樂

國與國相見而不往來

船隻車輛

重視生命

不去乘坐

不喜遷徙

水深火熱

　　戰國時期，齊國出兵攻打燕國。戰場上一片混亂，血流成河，而老百姓們更是家破人亡，悲聲連天。在這場戰爭中，齊宣王親自督戰，打了一場勝仗，他十分得意。齊國的大小官員，有一些人大聲讚揚齊宣王的壯舉，也有一些私下裏批評君主不仁，不關心百姓的死活。孟子是當時的大學問家，他歷來主張仁愛，極度反對戰爭，齊宣王的行為讓他心裏很不高興。齊宣王凱旋歸來之後，他設酒宴招待文武百官。齊宣王說：「曾經有人對我攻打燕國持有很大的意見，現在我用了僅僅五十天就征服了他們，這難道不是天意嗎？」群臣們一聲不吭，你看看

解讀

　　老子藉助自己對理想國的描寫，從側面表達出了他的反戰思想，他告誡統治者不應該為了滿足自己的私欲而去隨意地掠奪別國的土地，以至於弄得民不聊生。就好像是齊宣王，他好戰成性，隨便就去四處征戰，雖然滿足了自己稱霸的野心，但是卻受到了臣民的反對，那麼統治也不會維持太久。

水深火熱

　　戰國時期，由於諸侯爭霸，連年的戰爭讓人民苦不堪言，人們感覺到自己就生活在大火和深水之中。從中可以想像當時人們生活的慘狀。

戰國時期，齊宣王帶兵前去攻打燕國，齊國大臣們對於君王的好戰持有不同的意見，於是齊宣王問了一直主張仁愛的孟子，孟子藉助水深火熱來形容當時百姓的處境。

我，我看看你，誰都不知道他心裡真正的想法。「孟子，你倒說說看。」齊宣王有點咄咄逼人。孟子回答說：「如果您占領了燕國，能夠讓燕國的人民很高興，那您就毫無顧慮地將其占領吧！」齊宣王聽後很不高興。孟子繼續說：「百姓們現在將戰爭視為水火，唯恐避之不及，又怎麼可能因為齊國占領燕國而開心呢？水變得更深，火燃燒得更烈，即使齊國勝利了，難道燕國的百姓會前來送水、送飯，爭相歡迎嗎？」

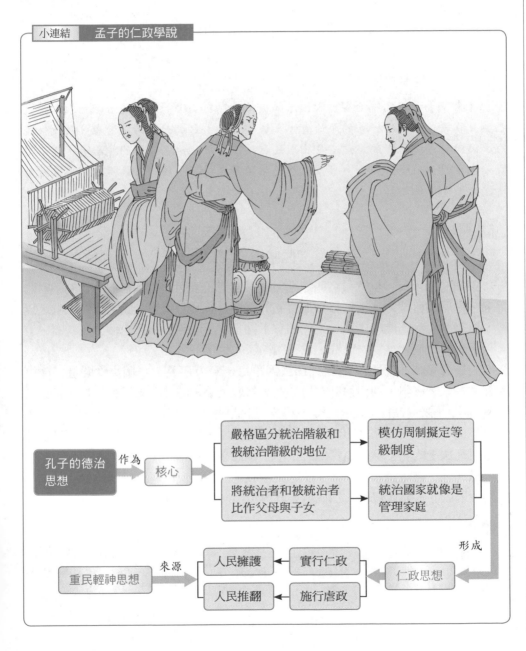

小連結　孟子的仁政學說

孔子的德治思想 ──作為→ 核心 ⟶ 嚴格區分統治階級和被統治階級的地位 ⟶ 模仿周制擬定等級制度

將統治者和被統治者比作父母與子女 ⟶ 統治國家就像是管理家庭

形成 ⟶ 仁政思想

重民輕神思想 ──來源→ 人民擁護 ← 實行仁政 ← 仁政思想

人民推翻 ← 施行虐政

悠其貴言、功成事遂

【原文】太上，下知有之；其次，親而譽之；其次，畏之；其次，侮之。信不足焉，有不信焉。悠兮，其貴言，功成事遂，百姓皆謂我自然。

老子主要論述了統治者治理國家的問題，他主張無為而治，無不為是無為的真正內涵，只有統治者達到這一境界，國家才能安定，人民才能富足。

【譯文】最好的統治者，人民只知道他的存在；次一等的統治者，人民親近他並且稱讚他；再次一等的統治者，人民害怕他；更次一等的統治者，人民輕蔑他、侮辱他。統治者的誠信不足，人民自然不再相信他。最好的統治者，謹小慎微，很少隨意地發號施令，事情自然而然地辦成功了，讓老百姓說我們本來就是這樣自然而然地做好的。

闡道 賞析

陳寔遺盜

東漢時期，有一位官員名叫陳寔，他為官清正廉明，百姓在他的管制下安居樂業，鄰縣的百姓大多都遷移到他管制的轄區。陳寔時常對人動之以情、曉之以理，以德性受到人們的尊重。人們若有爭論是非，就到他那裏求個公正判斷，有人甚至說：「情願被官府懲罰，也不願被陳先生說不是。」

有一年收成很不好，老百姓都貧困不堪。一天夜裏，一個小偷闖進了陳寔家裏，怕被人發現，他偷偷躲在房梁上，打算夜深人靜後，再進行偷竊。陳寔暗中發現了小偷的存在，於是就起身，讓子孫們聚攏，嚴肅地訓誡他們說：「人不可以不自我勉勵。做了壞事的人不一定天生就壞，只是長期習慣了，才逐漸變得這樣。屋梁上的先生就是這樣的人！」小偷聽後非常驚恐，他連忙從房梁上跳下來，跪在地上向陳寔叩頭請罪。陳寔不僅沒治他罪，反而將布帛送給他，希望他能夠改邪歸正。自此以後，那個地方就再也沒出現過小偷。

解 讀

最好的統治者謹小慎微，很少隨意地發號施令，事情自然而然地辦成功了，讓老百姓說我們本來就是這樣自然而然地做好的。陳寔對於小偷的行為沒有拿殘酷的刑罰懲治他，而是以道理勸解他，讓他自己意識到錯誤，進而改變自己。勸服一個小偷就可以杜絕全縣的盜賊，為官如此，也已足夠了。

統治者的分類

老子將統治者分類，主要表達了自己的治世主張——無為而治。只有符合大道，國家才會長治久安。

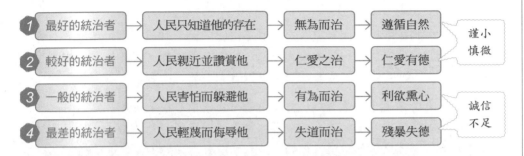

|---|---|---|---|
1 最好的統治者 →	人民只知道他的存在 →	無為而治 →	遵循自然
2 較好的統治者 →	人民親近並讚賞他 →	仁愛之治 →	仁愛有德
3 一般的統治者 →	人民害怕而躲避他 →	有為而治 →	利欲熏心
4 最差的統治者 →	人民輕蔑而侮辱他 →	失道而治 →	殘暴失德

謹小慎微

誠信不足

陳寔遺盜

老子提倡統治者應該以道德感化人民，而不是以武力鎮壓人民。他認為，再罪大惡極的人也能夠用道德去感化。

你的樣子，不像是個壞人，應該趕緊改掉自己的壞毛病，重新做個好人。然而，你會如此也是被窮困所迫，我也不再追究。

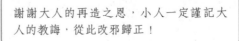

東漢時期的陳寔，他為官清正廉明，黎民在他的管制下安居樂業。有一年收成不好，他遇到了到他家偷盜的小賊，不僅沒有懲治他，而且贈布帛並勸他改邪歸正，他的舉動使全縣的小偷絕跡。

謝謝大人的再造之恩，小人一定謹記大人的教誨，從此改邪歸正！

篇一 《道德經》

將欲為之、其不得已

【原文】將欲取天下而為之，吾見其不得已。天下神器，不可為也，不可執也。為者敗之，執者失之。是以聖人無為，故無敗；無執，故無失。故物或行或隨，或噓或吹，或強或羸，或挫或隳。是以聖人去甚，去奢，去泰。

在此，老子論述了順應自然的重要意義。他提出了統治者應該無為而治，實施不言之教，消除那些屬於個人的奢華、偏執、過分的行為，不去支配百姓，這樣百姓就可以安居樂業，而統治者的地位也可以長久保持。

【譯文】想要治理天下，卻又要用強制的辦法去實施，我看他根本達不到目的。天下是大自然神奇造化之物，並不能夠違背他們的意願和本性而加以強力統

強治與聖治的對比

老子論述了順應自然的重要意義。他提出了統治者應該無為而治，實施不言之教，消除那些屬於個人的奢華、偏執、過分的行為，不去支配百姓，這樣百姓就可以安居樂業，而統治者的地位也可以長久保持。

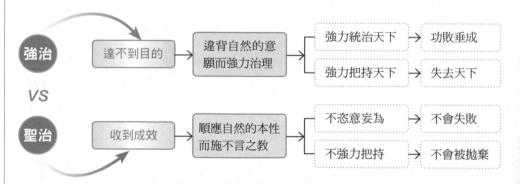

解讀

　　天下是大自然神奇造化之物，並不能夠違背他們的意願和本性而加以強力統治，否則用強力統治天下，就一定會失敗；強力把持天下，就一定會失去天下。就好像是庖丁解牛一般，如果他不根據牛的筋骨構造和結構，而茫然地前去解牛，不但浪費精力和時間，而且還會弄壞手裏的刀，得不償失。

治，否則用強力統治天下，就一定會失敗；強力把持天下，就一定會失去天下。因此，聖人不會恣意妄為，所以也就不會失敗；不把持，所以就不會被拋棄。所以，世人秉性不一，有前行，也有後隨；有輕噓，有急吹；有剛強，有羸弱；有的安居，有的危殆。因此，聖人要除去那種極端、奢侈、過度的措施法度。

 闡道賞析

庖丁解牛

有一個名叫庖丁的廚師替梁惠王宰牛，他手所接觸的地方，肩所靠著的地方，腳所踩著的地方，膝所頂著的地方，都發出皮骨相離聲，進刀時發出地響聲，這些聲音沒有不合乎音律的。它合乎《桑林》舞樂的節拍，又合乎《經首》樂曲的節奏。

文惠君讚賞他說：「嘻！好啊！你的技術怎麼會高明到這種程度呢？」廚師放下刀子，回答說：「臣下所喜好的是自然的規律，這已經超過了對於

庖丁解牛

庖丁解牛，因為庖丁深知牛的肌理構造，所以他才會殺牛殺得又快又漂亮。治國就和解牛一樣，只有遵循自然之道，才會讓國家繁榮昌盛。

有一個名叫庖丁的廚師替梁惠王宰牛，他手所接觸的地方，肩所靠著的地方，腳所踩著的地方，膝所頂著的地方，都發出合乎音律的聲音，借此梁惠王學到了養生的道理。

宰牛技術的追求。我剛開始宰牛的時候，因為對牛體的結構還不了解，所以看到的和別人看到的一樣，是很大的一整頭牛。三年之後，我見到的是牛的內部肌理筋骨。而現在宰牛的時候，臣下只是用精神去和牛接觸，不用眼睛去看，就像視覺停止了而精神在活動。順著牛體的肌理結構，劈開筋骨間大的空隙，沿著骨節間的空穴使刀，都是依順著牛體本來的結構。宰牛的刀從來沒有碰過經絡相連的地方，緊附在骨頭上的肌肉和肌肉聚結的地方，更何況股部的大骨呢？技術高明的廚工每年換一把刀，是因為他們用刀子去割肉。技術一般的廚工每月換一把刀，因為他們用刀子去砍骨頭。現在臣下的這把刀已用了十九年了，宰牛數千頭，而刀口卻像剛從磨刀石上磨出來的。牛身上的骨節是有空隙的，但是刀刃沒有厚度，用這樣薄的刀刃刺入有空隙的骨節，那麼在運轉刀刃時一定寬綽而有餘地了，因此用了十九年而刀刃仍像剛從磨刀石上磨出來一樣。即使如此，可是每當碰上筋骨交錯的地方，我一見那裏難以下刀，就十分警惕而小心翼翼，目光集中，動作放慢。刀子輕輕地動一下，嘩啦一聲骨肉就已經分離，像一堆泥土散落在地上了。我提起刀站著，為這一成功而得意地四下環顧，為這一成功而悠然自得、心滿意足。拭好了刀把它收起來。」

梁惠王說：「好啊！我聽了你的話，學到了養生之道啊。」

魚石圖（八大山人）

　　魚生活在水裏屬於它的本性，而居於其間的石頭給它的生活增添了情趣；魚繞著石頭嬉戲，也可以說它們的嬉戲讓石頭找到了自己存在的價值。這一切都是大自然的神奇造物，似乎一切本應如此，這就是自然之理。

世人的秉性

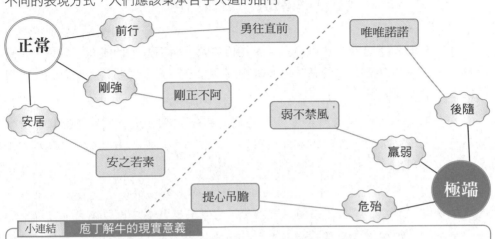

世人的秉性是各不相同的，他們表現的方式也是各自相異。有正常和極端兩種不同的表現方式，人們應該秉承合乎大道的品行。

正常 ── 前行 ── 勇往直前

剛強 ── 剛正不阿

安居

安之若素

唯唯諾諾 ── 後隨

弱不禁風 ── 羸弱

提心吊膽 ── 危殆 ── **極端**

| 小連結 | 庖丁解牛的現實意義 |

賢人之樂

　　牛的結構是複雜的，庖丁解牛，為什麼能一刀下去，刀刀精確，顯得如此輕鬆簡單？是因為庖丁掌握了它的肌理。雖然牛與牛各不相同，但牛的肌理都是一致的；每個人的生活也各有各的面貌，其基本原理也是近似的。庖丁因為熟悉了牛的肌理，自然懂得從何處下刀。生活也一樣，如果能透解了、領悟了生活的道理，瞭解了其中的規律，就能和庖丁一樣，做到目中有牛又無牛，就能化繁為簡，真正獲得輕鬆。做事不僅要掌握規律，還要持著一種謹慎小心的態度，收斂鋒芒，並且在懂得利用規律的同時，更要去反覆實踐，像庖丁「所解數千牛矣」一樣，不停地重複，終究會悟出事物的真理所在。人類社會充滿著錯綜複雜的問題，人處世間，只有像庖丁解牛那樣，做到順應自然，才能保身、全生、養親、盡年。

篇一 《道德經》

205

聖人無欲、故能成大

【原文】大道泛兮，其可左右。萬物恃之而生而不辭，功成而不名有，衣養萬物而不為主。常無欲，可名於小。萬物歸焉而不為主，可名為大。以其終不自為大，故能成其大。

老子藉助講大道的人格化本性，而闡述統治者應該怎麼做才能把社會治理成為符合大道要求的社會。借以批判儒家「普天之下莫非王土，率土之濱莫非王臣」這一思想。

【譯文】大道廣泛流行，左右上下無所不到。萬物依賴它生長而不推辭，完成了功業，辦妥了事業，而不占有名譽。它養育萬物而不自以為主，可以稱它為「小」；萬物歸附而不自以為主宰，可以稱它為「大」。正因為它不自以為偉大，所以才能成就它的偉大、完成它的偉大。

八十七神仙圖卷局部之六（唐・吳道子）

神仙們正因為無欲無求，所以祂們才能夠成為人們頂禮膜拜的對象。人們對於祂們的崇敬，主要因為祂們是人們理想的化身。祂們無所不能，無處不在，融入萬物之中，以各種形態存在，和老子的道義是相合的。

大道的人格本性

老子將大道的本性人格化，借而闡述統治者應該怎麼做才能把社會治理成為符合大道要求的社會，並批判了儒家「普天之下莫非王土，率土之濱莫非王臣」的思想。

大道

大：萬物歸附而不自以為主宰
小：養育萬物而不自以為主

萬物依賴它生長而不推辭

完成功業、辦妥事業而不占有名譽

廣泛流行，無所不到

不自以為偉大而成就偉大

符合老子思想的社會

老子面對戰亂，百姓們艱難的生活深深地刺痛了他的心。但是，當時的君王只知道滿足自己的私欲而四處征戰，老子無法實現自己理想中的國家模式，於是憤然出關，隱居悟道。

社會體制：國小，民少
理想君王：以民為本，順民之意
百姓品性：溫言軟語，禮讓謙和
相處模式：雞犬相聞，不相往來
社會風氣：夜不閉戶，路不拾遺

松梅雙鶴圖（清・沈銓）

仙鶴是一種代表祥慶的飛禽，牠的出現一般都伴隨著仙人的到來。它時常與松樹相伴在一起，被看作長壽的象徵。

捨身飼虎

很久很久以前，在南贍部洲有一個大國，叫摩訶羅檀囊，統率著五千多個小國家。國王有三個王子——摩訶富那寧、摩訶提婆和摩訶薩青。三個王子裏，小王子摩訶薩青天生具有一副慈悲心腸。有一天，國王和王妃帶著王子，率領群臣出外去遊玩。三位王子快活地穿梭在叢林之間。忽然，他們發現了一窩老虎。一隻雌虎正給兩隻小虎餵奶，雌虎面黃飢瘦，虎仔活潑可愛，但雌虎為了充飢，似乎正要吞食小虎。小王子見此情景十分同情老虎，於是問哥哥怎麼樣才能救活雌虎和小虎。他的哥哥告訴他，除非有人願意將自己的血肉給老虎吃。小王子決定救老虎，他支走了兩位哥哥，走到餓虎面前，毫不猶豫地刺傷自己將身體投向虎口。

哥哥們遲遲不見弟弟跟來，十分擔心，忍不住走回來搜尋。他們忽然想起剛才弟弟提出的問題，不寒而慄。急忙跑回雌虎停留的地方一看，可憐的弟弟已經

解讀

大道廣泛流行，左右上下無所不到。他不自以為偉大，所以才能成就它的偉大、完成它的偉大。摩訶薩青懷有慈悲之心，他不惜犧牲自己解救飢餓的老虎。身死之後，由於善行而飛升天界。他犧牲的時候並不存在任何私心雜念，所以才會成就了自己的功德。

小連結　割肉餵鷹

佛祖有一次外出，正好遇到一隻飢餓的老鷹在追捕一隻可憐的鴿子。鴿子對老鷹說：「你放過我吧！錯過我，你還有下一個，但我的命只有這一條啊。」老鷹說：「我何嘗不知道你說的道理，但我現在餓壞了。不吃你也沒法活，這個世界大家活著都不容易，不逼到絕路，我也不會緊追不放的。」佛祖聽了慈悲心起，於是就把鴿子伸手握住，藏到懷裏。老鷹看到怒火中燒，跟佛祖理論說：「佛祖你大慈大悲，救這鴿子一命，難道就忍心看我老鷹餓死嗎？」佛祖說：「我不忍心你傷害這無辜的鴿子，又不想你白白餓死。有道是我不入地獄誰入地獄。」於是，佛祖就取出一個天平，一邊放鴿子，另一邊放上從自己身上割下的肉。這鴿子看起來雖小，但無論佛祖怎麼割、割多少肉似乎都無法托起它的重量。當佛祖割下最後一片肉時，天平終於平了。

捨身飼虎

捨棄自我，才能成就自我，正因為無所欲求，沒有執著，所以才會讓自己獲得更大的榮耀。

1

南瞻部洲的摩訶羅檀囊大國，他們的小王子摩訶薩青天生具有一副慈悲心腸。一次遊玩的路上，小王子為了救助快要餓死的老虎，將自己作為食物貢獻給了老虎，他自己死後卻成為了天界的尊者。

2

被餓虎吃得精光，只剩下一副帶血的白骨散落在一旁。

妃子和國王聽到兒子死去後抱頭大哭。兩位王子和百官隨從，也都痛哭流涕，一片淒慘。摩訶薩青王子死後去了天上，看到父母在哭泣，於是立在空中，向父母親百般規勸和訓諭。他向親人竭力解釋為善的功德和偉大，終於勸化了國王夫婦的執著。

咎莫於欲、知足常足

【原文】天下有道，卻走馬以糞。天下無道，戎馬生於郊。罪莫大於可欲；禍莫大於不知足；咎莫大於欲得。故知足之足，常足矣。

老子再次表現出自己的反戰思想，他站在百姓的立場上，對於統治者接二連三發起的戰爭表示莫大的不滿。他呼籲統治者實施合乎大道的無為而治，還給老百姓一個太平而寧靜的生活。

【譯文】治理天下合乎「道」，就可以做到太平安定，把戰馬退還到田間給農夫用來耕種。治理天下不合乎「道」，那麼就連懷胎的母馬也要送上戰場，在戰場的郊外生下馬駒。最大的禍害是不知足，最大的過失是貪得無厭的欲望。知道欲望的限度，懂得適時滿足的人，永遠是滿足的。

闡道賞析

假途滅虢

春秋時期，晉國想吞併鄰近的兩個小國：虞和虢。但是，這兩個國家他們關係密切，相互扶持，並不好攻打。大臣荀息向晉獻公獻上一計。因為虞國的國君貪得無厭，晉國正可以投其所好。獻公依計而行，送上良馬美璧。虞公得到良馬

以道治國

老子在這裏再次表達了自己的反戰思想。他站在百姓的立場上，對於統治者接二連三發起的戰爭表示莫大的不滿。

君王

| 治理天下違背道 | → | 災禍連天 | → | 懷胎的母馬在郊外生駒 | → | 選擇：適時滿足 |
| 治理天下合乎道 | → | 太平安定 | → | 戰馬退回田間耕種 | → | 摒棄：貪得無厭 |

解讀

最大的禍害是不知足，最大的過失是貪得無厭的欲望。知道欲望的限度，懂得適時滿足的人，永遠是滿足的。虞公為了良馬和美璧背棄了自己的盟友，他的欲望不僅害得虢國被滅，自己最終也步上了虢國的後塵，貪得無厭只會自取滅亡。

美璧後，高興得嘴都合不攏。

　　晉國故意在晉、虢邊境製造事端，找到了伐虢的藉口。晉國要求虞國借道讓晉國伐虢，虞公得了晉國的好處，只得答應。虞國大臣宮子奇再三勸說虞公，不可答應。虞公卻覺得自己不應該為了一個弱朋友去得罪一個強有力的朋友。晉大軍借道虞國，很快就攻下了虢國。班師回國時，晉軍大將里克，裝病稱不能帶兵回國，請求將部隊暫時駐紮在虞國的京城附近，虞公同意了。幾天之後，晉獻公親率大軍前去，約虞公一同打獵。晉軍趁機攻入虞國城中，一舉攻占了虞國。

假途滅虢

被利益和財物蒙蔽了心智的虞國君王，輕易背棄了和虢國的盟友關係，以至於最終落得國破身亡的下場。

　　春秋時期，晉國想吞併鄰近的兩個小國：虞和虢，這兩個國家之間關係不錯。大臣荀息向晉獻公獻上一計，晉獻公抓住虞君貪得無厭的心理，採用離間計，先後將兩國攻陷。

小連結　晉獻公

　　晉獻公（？-前651年），姬姓，晉氏，名詭諸，春秋時代的晉國君主，在位26年。曲沃武公之子，因其父活捉戎狄首領詭諸而得名。即位後使用計謀，將曲沃桓公、莊伯子孫盡數除掉，鞏固了自己的君位。奉行尊王政策，提高聲望。攻滅驪戎、耿、霍、魏等國，擊敗狄戎，復採納荀息假途滅虢之計，消滅強敵虞、虢，史稱其「併國十七，服國三十八」。

第 **4** 節 # 處 世 篇

有之為利、無之為用

【原文】三十輻共一轂，當其無，有車之用。埏埴以為器，當其無，有器之用。鑿戶牖以為室，當其無，有室之用。故有之以為利，無之以為用。

這裏老子主要講述了「有」和「無」的正反關係。它們相互矛盾，卻又相互依存。他告誡人們只有保持虛無的心態和境界對待自己所擁有的東西，才能真正

 ### 「有」和「無」的關係

老子提出了「有」和「無」的正反關係，指出它們相互矛盾，卻又相互依存的對立統一關係。他告誡人們只有保持虛無的心態和境界對待自己所擁有的東西，才能真正地擁有它們。

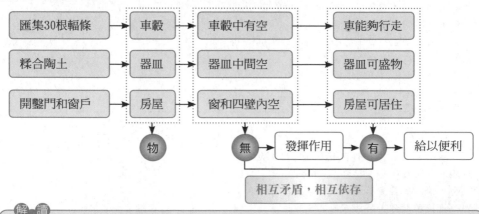

解讀

「有」可以給以便利，「無」用以發揮它的作用。人們只有以客觀的心態去對待周圍的一切，才會「物盡其用，人盡其才」。靈帝不識人才，迫使蔡邕落魄他鄉；但是焦尾琴又何其有幸，它遇到了蔡邕這樣慧眼識良材的音樂專家，不僅免去了淪為柴火的命運，而且展現了自己一生的才華，並流傳百世。

地擁有它們。

【譯文】三十根輻條匯集到一根轂中的孔洞當中，正是因為有了車轂中空的地方，才有車的作用。糅合陶土做成器皿，正因為器皿中間是空的，所以才有器皿的作用。開鑿門窗建造房屋，有了門窗四壁內的空虛部分，才有房屋的作用。所以，「有」可以給以便利，「無」用以發揮它的作用。

闡道賞析

蔡邕救琴

東漢靈帝在位的時候，有個大臣名叫蔡邕。蔡邕為人正直，性格耿直誠實，他總是敢於對靈帝直言相諫。因為他頂撞靈帝的次數多了，靈帝漸漸地開始討厭他。再加上靈帝身邊的宦官也對他的正直又恨又怕，常常在靈帝面前進讒言，說他目無皇上，驕傲自大，早晚會有謀反的可能，蔡邕的處境越來越危險。他自知已成了靈帝的眼中釘、肉中刺，隨時有被加害的危險，於是就打點行李，從水路逃出了京城，遠遠來到吳地，隱居了起來。

蔡邕救琴

蔡邕愛好音樂，他本人也通曉音律，精通古典，尤擅彈琴，對琴很有研究。關於琴的選材、製作、調音，他都有一套精闢獨到的見解。著名的焦尾琴就是他製作的。

蔡邕在鄉下的時候，從火中搶救出了一塊桐木，然後將它買了下來，製成了聞名於世的焦尾琴。

蔡邕愛好音樂，他本人也通曉音律，精通古典，在彈奏中如有一點小小的差錯，也逃不過他的耳朵。蔡邕尤擅彈琴，對琴很有研究，關於琴的選材、製作、調音，他都有一套精闢獨到的見解。從京城逃出來的時候，他捨棄了很多財物，就是一直捨不得丟下家中那把心愛的琴，將它帶在身邊，時時細加呵護。有一天，蔡邕坐在房裏撫琴長嘆，房東在隔壁的灶間燒火做飯，他將木柴塞進灶膛裏，火星亂蹦，木柴被燒得「劈哩啪啦」地響。忽然，蔡邕聽到隔壁傳來一陣清脆的爆裂聲，不由得心中一驚，抬頭豎起耳朵細細聽了幾秒鐘，大叫一聲「不好」，跳起來就往灶間跑。來到爐火邊，蔡邕也顧不得火勢，伸手就將那塊剛塞進灶膛當柴燒的桐木拽了出來，大聲喊道：「快別燒了，別燒了，這可是一塊難得一見的做琴好材料啊！」蔡邕的手被燒傷了，他也不覺得疼，驚喜地在桐木上又吹又摸。還好搶救及時，桐木還很完整，蔡邕就將它買了下來。然後精雕細刻，一絲不苟，費盡心血，終於將這塊桐木做成了一張琴。這張琴彈奏起來，音色美妙絕倫，蓋世無雙。這把琴流傳下來，成了世間罕有的珍寶，因為它的琴尾被燒焦了，人們叫它「焦尾琴」。

柯亭笛的由來

　　蔡邕是一個愛好絲竹的人，他不僅擁有高超的琴技，而且對於樂器的材質也深有研究。

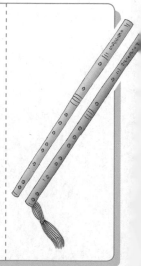

蔡邕攜全家到了會稽高遷。這裏竹子成林，引起了蔡邕的逸趣，想取竹製笛以消除旅途之勞累。一天午後，他獨自到竹林裏挑竹料，可是並沒有找到合適的，只好掃興而歸。不覺來到柯亭，這個小巧玲瓏的竹亭子吸引了他。他邁步踏了進去，四邊瞧瞧，忽然對著屋簷下的竹子數了起來，數到第十六根就停住了，睜大眼睛看著，好似想到了什麼，馬上搬來了一把梯子爬上去，對著那根竹子又看又撫摸，越看越愛，並一邊喊著：「王大哥！王大哥！請把這第十六根竹子拆下來給我。」王大哥不解地說：「亭子昨天才蓋好，拆不得啊！你要竹子，後面竹林有的是。」蔡邕著急地說：「我要的並非普通的竹子，而是絲紋細密、又圓又直、不粗不細的竹子。你看這竹子光澤淡黃又有黑色的斑紋，從裏到外都是一根再好不過的製笛材料，林子裏的竹子我都找遍了，就沒有這麼好的，請你還是幫我拆下來吧！」王大哥終於同意了。笛子做成後，果然不同凡響。由於竹子取材於柯亭的緣故，乃取名「柯亭笛」。

號鐘

　　周代的名琴。此琴音質洪亮，猶如鐘聲激蕩，號角長鳴，令人震耳欲聾。傳說古代傑出的琴家伯牙曾彈奏過「號鐘」琴。後來，「號鐘」傳到齊桓公的手中。齊桓公是齊國的賢明君主，通曉音律。當時，他收藏了許多名琴，但尤其珍愛這個「號鐘」琴。他曾令部下敲起牛角，唱歌助樂，自己則奏「號鐘」與之呼應。牛角聲聲，歌聲淒切，「號鐘」則奏出悲涼的旋律，使兩旁的侍者個個感動得淚流滿面。

繞梁

　　據說「繞梁」是一位叫華元的人獻給楚莊王的禮物，其製作年代不詳。楚莊王自從得到「繞梁」以後，整天彈琴作樂，陶醉在琴樂之中。有一次，楚莊王竟然連續七天不上朝，把國家大事都拋在腦後。王妃樊姬異常焦慮，規勸楚莊王說：「君王，您過於沉淪在音樂中了！過去，夏桀酷愛『妹喜』之瑟，而招致了殺身之禍；紂王誤聽靡靡之音，而失去了江山社稷。現在，君王如此喜愛『繞梁』之琴，七日不臨朝，難道也願意喪失國家和性命嗎？」楚莊王聞言陷入了沉思。他無法抗拒「繞梁」的誘惑，只得忍痛割愛，命人用鐵如意去捶琴，琴身碎為數段。從此，萬人羨慕的名琴「繞梁」絕響了。

綠綺

　　「綠綺」是漢代著名文人司馬相如彈奏的一張琴。司馬相如原本家境貧寒，徒有四壁，但他的詩賦極有名氣。梁王慕名請他作賦，相如寫了一篇《如玉賦》相贈。此賦詞藻瑰麗，氣韻非凡。梁王極為高興，就以自己收藏的「綠綺」琴回贈。一次，司馬相如訪友，豪富卓王孫慕名設宴款待。酒興正濃時，眾人說：「聽說您『綠綺』彈得極好，請操一曲，讓我輩一飽耳福。」相如早就聽說卓王孫的女兒文君，才華出眾，精通琴藝，而且對他極為仰慕。司馬相如就彈起琴歌《鳳求凰》向她求愛。文君聽琴後，理解了琴曲的含義，不由臉紅耳熱，心馳神往。她傾心相如的文才，為酬「知音之遇」，便夜奔相如住所，締結良緣。

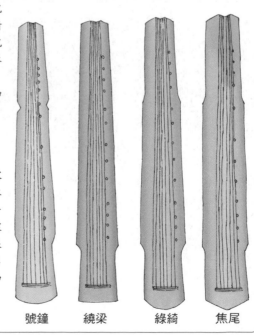

焦尾

　　「焦尾」是東漢著名文學家、音樂家蔡邕親手製作的一張琴。蔡邕在「亡命江海、遠跡吳會」時，曾於烈火中搶救出一段尚未燒完、聲音異常的梧桐木。他依據木頭的長短、形狀，製成一張七弦琴，果然聲音不凡。因琴尾尚留有焦痕，就取名為「焦尾」。「焦尾」以它悅耳的音色和特有的製法聞名四海。

| 號鐘 | 繞梁 | 綠綺 | 焦尾 |

不言之教、無為之益

【原文】天下之至柔，馳騁天下之至堅，無有入無間。吾是以知無為之有益。不言之教，無為之益，天下希及之。

老子在本章繼續闡述柔和無為的妙處。老子藉助水的特性告誡人們不可以居功自傲，應該以無為、素樸、黯然的柔和之態處於世間。

【譯文】天下最柔弱的東西，騰越穿行於最堅硬的東西中，無形的力量可以穿透沒有間隙的東西。我因此認知到順應自然、無所作為是有益處的。無言的教誨，無所作為的益處，普天之下很少有人能夠做到。

解讀

天下最柔弱的東西也是最具威力的東西，自古以來，以柔克剛，是每個人都知道的道理。就好像下面故事中的藺相如，他連殘暴的秦王也不畏懼，又何必畏懼趙國的大將軍？他將國家的利益放在首位，以文臣特有的柔弱化解了廉頗對自己的偏見，最終兩人成為好朋友。

步輦圖（唐・閻立本）

此圖主要描繪的是吐蕃王松贊干布迎娶文成公主入藏的事情。當時的大唐王朝國泰民安，唐太宗和少數民族保持友好關係，就將文成公主嫁給松贊干布。它是漢藏兄弟民族友好情誼的歷史見證。

不言之教、無為之益

老子在本章繼續闡述柔和無為的妙處。老子藉助水的特性告誡人們不可以居功自傲，應該以無為、素樸、黯然的柔和之態處於世間。

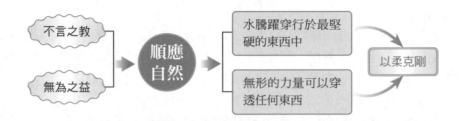

問禮漁夫

知識本來是無窮盡的，因為每個人所處的周圍環境不同，所以各自的見識也不相同。知識本無貴賤之分，所以做人應該謙虛禮讓，要具有水甘於處下的品德。有才德的人，即使是撐船的漁夫都可以成為他請教的對象，他的謙和正是畫中所要傳達的訊息。

負荊請罪

戰國時代，趙惠文王因藺相如辦外交有功，拜藺相如為上卿，官位在大將廉頗之上。廉頗因此心中不快，居功自傲，很不服氣，揚言要當面侮辱藺相如。相如知道後，不願意和廉頗爭位次先後，便處處留意，避讓廉頗，上朝時假稱有病，以便迴避。

有一次，藺相如乘車外出，遠遠望見廉頗騎著高頭大馬迎面而來，急忙叫手下人把車趕到小巷裏避開。相如的門客便以為相如害怕廉頗，非常氣憤。藺相如對他們解釋說：「依你們看來，是廉將軍屬害呢，還是秦王屬害呢？」門客們說：「當然是秦王屬害了。」

藺相如說：「這就對了，秦王這樣威焰萬丈，我卻在朝堂上斥責他，侮辱他的臣子們，難道我就單單害怕一個廉將軍嗎？只是我想，強橫的秦國之所以不敢對趙國用兵，正是因為有廉將軍和我兩個人在啊，如果兩隻老虎相搏鬥起來，那情勢發展下去，一定不能一起生存，這正合秦國的心意，我對廉將軍一再退讓，正是以國家利益為重，把私人恩怨的小事拋在腦後啊！」

藺相如這番話，使他手下的人極為感動。相如手下的人也學習藺相如的樣子，對廉頗手下的人處處謙讓。此事傳到了廉頗的耳中，廉頗為相如如此寬大的胸懷深深感動，更覺得自己十分慚愧。於是脫掉上衣，在背上綁了荊條，親自到相如家請罪，並沉痛地說：「我是個粗陋淺薄之人，真想不到丞相對我如此寬容。」

藺相如見廉頗態度真誠，便親自解下他背上的荊杖，請他坐下，兩人坦誠暢敘，從此誓同生死，成為至交。

藺相如多謀善辯，膽略過人。他以國家利益為重，善於人和，不畏強暴，出使秦國，留下了流芳千古「完璧歸趙」的故事。他為了國家利益，忍辱負重，使大將廉頗「負荊請罪」，「將相和」的典故為歷代人們所傳頌。

負荊請罪

　　廉頗聽到藺相如先國後己的一番言論後，感覺自己因為小事斤斤計較很不應該，於是就脫掉上衣，背著荊條，來到相府向藺相如請罪。

　　廉頗看到藺相如僅僅憑藉著嘴皮子就官至自己之上，所以心裏很瞧不起他，揚言要當面侮辱藺相如，藺相如總是避而不見。藺相如的僕人實在不喜歡主人如此懦弱，於是問藺相如原因，藺相如如實相告，廉頗聽到藺相如以國家為重，十分慚愧，於是向藺相如負荊請罪。自此之後，他們成為了至交。

小連結　完璧歸趙

　　戰國時候，趙王得到了一塊名貴的寶玉——和氏璧。這件事情讓秦王知道了，他就寫了封信對趙王說，自己願意用十五座城池來換和氏璧。藺相如自薦去秦國，到了秦國，秦王在王宮裏接見了他。拿到和氏璧的秦王卻絕口不提城池的事情。藺相如使用計謀拿回和氏璧，並且威脅秦王兌現諾言，否則摔壞和氏璧。秦王無奈，只好答應藺相如的條件。藺相如卻命僕人將和氏璧帶回趙國。在交換城池的宴會上，藺相如義正言辭地數落了秦王的不是，秦王百般無奈，不僅打消了獲得和氏璧的念頭，而且只能看著藺相如平安回到趙國。

尊道貴德、是謂玄德

【原文】道生之，德畜之，物形之，勢成之。是以萬物莫不尊道而貴德。道之尊，德之貴，夫莫之爵，而常自然。故道生之，德畜之、長之、育之、亭之、毒之、養之、覆之。生而弗有，為而弗恃，長而弗宰，是謂玄德。

老子在本章將「道」和「德」兩者並列起來論述，就道德和萬物之間的關係進行分析。提倡人們遵循只求付出，不求回報的處世哲學。

【譯文】道生成萬事萬物，德養育萬事萬物。物質形成萬事萬物的各種形態，環境使萬事萬物成長起來。所以，萬事萬物莫不尊崇道而珍貴德。道之所以被尊崇，德所以被珍貴，並不是誰賜予它們這種尊爵，而完全是順應了自然。因而，道生長萬物，德養育萬物，使萬物生長發展，成熟結果，使其受到撫養、保護。生長萬物而不據為己有，撫育萬物而不自恃有功，導引萬物而不主宰，這就是奧妙玄遠的德。

闡道 賞析

從善如流

西元前585年，鄭國因為不敵楚國的強烈進攻，於是向晉國求救。晉將欒書奉命前去救援，終於迫使楚軍退兵回國。後來，欒書奉命前去攻打蔡國，蔡國急忙向楚國求救。楚國只好派公子申和公子成率軍前去救援。晉大將趙同和趙括向欒書請戰，準備率兵前去攻打援蔡的楚軍。欒書的部下知莊子、范文子、韓獻子上前阻止，並建議欒書收兵回國。欒書採納了他們的建議。軍中有人對此持有異議，認為輔佐欒書的有十一個人，只有知莊子等三人主張收兵，而主戰的人占多數，因此應按多數人的想法行事。欒書告訴眾人：「只有正確的意見才能代表多數。知莊子他們是賢人，他們的意見便是正確的。」隨後，他下令退兵回國。欒書能正確聽取部下的意見，時人便以從善如流的意思稱讚欒書。

解讀

道生成萬事萬物，德養育萬事萬物。所以，萬事萬物莫不尊崇道而珍貴德。道之所以被尊崇，德所以被珍貴，並不是誰賜予它們這種尊爵，而完全是順應了自然。欒書善於聽從正確的建議，並且能夠迅速地採納，主要是他能夠遵循事物發展的規律，而不橫加干涉。

道德和萬物

　　老子在本章將「道」和「德」兩者並列起來論述，就道德和萬物之間的關係進行分析。他提倡人們遵循只求付出、不求回報的處世哲學。

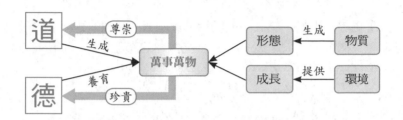

從善如流

　　「從善如流」，晉將欒書能夠聽取正確的意見，避免了戰略上的錯誤，受到後人的讚揚。

欒書是晉國著名的大將，他善於聽取不同的意見，並且權衡之後作出正確的決定。

只有正確的意見才能代表多數。知莊子他們是賢人，他們的正確意見便能代表多數人的想法。

輔佐您的有十一個人，只有知莊子等三人主張收兵，而主戰的人占多數，因此應按多數人的想法行事。

天網恢恢、疏而不失

【原文】勇於敢則殺，勇於不敢則活。此兩者，或利或害。天之所惡，孰知其故？是以聖人猶難云。天之道，不爭而善勝，不言而善應，不召而自來，坦然而善謀。天網恢恢，疏而不失。

老子以「勇」字開篇，自然地道出了無為的人生哲理。無為是他思想體系的核心，在本章老子將無為提升到生死存亡的高度。他告誡人們應該把握好「勇」的度，只有這樣才不會招致殺身之禍。

【譯文】勇敢且膽大妄為就容易招致殺身之禍，勇敢而不逞強就可以保全性命。這兩種勇的表現，一個得利，一個受害。天所厭惡的，誰知道其中是什麼緣故？有道的聖人也難以解說明白。自然的規律是：不鬥爭而善於取勝；不言語而善於應承；不召喚而自動到來，坦然從容卻善於安排籌劃。蒼天所布下的法網廣大無邊，雖然寬疏但並不漏失。

乘龍羅漢圖
　　得道的仙人能夠駕馭風龍，遨遊於九天之上。因為他們無所欲求，所以能夠做到順應自然；因為無所執著，所以可以摒棄凡人的痴愚。正如老子所描述的得道聖人一般。

「勇」的尺度

老子以「勇」字開篇，自然地道出了無為的人生哲理。無為是他思想體系的核心，在本章老子將無為提升到生死存亡的高度。他告誡人們應該把握好「勇」的度，只有這樣才不會招致殺身之禍。

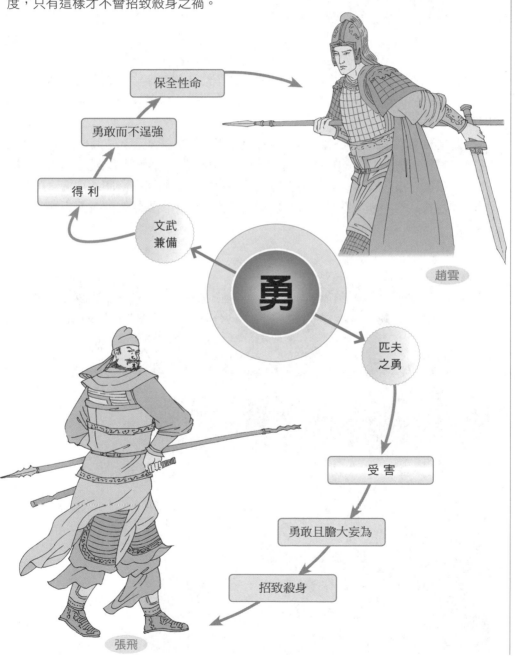

保全性命

勇敢而不逞強

得利

文武兼備

勇

趙雲

匹夫之勇

受害

勇敢且膽大妄為

招致殺身

張飛

折衝樽俎

　　春秋時期，晉國是中原的強國，他們謀劃想要攻打齊國，為了探清齊國當時的形勢，晉平公派大夫范昭出使齊國。齊景公盛宴款待了范昭。在席間，君臣正值酒酣耳熱，大家都有些醉意朦朧之時，范昭藉著酒意向齊景公說：「大王，請您給我一杯酒喝吧。」齊景公吩咐左右的侍從：「把酒倒在寡人的酒杯裏拿去給范大夫飲用。」范昭接過之後，一飲而盡。晏嬰看到後，厲聲命令侍臣道：「快扔掉這個酒杯，為大王再換一個新的。」依照當時的禮節，在酒席上，君臣應該各用各的酒杯。范昭故意違反禮節，目的就是要試探齊國君臣的反應，但是被晏嬰識破了他的意圖。

　　范昭回國後向晉平公報告：「我們現在要攻打齊國還不是最佳時機，我在酒宴上試探了齊國君臣的反應，結果讓晏嬰識破了我的意圖。」范昭告訴晉平公齊國有晏嬰這樣的賢臣，如果現在就去攻打齊國，絕對沒有必勝的把握。這就是折衝樽俎典故的由來。孔子稱讚晏嬰的外交說：「不出樽俎之間，而折衝千里之外。」

> 　　自然的規律是：不爭鬥而善於取勝；不言語而善於應承；不召喚而自動到來，坦然從容卻善於安排籌劃。晏嬰沒有和范昭發生衝突，也沒有用武力威逼范昭，他只是用換酒杯的方式告訴晉國大夫：齊國已經知道了他們的意圖。如果真的發生戰爭，齊國不是那麼容易就範的。於是，一場戰爭就消失在無形之中。

高士圖（張大千）

　　高士們通常具有其獨特的思想見解，他們因為具有深厚的文化涵養，所以不會居住在鬧市。他們時常三五成群地聚集在幽深安靜的處所，一起談詩論畫，周圍的竹子和松柏暗喻了他們的品行。

折衝樽俎

　　春秋時期，晉國謀劃想要攻打齊國，為了探清齊國當時的形勢，晉平公派大夫范昭出使齊國。在酒宴上，范昭藉著酒意試探了齊國君臣的反應，結果晏子識破並阻止了他的企圖。范昭回去後告訴晉平公，晉平公取消了伐齊的計劃。

自然的規律

```
                      ┌──────────────────┐
                      │ 不爭鬥而善於取勝 │
                      ├──────────────────┤
                      │ 不言語而善於應承 │
┌──────────┐          ├──────────────────┤        ┌──────────┐      ┌──────────────┐
│ 自然的規律 │  ──▶   │ 不召喚而自然到來 │  ──▶   │ 處世無為 │ ──▶  │ 得「道」者生 │
└──────────┘          ├──────────────────┤        └──────────┘      │ 失「道」者死 │
                      │坦然從容卻善於籌劃安排│                      └──────────────┘
                      └──────────────────┘
```

福禍相倚、孰知其極

【原文】其政悶悶，其民淳淳；其政察察，其民缺缺。禍兮，福之所倚；福兮，禍之所伏。孰知其極？其無正，正復為奇，善復為妖，人之迷也，其日固久。是以聖人方而不割，廉而不劌，直而不肆，光而不耀。

在這一章裏，老子主要提出了「禍兮，福之所倚；福兮，禍之所伏。」這樣一個十分重要的哲學命題，告誡人們應該以平和的心態去對待災難和幸福，做到「不以物喜，不以己悲」的人生大境界。

【譯文】政治寬厚清明，人民就淳樸忠誠；政治苛酷黑暗，人民就狡點、抱怨。災禍，幸福就依傍在它的旁邊；幸福，災禍就藏伏在它的裏面。誰能知道究竟是災禍，還是幸福呢？它們並沒有確定的標準。正忽然轉變為邪的，善忽然轉變為惡的，人們的迷惑，由來已久了。因此，有道的聖人方正而不生硬，有棱角而不傷害人，直率而不放肆，光亮而不刺眼。

闡道賞析

塞翁失馬，焉知非福

古時候在靠近邊塞的地方，住著一位老翁。他精通術數，能夠預知過去和未來。有一次，老翁家的一匹馬，無緣無故地掙脫羈絆，跑入了胡人居住的地方。四方鄰居都來安慰他，他平靜地說：「這件事說不定是福氣的兆頭。」幾個月以後，那匹丟失的馬領著一匹野馬跑了回來。鄰居們得知後，都前來向他家表示祝賀。老翁只是坦然地說：「這難道不是災禍的前兆嗎？」

有一天，他兒子騎著烈馬到野外練習騎射的時候，摔斷大腿，成了殘疾。鄰居們聽說後，又紛紛前來慰問。老翁面無戚色，只是說：「這未嘗不是一件好事。」又過了一年，胡人侵犯邊境，鄉鄰的精壯男子們都被徵召入伍，死傷已不可計。唯獨老翁的兒子因跛腳殘疾，沒有去打仗，因而父子得以安度殘年餘生。

解讀

福氣轉眼之間就可以變為災禍，正直也會在一瞬間變為邪惡，誰也不知道福禍、正邪的區分標準。作為有道的聖人，方正而不僵硬，直率而不放肆，有自己的堅持，也有自己的準則。就好像這個故事中的老翁，失不傷感，得亦不歡欣。正因為將得失、禍福置之度外，所以才會保全父子的性命，安然度過一生。

福禍的辯證關係

老子對「福」和「禍」之間的關係做了論述，並且借此告誡人們應該以平和的心態對待幸福和災難，做到「不以物喜，不以己悲」。

| 政治苛刻黑暗 | | 政治寬厚清明 |
| 人民狡點抱怨 | 遭遇 → 災禍 ⇄ 幸福 ← 得到 | 人民淳樸忠誠 |

藏在 / 倚靠

塞翁失馬，焉知非福

「福之禍所伏，禍之福所依」，福禍本來就是一體的，沒有恆常的福，也沒有恆常的禍，人們應該以辯證的方式對待福禍。

> 災禍常常伴隨著幸福，而幸福也隱藏在災禍之中。

> 這是個意外，您不要太傷心。

古時候在靠近邊塞的地方住著一位精通術數，能夠預知過去和未來的老翁。他面對福禍從來都是平淡坦然的，所以在戰爭四起的時候，他和兒子都保全了性命，安然地度過餘生。

代匠斫木、必傷其手

【原文】民不畏死，奈何以死懼之？若使民常畏死，而為奇者，吾得執而殺之，孰敢？常有司殺者殺，夫代司殺者殺，是謂代大匠斫，夫代大匠斫者，希有不傷其手矣。

老子針對當時國家的法律之混亂和不健全向統治者提出忠告，他建議為官者應該各司其職，任何越俎代庖的行為都會以傷害自己為終結。由此看出，老子對於人民的仁愛和憐憫。

【譯文】人民不畏懼死亡，為什麼還要用死亡來威脅他們呢？假如人民真的畏懼死亡的話，對於為非作歹的人，我們就可以依法將他們殺掉，那誰還敢為非作歹呢？經常有專管殺人的人去執行殺人的任務，代替專管殺人的人去殺人，就如同代替高明的木匠去砍木頭，那代替高明的木匠砍木頭的人，很少有不砍傷自己手指頭的。

高士圖（張大千）

面對著群山和飛瀉而下的瀑布，將自己置身於自然之中，完全地融合在這山水之間，忘記了世間的紛繁，忘卻了人間的爭鬥。不用去替別人著想，也不去做一些違背良心的事情，忘情在山水間，找回遺失的本性。

代匠斫木

針對當時國家法律的混亂和不健全，老子向統治者提出忠告，他建議為官者應該各司其職，任何越俎代庖的行為，終其結果都會慘淡收場。

```
殘暴的統治 ──讓──→ 人民不再畏懼死亡 ──→ 無法以生死威脅人民
混亂的法律 ──讓──→ 人民懼怕死亡 ──→ 可以懲治為非作歹的人

好比木匠砍樹 ←── 執行殺人的任務 ←── 專管殺人的人 ←── 依法將其殺死

不是木匠的人代木匠砍伐樹木 ──→ 砍傷自己 ──得出──→ 代匠斫木，必傷其手
```

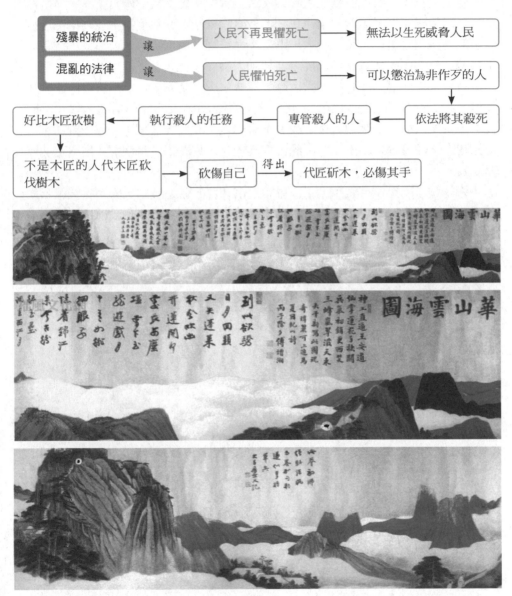

華山雲海圖（張大千）

萬里江山，歷代帝王沒有人不想擁有這一切，所有的雄心壯志只是為了獲得這美麗的一切。雲霧翻滾，環繞著連綿不絕的群山，即使是付出再大的代價，在君王的眼裏，與萬里江山相比，這一切都顯得微不足道。果真是「一將功成，萬骨枯」！

不在其位，不謀其政

郭太后原名郭念雲，是郭子儀的孫女，也是唐朝穆宗皇帝的母親。穆宗十分孝順自己的母親，每個月會三次率領文武百官前去郭太后的寢宮請安。但是穆宗皇帝為了追求淫樂，常常服食丹藥，導致真陰乾涸，元氣受損，成為不治之症。穆宗無力處理國事，當時的皇太子湛就奉命監國，處理國事。但皇太子這時才年僅16歲，有許多不懂的事情都前來請教郭太后。一些人為了逢迎討好郭太后，就上奏請求郭太后臨朝聽政。郭太后聽了以後，十分生氣，說自己不會像武后那樣奪權，給祖先抹黑。穆宗駕崩之後，宦官策劃請郭太后臨朝稱制，郭太后斥責說：「昔武后稱制，幾傾社稷，我家世守忠義，非武氏之類也。太子雖幼，但有賢相輔之，何患國之不安？」由此，朝廷內外一片讚揚，滿朝文武由此更加尊重郭太后。

穆宗當了四年皇帝就駕崩了。皇太子湛即位，就是敬宗，郭太后被尊為太皇太后。敬宗當了幾天皇帝以後，童心未泯，常常遊戲玩樂，朝政漸漸被王守澄、李逢吉、牛僧孺等人把持。後來更是禍起蕭牆，發生動亂。在當了三年皇帝之後，敬宗被殺死於內宮之中。由於事發突然，郭太皇太后召來江王繼承帝位，是

不在其位，不謀其政

「不在其位，不謀其政」，貴為一國之後的郭太后，他自始至終秉承著國家的祖訓，不肯參與國政。正因為她的堅持，所以才會留下千古的美名。

郭太后是郭子儀的孫女，是唐朝穆宗皇帝的母親。曾經輔佐了好幾代皇帝，但是她安分守己，謹遵後宮不得干政的制度，保留了郭氏的家風。

昔日有武后稱制，幾乎毀了我大唐社稷，我郭家世代忠義，並不會和武氏一族一樣。太子雖然年幼，但是有賢相輔助，有什麼可以擔心的？

太子年幼，請太后暫掌朝政，以安定臣心！

唐文宗。文宗生性謙遜孝順，對郭太皇太后服侍得十分盡心，有下面供奉上來的物品，一定先送給太皇太后挑選，才敢自己享用。

文宗死後，武宗李炎即位，在太皇太后的規勸下便勤於政事，認真審閱大臣的奏章。在穆宗君臨天下時，唐朝的皇位繼承已發生了很大的變化，皇帝的人身安全也已變得毫無保障。朝臣朋黨相互傾軋，官員調動頻繁，政權甚至皇帝的廢立生殺，均掌握在宦官手中。為避免後宮干政，不僅郭太后不在其位不謀其政，郭氏子弟在朝中為官的，也由郭太后之兄郭釗領銜啟奏云：「為避嫌隙，臣請先率諸子辭官歸田。」幾十人辭官而去，郭氏家風，因而千古流芳！

解讀

那些代替高明的木匠砍木頭的人，很少有不砍傷自己手指頭的。不在其位，不謀其政，對於郭太后來說，她遵照祖訓，不干預政事，也就不會有禍亂宮闈之事的發生。在輔佐了好幾代君主之後，面對唐王朝的逐漸衰弱，她只能黯然傷懷。不是不想，而是被那些規則禮儀所束縛，也就是遵循「道」的自然發展。

小連結　醉打金枝

郭曖和昇平公主結婚後，有一次家宴結束後，郭曖指責公主不應該在家宴上高坐在公婆之上不履行兒媳的義務。昇平公主對丈夫反唇相譏。郭曖藉著酒意抬手就給了妻子一個耳光，狠狠地說：「你仗著你爹是皇帝，就耀武揚威嗎？我告訴你，我爹他是根本不想要皇帝這個位子，否則的話，還輪得到你家？」昇平公主沒想到郭曖居然敢動手打自己，更沒想到一向溫文爾雅的駙馬居然說出這樣無法無天的話。頓時氣得臉色都變了，立即乘著公主的輦駕，直奔回皇宮去向父皇哭訴告狀。代宗是一個有些頭腦的帝王，聽了女兒的控訴，他反而說駙馬說的很對。郭子儀聽到郭曖和公主的事後，嚇得不輕，忙把兒子捆了起來，送進宮中，向皇帝請罪。代宗看見這個場面，不禁哈哈一笑，親自起身，為小女婿鬆綁，並向郭子儀說了一句至今令人感嘆的話：「不痴不聾，不作家翁。」郭子儀終於放下心來。後來皇帝規定凡公主嫁出去後，在家必須行翁婆之禮。

處事無為、功成弗居

【原文】天下皆知美之為美，斯惡已；皆知善之為善，斯不善矣。故有無相生，難易相成，長短相形，高下相傾，音聲相和，前後相隨。是以聖人處無為之事，行不言之教。萬物作焉而不辭，生而不有，為而不恃，功成而弗居。夫唯弗居，是以不去。

這裏老子提出了「無為」的處世哲學，看似消極，卻是真正的積極，是對人類自身境界的一種提高。

【譯文】天下人都知道美之所以為美，那是由於有醜陋的存在。都知道善之所以為善，那是因為有惡的存在。所以，有和無相對而生，難和易互相成就，長和短互相比較而顯現，高和下相對而存，音節和旋律相互和諧，前和後相隨而有序。因此，聖人常以無為的觀點來對待世事，用不發號施令的德政來教化。聽任萬物自然興起而不去人為創造，有所施為，但不加自己的主觀傾向，功業成就而不據為己有。正因為沒有據為己有，所以也就無所謂失去。

闡道 賞析

明哲保身

張良素來體弱多病，自從漢高祖入都關中，天下初定，他便託辭多病，閉門不出。隨著劉邦皇位的漸次穩固，張良逐步從「帝者師」退居「帝者賓」的地位。論功行封時，按級班爵，漢高祖劉邦令張良自擇齊國三萬戶為食邑，張良辭讓，謙請封始與劉邦相遇的留地（今江蘇沛縣），劉邦同意了，故稱張良為留侯。張良辭封的理由是：漢朝政權日益鞏固，國家大事有人籌劃，自己「為韓報仇強秦」的政治目的和「封萬戶、位列侯」的個人目標亦已達到，一生的宿願基本滿足。再加上身纏病魔，體弱多疾，又目睹彭越、韓信等有功之臣的悲慘結局，聯想范蠡、文種興越後的或逃或死，張良乃自請告退，摒棄人間萬事，專心修道養精，崇信黃老之學，靜居行氣，欲輕身成仙。

解 讀

萬事萬物其實是相對而生的，有了相互之間的對比才能顯現出好壞、善惡以及美醜。老子提倡聖人以無為的方式來有所施為，功成而不據為己有，無所謂也就不會在乎失去。就如張良幫助漢高祖奪得天下，面對高官厚祿，他只選擇了小小的留侯，避免自己和其他開國元勳一樣身首異處。這也正是無為的處世之道。

相對而存，無為而居

老子在這裏又一次提出了無為的處世哲學，無為看起來消極避世，其實是真正的積極，是人們對自身修養的一種提高。

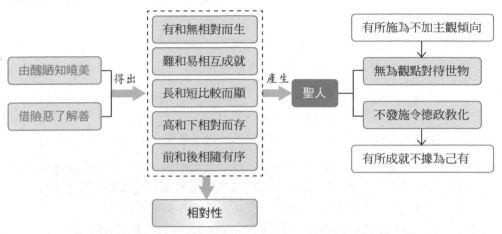

由醜陋知曉美 ──得出──→ 有和無相對而生／難和易相互成就／長和短比較而顯／高和下相對而存／前和後相隨有序 ──產生──→ 聖人

借險惡了解善

相對性

有所施為不加主觀傾向 → 無為觀點對待世物 / 不發施令德政教化

有所成就不據為己有

明哲保身

劉邦統治天下之後，論功封賞，張良知道君主「易患難，難享樂」的秉性，於是毅然放棄了高官厚祿，選擇了一個小小的留侯，免去了殺身之禍。

張良自漢高祖入都關中，天下初定後他就以身體不適為藉口，不再上朝。封功論賞的時候，他放棄了高官厚祿，僅僅做了一個小小的留侯。

功遂身退、順應天道

【原文】持而盈之，不如其已。揣而銳之，不可長保。金玉滿堂，莫之能守；富貴而驕，自遺其咎。功遂身退，天之道也。

老子在這一章告誡人們：物極必反。太滿會溢，太尖利會斷，啟示人們要適可而止，進退有度。鋒芒太露就會遭受嫉妒和陷害，倒不如在一定的時間功成身退，就是居功不自傲，有名不恃名，有財不揚財，這就是老子所說的遵循大道。

【譯文】執持盈滿，不如適可而止。鋒芒太過顯露，銳勢就難以保持長久。金玉滿堂，無法長久守藏；如果富貴到驕橫的程度，那是自己替自己招來災禍。一件事情圓滿完成後，要學會隱藏收斂，這是符合自然規律的道理。

闡道賞析

二桃殺三士

齊景公時期，齊國有三位著名的勇士：公孫接、田開疆、古冶子。他們武藝高強，勇氣蓋世，為國家立下了赫赫功勞。因為意氣相投，便結為異姓兄弟，彼此互壯聲勢。由於他們自恃藝高，功勞顯赫，所以非常驕橫。晏子看在眼裏，憂在心裏。於是拜見了齊景公，說出了心裏的想法，齊景公考慮到晏子的顧慮，於是就讓晏子看著辦。晏子告訴三人齊景公有賞。

三人聽說國君有賞，高興地前來。在殿前，看見案上的金盤裏有兩個嬌豔欲滴的大桃子。晏子告訴他們國君請他們品嘗鮮桃，可是熟的只有兩個，三人只能依照功勞的大小分配了。三將中，公孫接是個急性子，發言後就上前取了一個桃子。田開疆也不甘示弱，上前取過第二個桃子。古冶子一看桃子已經沒了，大怒，他講述了自己勇猛救主的事跡。前兩人聽後，覺得自己的功勞和古冶子的相差甚遠。卻搶先奪下桃子，這是品行的問題。兩人自覺做了無恥的事，羞愧難當，於是拔劍自刎！古冶子看到地上的屍體，痛恨之餘，也拔劍自刎。

解讀

鋒芒太過顯露，銳勢就難以保持長久。如果富貴到驕橫的程度，那是自己為自己招來災禍。齊國的三將本來擁有顯赫的軍功，如果他們懂得收斂鋒芒，說不定可以富貴一生，無憂無慮。可是他們自恃藝高，太過驕橫，反而斷送了自己的性命。

功遂身退天之道

老子在這裏主要論述了物極必反的道理。水太滿了會溢出來，刀太尖利了就容易折斷，啟示人們要適可而止，進退有度。居功不自傲，有名不恃名，有財不揚財，這就是老子所說的遵循大道。

招來災禍 ← 居功自傲／執持盈滿／鋒芒太露／金玉滿堂 藉助→ 大道 可以達到→ 功遂身退／適可而止／韜光養晦／隱藏收斂 → 明哲保身

二桃殺三士

君王最忌諱的就是功高震主，恃才傲物的人大多會招來殺身之禍。區區的兩個桃子就殺死了三個赫赫有名的大將，到底應該笑他們可悲，還是嘆他們可憐？

齊景公時期有三位著名的勇士：公孫接、田開疆、古冶子。他們人人武藝高強，勇氣蓋世，為國家立下了赫赫功勞。因為意氣相投，便結為異姓兄弟，彼此互壯聲勢。由於他們自恃武藝高強，功勞顯赫，所以招致了殺身之禍。

聖人抱一、曲則全者

【原文】曲則全，枉則直；窪則盈，敝則新；少則得，多則惑。是以聖人抱一為天下式。不自見故明；不自是故彰；不自伐故有功；不自矜故長。夫唯不爭，故天下莫能與之爭。古之所謂曲則全者，豈虛言哉！誠全而歸之。

老子提出了「委曲求全」的處世方略，這屬於一種低姿態的生活態度。委曲求全可以保全自己，不受到外物的傷害，是解悟大道之人的行為，是真正的大德。

【譯文】委曲便會保全，屈枉便會伸直；低窪便會充盈，陳舊便會更新；少取反而獲得，貪多反而迷惑。所以，有道的人堅守萬事歸一的原則，便可以治理天下。不單憑自己所見，反而能看得清楚明瞭；不自以為是，反能是非彰明，受到尊崇；不自我誇耀，反而能得功勞；不自我矜持，所以才能長久。正因為不與他人爭，所以遍天下沒有人能與他爭。古時所謂「委曲便會保全」的話，怎麼會是空話呢？它是實實在在能夠達到。

闡道 賞析

委曲求全

天漢二年，將軍李廣利帶兵三萬，攻打匈奴，李廣利戰敗狼狽逃回。李廣的孫子李陵由於叛徒勾結匈奴單于而被俘，後來投降匈奴。大臣們譴責李陵貪生怕死，漢武帝問太史令司馬遷有何見解，司馬遷認為李陵並非真正降敵。

漢武帝認為司馬遷為李陵辯護，是有意貶低李廣利，勃然大怒，把司馬遷下了監獄，交給廷尉審問。不久，有傳聞說李陵曾帶匈奴兵攻打漢朝。漢武帝信以為真，草率處死了李陵的母親、妻子和兒子。第二年，漢武帝殺了李陵全家，處司馬遷以宮刑。司馬遷在獄中備受凌辱，幾乎斷送了性命。他本想一死，但想到自己多年搜集資料，想要寫部有關歷史書的夙願，所以委曲求全，忍辱偷生。最後終於完成了歷史上的第一步紀傳體通史——《史記》。

解 讀

委曲可以使自己保全，並不是貪生怕死，而是留著生命去做更有意義的事情。司馬遷遭受殘酷的宮刑，但是他為了實現自己完成史書寫作的偉大理想，忽略了身體所受的屈辱，將畢生的精力放在寫作上，終於成就了自己。

萬事歸一

老子提出了「委曲求全」的處世方略，這屬於一種低姿態的生活態度。委曲求全可以保全自己，不受到外物的傷害，是解悟大道之人的行為，也是真正的大德。

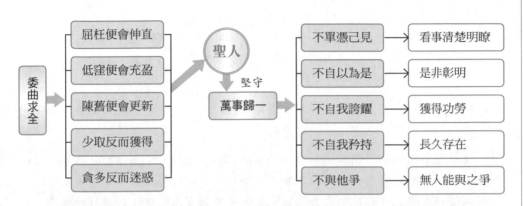

委曲求全
- 屈枉便會伸直
- 低窪便會充盈
- 陳舊便會更新
- 少取反而獲得
- 貪多反而迷惑

聖人 → 堅守 → 萬事歸一

- 不單憑己見 → 看事清楚明瞭
- 不自以為是 → 是非彰明
- 不自我誇耀 → 獲得功勞
- 不自我矜持 → 長久存在
- 不與他爭 → 無人能與之爭

委曲求全

司馬遷在受到宮刑之後，在獄中發奮著書，終於完成了著名的《史記》。

司馬遷是漢武帝時期的太史令，他因為為投敵的李陵辯解，所以受到了漢武帝的懲罰，處他以宮刑。面對如此恥辱，司馬遷忍辱偷生，發憤著書。他的委曲求全終於讓他完成了自己畢生的心願，完成了第一部紀傳體通史——《史記》。

自伐無功、自矜不長

【原文】企者不立，跨者不行。自見者不明，自是者不彰。自伐者無功，自矜者不長。其在道也，曰餘食贅行。物或惡之，故有道者不處。

老子闡述了人的主觀意志和自然規律之間所存在的衝突，進一步說明了自己的觀點：人只有遵循客觀規律辦事，遵循自然大道，才能收到良好的效果而不使衝突激烈化。同時，也貫穿著他以退為進、委曲求全的處世哲學。

【譯文】抬起腳跟用腳尖站立，是站不穩的；邁開大步想要前進得快，反而不能遠行。只看到自己的人反而不能明辨事理；自以為是的人分辨不清楚是非；自我誇耀的人建立不起功勳；自高自大的人不能做眾人之首。從道的角度看，以上這些急躁、炫耀的行為，只能說是剩飯贅瘤。因為它們是令人厭惡的東西，所以有道的人絕不這樣做。

闡道賞析

臨江之麋

古時有一人，他打獵的時候捉到一隻小鹿，於是將牠帶回家裏飼養。剛一進門，他養著的一群狗就流著口水，翹著尾巴跑過來，想要吃掉小鹿。那個人非常憤怒，他恐嚇那群狗。從此以後，主人每天都抱著小鹿接近那群狗，讓狗慢慢地看熟了，不再有傷害牠的企圖。後來又慢慢地讓狗和小鹿在一起玩耍。時間長了，那些狗也都順從了主人的意願，不再打小鹿的主意了。小鹿逐漸地長大了，牠甚至忘記了自己是一隻鹿，而天真地認為狗就是自己的朋友，時常和狗互相碰撞在地上打滾，互相親昵。三年之後，小鹿走出了家門，牠看到大路上有一群野狗，於是十分高興，立刻跑過去想跟它們一起玩耍。這群野狗見了小鹿既高興又憤怒，一起撲向牠將牠撕裂，小鹿的屍體七零八落地散落在路上，但是小鹿至死都不明白自己為何會落得如此下場。

解讀

只看到自己的人反而不能明辨事理，自以為是的人分辨不清楚是非。小鹿打從一開始就沒有弄清楚自己的立場，不知道世間弱肉強食的自然規律，以至於將天敵當成朋友，而斷送了自己的性命。最可悲的是，至死都不知道原因。試看當今社會，又有幾個人能真正明瞭自己的立場呢？

主觀意志和自然規律的矛盾

老子闡述了人的主觀意志和自然規律之間所存在的衝突，進一步說明了自己的觀點：人只有遵循客觀規律辦事，遵循自然大道，才能收到良好的效果而不使衝突激烈化。

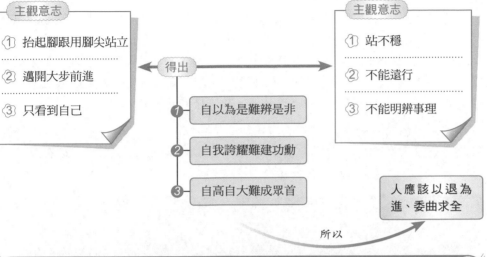

主觀意志
① 抬起腳跟用腳尖站立
② 邁開大步前進
③ 只看到自己

得出

① 自以為是難辨是非
② 自我誇耀難建功勳
③ 自高自大難成眾首

主觀意志
① 站不穩
② 不能遠行
③ 不能明辨事理

所以

人應該以退為進、委曲求全

臨江之麋

小鹿不知道和牠玩耍的獵犬是出於對主人的害怕，才肯與牠在一起。失去庇護的牠，死在野狗的犬牙下也是理所當然的。

獵人將小鹿和獵狗放在一起，因為有獵人的庇護，所以獵狗不敢吃小鹿，但是獵狗一直望著小鹿流口水。小鹿將自己的天敵當作朋友，一開始就沒有明白自己的真正立場，可悲的是牠連自己為什麼會死都不明白。

上德不德、是以有德

【原文】上德不德，是以有德；下德不失德，是以無德。上德無為而無以為；下德為之而有以為。上仁為之而無以為；上義為之而有以為。上禮為之而莫之應，　則攘臂而扔之。故失道而後德，失德而後仁，失仁而後義，失義而後禮。夫禮者，忠信之薄而亂之首。前識者，道之華而愚之始。是以大丈夫處其厚，而不居其薄；處其實，而不居其華。故去彼取此。

　　這是《德經》的開篇，老子首先揭示了有德和無德的概念與行為之間的區別。在這裏，老子將政治分為四個類型，並批判儒家的德政所提倡的僅僅是下德，和老子所論述的上德是不一樣的。

山間煮茶圖

帶著童子，來到山間，在溪水邊，高士坐在松樹上，看著小童工作。他們一個正在岸邊專注自己手裏的東西，一個蹲在溪中的岩石上汲水。

上德和下德

這是《德經》的開篇，老子首先揭示了有德和無德的概念與行為之間的區別。在這裏，老子將政治分為四個類型，並批判儒家的德政所提倡的僅僅是下德，和老子主張的上德是不一樣的。

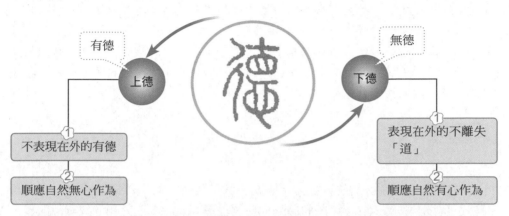

四類政治

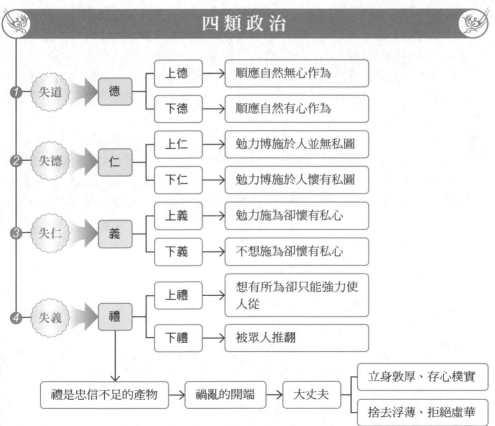

【譯文】具備「上德」的人不表現為外在的有德，因此實際上是有「德」；具備「下德」的人表現為外在的不離失「道」，因此實際是沒有「德」的。「上德」之人順應自然無心作為，「下德」之人順應自然而有心作為。「上仁」之人勉力博施於人，但並無私心意圖。「上義」的人勉力施為，但常懷有私心目的。「上禮」的人要有所作為卻得不到回應，於是就揚著胳膊使人強從。所以，失去了「道」而後才有「德」，失去了「德」而後才有「仁」，失去了「仁」而後才有「義」，失去了「義」而後才有「禮」。「禮」這個東西，是忠信不足的產物，而且是禍亂的開端。所謂「先知」，不過是「道」的虛華，由此愚昧開始產生。所以，大丈夫立身敦厚，不居於浮薄；存心樸實，不居於虛華。所以要捨棄浮薄虛華而採取樸實敦厚。

闡道賞析

盤根錯節

東漢時期，有個人名叫虞詡，他從小就是孤兒，由祖母把他養大。等祖母壽終正寢後，才應太尉李脩的聘請到他府裏任職。這時，西羌和匈奴突然入侵，北方的并州和西方的涼州同時受到嚴重的威脅。大將軍鄧騭認為與其兵分兩地駐守，分散實力，還不如把兵力集中防守并州而棄涼州。虞詡對太尉李脩提出自己的看法：「涼州的百姓不但熟悉軍事而且個個英勇善戰，西羌之所以不敢侵入關中，也是因為畏懼涼州的百姓，而涼州百姓一向認為自己是大漢的一脈，才義無反顧地犧牲一切來捍衛國家。如果按照鄧將軍的意見，捨棄涼州，那對整個局勢恐怕只有害處！」

鄧騭認為虞詡是故意和自己作對，懷恨在心，一直找機會進行報復。不久，朝歌發生民變，老百姓紛紛武裝起來與地主政府對抗，常常有地方官吏被殺的事發生，朝廷雖然一再派兵去鎮壓，卻始終沒法平息。鄧騭看到這是一個很好的報復機會，於是把虞詡調去當朝歌的縣令。虞詡的親朋好友知道後，都很為他擔心。可是虞詡卻笑著說：「一個有抱負、有志氣的人，絕不會避開困難的事而專門去找容易的事來做。這就像我們在砍樹時，如果不遇到堅硬牢固的盤根錯節，就顯不出斧頭的鋒利一樣。我去出任朝歌縣令，又有什麼可怕的呢？」後來，虞詡到了朝歌，很快表現出他出色的政治才能，平息了當地官民之間的糾紛和動亂。朝廷認為他有將帥之才，把他升為武都太守。不久以後，他又率兵大破羌人，為國家立下不少汗馬功勞，官至尚書僕射。

解讀

　　「上德」之人順應自然無心作為，「下德」之人順應自然而有心作為。虞詡對於鄧騭的恣意報復並不以為意，認為艱苦的環境可以磨煉有志氣、有抱負的人。於是，他接受了前去平亂的任務，終於有了一番作為，成就了自己的功名。

虞詡對於鄧騭的故意刁難，卻處變不驚。他將未來的環境看作對自己的一種磨煉，並期望在磨練中獲得大的成就。

一個有抱負、有志氣的人，絕不會避開困難的事而專門去找容易的事來做。這就像我們在砍樹時，如果不遇到堅硬牢固的盤根錯節，就顯不出斧頭的鋒利一樣。我去出任朝歌縣令，又有什麼可怕的呢？

朝歌那裏正在發生戰亂，還派你過去，我看鄧將軍就是擺明在為難你，想置你於死地啊！

虞詡是東漢時期的一位官員，當他還在太尉府任職的時候，由於反對大將軍鄧騭的決定，後來被鄧騭藉故調到了發生戰亂的朝歌。在那裏，虞詡很快地表現出了自己政治上的才能，不僅平息了戰亂，還受到朝廷重用。他認為艱苦的環境可以磨練有志氣和抱負的人。

小連結　虞詡

虞詡，字升卿，陳國武平（今河南鹿邑西北）人，東漢名將。安帝時，始為朝歌（今河南湯陰西南）長，後任武都太守。順帝時，官至尚書僕射。虞詡樂於舉劾官吏，譏刺朝政，一點都不寬容，屢次忤怒權要貴戚。因此，他一生九次被譴責審治，三次遭到刑罰，然而剛正之性，至老不屈。

大成若缺、大巧若拙

【原文】大成若缺，其用不弊。大盈若沖，其用不窮。大直若屈，大巧若拙。大辯若訥，大贏若絀。躁勝寒，靜勝熱，清靜為天下正。

本章主要講述了老子的處世方略，主要特點就是將自己高明的面目藉助低能、軟弱和木訥掩蓋起來，不將強硬和鋒芒顯露出來。無為並非無所事事，只是一個外在的表現方式。做人如同水一般，並非任人宰割，而是無法與之爭。

【譯文】最完滿的東西，好似有殘缺一樣，但它的作用永遠不會衰竭；最充盈的東西，好似是空虛一樣，但是它的作用永無窮盡。最正直的東西，好似有彎曲一樣；最靈巧的東西，好似最笨拙一樣；最卓越的辯才，好似不善言辭一樣。躁動可以克服寒冷，安靜則能夠戰勝炎熱。清靜無為才能統治天下。

濟公圖（王震）

濟公他破帽破扇破鞋垢衲衣，貌似瘋癲，初在杭州靈隱寺出家，後住淨慈寺，不受戒律拘束，嗜好酒肉，舉止似痴若狂，是一位學問淵博、行善積德的得道高僧。

得道的表現

　　本章主要講述了老子的處世方略，主要特點就是將自己高明的面目藉助低能、軟弱和木訥掩蓋起來，不將強硬和鋒芒顯露出來。無為並非無所事事，只是一個外在的表現方式。做人如同水一般，並非任人宰割，而是無法與之爭。

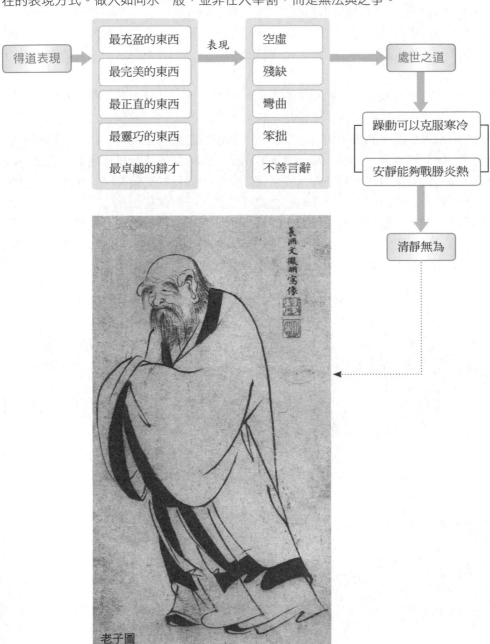

得道表現 ➡ 最充盈的東西 / 最完美的東西 / 最正直的東西 / 最靈巧的東西 / 最卓越的辯才

表現 ➡ 空虛 / 殘缺 / 彎曲 / 笨拙 / 不善言辭

➡ 處世之道

躁動可以克服寒冷 — 安靜能夠戰勝炎熱 ➡ 清靜無為

老子圖

圖解
《道德經》

韜光養晦

三國時期，曹操雖然貴為丞相，但是他的疑心很重，他曾經將上前為他蓋被的侍衛都殺害了。劉備為了防止曹操謀害自己，於是每天就在自己住處的後園裏種菜，親自澆灌，收斂自己的鋒芒，減低曹操對他的戒心。關羽和張飛兩個人責備他：「哥哥竟然不關心天下大事，而學那些無用之人種起了菜，這到底是為什麼呢？」玄德告訴兩人：「兩位弟弟難以得知為兄的苦心啊。」兩人聽後，就再也沒有問起過。

有一天，曹操為了試探劉備的野心，他特意擺了一桌酒席，在席間他問劉備天下有哪些英雄，劉備列舉了當時叱吒風雲的一些人名，就是不提自己。但是曹操先是指著劉備，然後指指自己卻說：「我說要論這天下英雄，非你我莫屬！」劉備聽到他的話後，大吃一驚，嚇得將準備夾菜的筷子都落在了地上。也就在這個時候，天氣大變好像要下雨，並且雷聲陣陣。劉備於是假裝從容地彎下身撿起掉落的筷子，說道：「這天雷的威力真是浩大，一聲就有如此的震撼力。」曹操笑著問劉備：「難道你害怕打雷不成？」劉備回答：「有德之人聽聞雷聲都會大驚失色，更何況是我？」他將自己聽到曹操之言而掉落筷子的事情，以害怕打雷的藉口掩飾起來，曹操至此之後也就不再懷疑劉備懷有野心了。

 解 讀

　　最正直的東西，好似有彎曲一樣；最靈巧的東西，好似最笨拙一樣；最卓越的辯才，好似不善言辭一樣。劉備將自己高明的面目藉助懦弱隱藏起來，他收斂自己的鋒芒，為了保全自己的性命故意裝作碌碌無為。大智若愚也就是這般情況吧！

倚岩高士圖

　　一位高士斜倚著岩石坐在山間，他面色安詳而淡定。注視著一圈圈蕩漾開的水紋，不知道他在想些什麼。岩石的旁邊有一棵芭蕉樹，周圍有少許的竹子圍繞著。幽幽的山間，泉水輕流，山間的人，沉浸在清淨之中。

韜光養晦

　　劉備之前處於曹操的麾下，曹操對他存有戒備之心，於是故意設宴想打探虛實。結果劉備機智地消除了曹操的疑慮。

　　曹操是一個疑心很重的人，劉備為了防止曹操殺害自己，所以他韜光養晦，盡力收斂自己的光芒，減低曹操的戒心，每天只是待在後園裏種菜。在宴會上，劉備以自己懼怕打雷為理由，不僅解除自己的尷尬，也消除了曹操的疑心，可謂是一舉兩得。

小連結　桃園三結義

　　元雜劇的描述為：蒲州州尹臧一鬼欲謀自立，請關羽為帥。關羽殺之，逃往涿州范陽。張飛則在當地開了一家肉店。張飛故意在店前用千斤巨石壓住一把刀，並揚言如有人能搬開巨石，就分文不取，送肉給他。一日，關羽路過張飛的肉店，搬動張飛用以壓刀的千斤巨石而不受肉。張飛回店後得知消息，專門去到關羽入住的客店相訪，並拜關羽為兄長。二人後來又遇到劉備，二人見劉備長相非凡，便邀其一起喝酒。劉備大醉而臥，只見有赤練蛇鑽入劉備七竅之中，關羽覺得「此人之福，將來必貴」，於是又共拜劉備為兄長。三人在城外桃園殺牛宰馬，祭告天地，並立誓「不求同日而生，只求同日而死」。

萬物之奧、為天下貴

【原文】道者，萬物之奧。善人之寶，不善人之所保。美言可以市尊，美行可以加人。人之不善，何棄之有？故立天子，置三公。雖有拱璧以先駟馬，不如坐進此道。古之所以貴此道者何？不曰以求得，有罪以免邪？故為天下貴。

本章主要闡述「道」的寶貴和修道應該持有的謙和態度。在重申「道」的寶貴的同時，提出修道的重要性。

【譯文】「道」是蔭庇萬物之所，善良的人視它為珍寶，不善的人視它為護身符。美好的言辭可以換來尊重；良好的行為可以見重於人。那些不善的人又怎會捨棄它呢？所以在天子即位、設置三公的時候，雖然有拱璧駟馬的儀式，還不如把「道」進獻給他們。自古以來，人們所以把「道」看得如此寶貴，不正是想求它庇護嗎？即使犯了罪過，也可得到寬恕。因此，天下人才如此珍視「道」。

闡道賞析

天要下雨，娘要嫁人

古時候有個名叫朱耀宗的書生，他天資聰慧，滿腹經綸，進京趕考高中狀元。皇上殿試見他不僅才華橫溢，而且長得一表人才，便將他招為駙馬。朱耀宗奏明皇上，提起母親，請求皇上為他多年守寡的母親樹立貞節牌坊。

當朱耀宗向娘述說了樹立貞節牌坊一事後，原本歡天喜地的朱母卻變得鬱鬱寡歡。朱耀宗大惑不解，問母原因，於是朱母將自己想要嫁人的事情說給兒子聽，朱耀宗左右為難。朱母不由長嘆一聲，隨手解下身上一件羅裙，讓朱耀宗替自己把裙子洗乾淨，一天一夜曬乾，如果裙子曬乾，便不改嫁；如果裙子不乾，天意如此，就改嫁。

朱耀宗心想這事並不難做，便點頭同意。誰知當夜陰雲密布，天明下起暴雨，裙子始終是濕漉漉的，朱耀宗心中叫苦不已，知是天意。朱耀宗只得將母親的情況如實報告皇上，請皇上治罪。皇上連連稱奇，降旨成全他們。

解讀

「道」是蔭庇萬物之所，善良的人視它為珍寶，不善的人視它為護身符。按照天地的自然規律去做事，一切順其本性，不強加干涉，才會有好的結果。朱母將自己嫁人的事情交給天意決定，不僅解除了兒子和自己的為難，而且最終也獲得了皇上的赦免。

獻君以道

　　本章主要闡述了「道」的寶貴和修道應該持有的謙和態度。提出修道的重要性，提倡人們學習大道，追求與大道同步，對世間萬物不分貴賤，一視同仁。

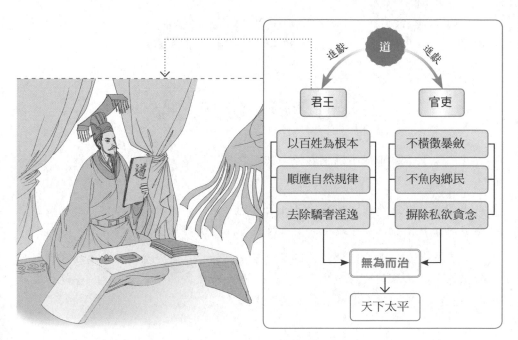

| 小連結 | 貞節牌坊 |

　　「貞節牌坊」，通常是古時用來表彰一些或死了丈夫長年不改嫁，或自殺殉葬，而符合當時年代道德要求，流傳特異事跡的女性，為其興建的牌坊建築。

第 **5** 節　修　身　篇

天地之根、綿綿若存

【原文】谷神不死，是謂玄牝。玄牝之門，是謂天地根。綿綿若存，用之不勤。

老子初步提到修身，理解老子的大道的真意，人們會覺得豁然開朗。按照道的自然規律去發展自身的優勢，會省時、省力，收到意想不到的效果。

【譯文】生養天地萬物的大道是永恆長存的，也就是生育天地萬物的神祕莫測的根源。玄妙母體的生育之產門，也就是天地生成的根本。它連綿不絕，就是這樣不斷地永存，使用價值也是無窮無盡的。

聞道 賞析

守株待兔

從前宋國有一個農民，一天，他正在地裏耕作，突然一隻野兔從草叢中竄了出來，一不小心撞到地頭的一截樹根上，折斷脖子死了。農夫撿起死兔子，晚上回到家，把兔子交給妻子，妻子誇獎了他。第二天，農夫照舊到地裏工作，他想：今天會不會還有兔子撞死呢？因為他有所牽掛，所以不再像以往那麼專心了。第三天，農夫再次來到地邊上，他已經沒有任何心思鋤地了，因為他的整個心思已經放在等待兔子上了。他乾脆把農具扔在一邊，自己守在樹樁旁邊的田埂上，專門等待野兔子竄出來。可是，他又白白地等了一天，仍然一無所獲。後來，農夫每天就這樣守在樹樁邊，希望再撿到兔子。農田裏的苗因為無人管理慢慢枯死，農夫因此也成了宋國人們議論嘲笑的對象。

解　讀

生養天地萬物的大道是永恆長存的，也就是生育天地萬物的神祕莫測的根源。天下沒有免費的午餐，好運氣不可能一直照顧一個人，這也是天道常理。宋國的農夫忘記了自己的根本，整天只幻想著財富來找自己，所以他成為眾人的笑柄也就不足為奇了。

玄牝之門

老子初步提到修身，理解老子大道的真意，人們會覺得豁然開朗。按照道的自然規律去發展自身的優勢，不僅省時、省力，還會收到意想不到的效果。

天地萬物的根源 ← 生育 ── 玄牝之門 ⇌ 大道 ── 生養 → 天地萬物 → 永恆長久

神祕莫測

綿綿若存，用之不勤

守株待兔

空幻的妄想只會讓自己成為他人的笑柄，因為運氣不會每天都眷念同一個人。

❶

宋國的一個農夫有一天鋤地的時候，遇到一隻兔子撞死在地頭的樹樁上。對於這樣的好運氣，農夫自然很開心。因此，他每天幻想著有兔子撞死，結果荒廢了農事，自己也淪為他人的笑料。

❷

天長地久、無自而生

【原文】天長地久，天地所以能長且久者，以其不自生，故能長生。是以聖人後其身而身先，外其身而身存。非以其無私邪，故能成其私。

在這裏老子提出了自己的觀點「以其無私，故能成其私」。作為有道的人，必須知道什麼該為，什麼不該為，摒棄人性的弱點——自私，做到謙虛退讓、與世無爭。

【譯文】天長地久。天地之所以能長生而且永久存在，是因為它們不是為了自己而生存，是順應著自然在運行，所以能夠長久生存。因此有道的聖人在遇事時謙退無爭，反而能在眾人之中領先；把自己的生死置之度外，反而能夠保全自身。這正是因為他的不自私，反而成就了他自身。

闡道賞析

破釜沉舟

趙國被圍後，楚懷王接到趙王求援的書信後，就立刻派宋義為上將軍，叫他

以無私成其私

老子在此提出了自己的觀點「以其無私，故能成其私」，作為有道的人，必須知道什麼該為，什麼不該為，摒棄人性的弱點——自私，做到謙虛退讓，與世無爭。

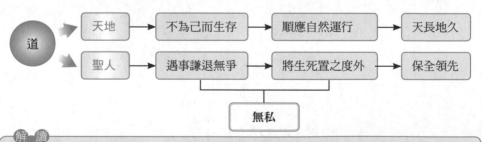

解讀

聖人把自己的生死置之度外，反而能夠保全自身。這是因為他的不自私，反而成就了他自身的榮耀。項羽也堪稱一代英豪，著名的鉅鹿之戰是歷史上以少勝多的經典戰爭，他將自己的退路全部封死，所以當生死不再重要的時候，人們也就變得不可戰勝。經此一戰，項羽躍身成為一代名將。

帶著次將項羽、末將范增北上救趙。宋義卻是一個膽小怕事、自私自利的小人，他用甜言蜜語騙取了兵權，可是他根本就不想去和秦軍拚命。所以，他到安陽後便號令全軍原地休息，自己每天在大帳中飲酒作樂，從不提出兵援趙的事。

項羽忍耐不住，便上前催促宋義。宋義根本不將項羽放在眼裏。項羽本是個火暴脾氣，無論如何也咽不下這口氣，於是殺了宋義指揮眾軍前去援助趙國。

項羽擔任了援趙大軍的主帥，他下令士兵每人帶足三天的口糧，然後砸碎全部行軍做飯的鍋。項羽說：「沒有鍋，我們可以輕裝前去，立即挽救危在旦夕的趙國！至於吃飯嘛，讓我們到章邯軍營中取鍋做飯吧！」大軍渡過了漳河，項羽又命令士兵把渡船全都砸沉，同時燒掉所有的行軍帳篷。戰士們一看退路沒了，這場仗如果打不贏，就誰也活不成了。在項羽的指揮下，楚軍包圍了王離的軍隊，和秦軍展開了九次激烈的戰鬥。沙場之上，煙塵蔽日，殺聲震天。楚軍將士越鬥越猛，直殺得山搖地動，血流成河。經過多次交鋒，楚軍終於以少勝多，把秦軍打得大敗，殺死了秦將蘇角，俘虜了王離。

破釜沉舟

當人們知道自己已經沒有退路的時候，生死反而變得不再重要。正是因為無所牽掛，所以才會無往不勝。

楚懷王接到趙國的求援信後，派遣宋義帶著項羽等人前去救援。但是宋義是一個貪生怕死之人，他一再拖延援救的時間，項羽看不過就殺了他，自己帶著士兵前去。他下令砸碎所有的鍋，鑿穿回去的船，燒掉所有的行軍帳篷，戰士們一看毫無退路了，個個奮勇殺敵，終於取得了勝利。

知足不辱、知止不殆

【原文】名與身孰親？身與貨孰多？得與亡孰病？甚愛必大費，多藏必厚亡。知足不辱，知止不殆，可以長久。

老子在本章主要討論了應該如何看待人生追求的問題。他認為人生的最高追求應該是長壽而不是對名利的瘋狂占有。不知滿足是一切禍患產生的根源，人們應該做到適可而止。

【譯文】名譽和身體相比，哪一個更值得珍惜？生命和利益比起來，哪一樣更為貴重？獲取和丟失相比，哪一個更有害？過分地追名逐利就必定要付出更多的代價；過於積斂財富，必定會遭致更為慘重的損失。所以說，懂得滿足，就不會受到屈辱；懂得適可而止，就不會遇見危險，這樣才可以保持住長久的平安。

錢東像（清·改琦）

以雲為水，以樹為屋，錢東潛心修禪，追求清靜無為的人生理想。知足不辱，知止不殆，人生一世，辛辛苦苦追求的，到頭來皆是虛空，與其這樣，倒不如靜下心來，找尋一處心中的永恆國度。

名譽和生命的輕重

老子在這裏主要討論了應該如何看待人生追求的問題，他認為人生的最高追求應該是長壽而不是對名利的瘋狂占有。不知滿足是一切禍患產生的根源，人們應該做到適可而止。

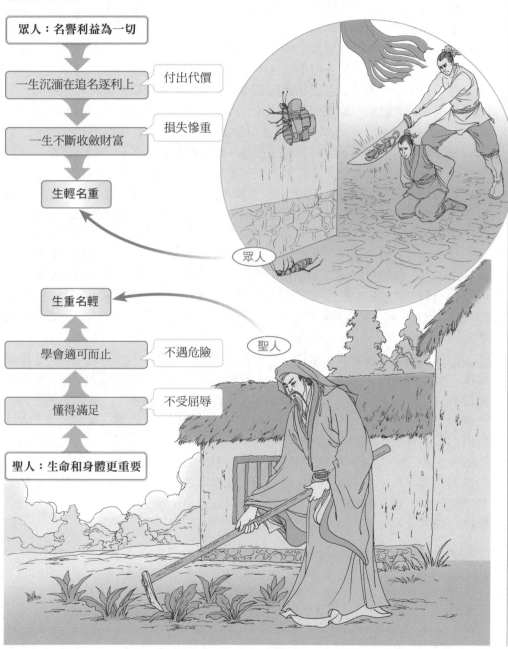

眾人：名譽利益為一切

↓

一生沉湎在追名逐利上 ── 付出代價

↓

一生不斷收斂財富 ── 損失慘重

↓

生輕名重

眾人

生重名輕

學會適可而止 ── 不遇危險

聖人

↑

懂得滿足 ── 不受屈辱

↑

聖人：生命和身體更重要

人心不足蛇吞象

相傳宋仁宗年間，深澤某村，一家人只有母子兩個人，母親年邁多病，不能工作，日子過得很苦，兒子王妄，三十歲，還沒討老婆，靠賣草來維持生活。

有一天，王妄照舊到村北去拔草，忽然發現草叢裏有一條七寸多長的花斑蛇，渾身是傷。王妄動了憐憫之心，就將牠帶回家，沖洗塗藥。蛇甦醒後，對著王妄點了點頭，表達牠的感激之情。母子倆編了一個小荊簍，將牠放進去，精心護理，蛇傷逐漸痊癒。蛇慢慢地長大了，為母子倆單調寂寞的生活增添了不少樂趣。有一天，小蛇覺得悶在屋子裏沒意思，就爬到院子裏曬太陽，牠被陽光一照變得又粗又長，老娘看到這情景嚇得暈死過去。等王妄回來，蛇已著急地要求王妄從自己的身上拔下三塊鱗甲，混著草藥煮給老娘喝。王妄經不住牠的再三要求，只好流著眼淚照辦了。母親喝下湯後，很快甦醒過來，母子倆很感激。王妄想起每天晚上蛇簍裏放金光的情形，更覺得這條蛇非同一般。

那時候，宋仁宗整天不理朝政，宮裏的生活日復一日，沒什麼新意，覺得厭煩，想要一顆夜明珠玩玩，於是便張貼告示：誰能獻上一顆夜明珠，就封官受賞。這事傳到王妄耳朵裏，回家對蛇一說，蛇沉思了一會兒說：「這幾年來你對我很好，而且有救命之恩，我想報答卻一直沒機會，現在總算能為你做點事了。實話告訴你，我的雙眼就是兩顆夜明珠，你將我的一隻眼挖出來，獻給皇帝，就可以升官發財，老母也就能安度晚年了。」王妄聽後非常高興，就挖了蛇的一隻眼睛，第二天到京城，把寶珠獻給皇帝。皇帝非常高興，封王妄為大官，並賞了他很多金銀財寶。

西宮娘娘看到寶珠後，就讓宋仁宗再次下令尋找寶珠，並說把宰相的位子留給第二個獻寶的人。王妄想要做宰相，於是告訴皇上自己還能找到一顆，皇上高興地把宰相的位子給了他。當王妄說明來意後，蛇直言勸道：「我為了報答你，已經獻出了一隻眼睛，你也升了官，發了財，就別再要我的第二隻眼睛了。人不可貪心。」鬼迷心竅的王妄卻無恥地說：「這事我已跟皇上說了，官也給了我，為了我順利升官，你就再犧牲一次吧。」對於王妄的無理要求，蛇決定懲罰他，於是告訴他只有在院子裏，牠才願意讓王妄拿走眼珠。王妄早已迫不及待，他立刻把蛇放到了陽光照射的院子裏，轉向回屋取刀子，等他出來剜寶珠時，蛇已經變得十分龐大，張著大口就吞下了這個貪婪的人。

人心不足蛇吞象

貪念就像是一把刀子，在傷害別人的同時，也在慢慢地屠戮著自己的生命。

王妄割草的時候無意中救了受傷的花斑蛇，本來是一片好意，但是花斑蛇的報恩讓王妄知道了權力的重要性，他為了權位最終葬身在了蛇腹中。

閒情逸趣

在清幽的宅子裏，綠樹環繞。有兩個人坐在一起談話，一位僕人正在院子裏悠閒地煮著茶；在不遠的屋子裏，一個人似乎在眺望著什麼。

襲明無棄、是謂要妙

【原文】善行，無轍跡，善言，無瑕讁；善數，不用籌策；善閉，無關楗而不可開；善結，無繩約而不可解。是以聖人常善救人，故無棄人；常善救物，故無棄物，是謂襲明。故善人者，善人之師；不善人者，善人之資。不貴其師，不愛其資，雖智大迷，是謂要妙。

老子順著道的理論，進一步提出了人們該如何展開自己的行動，提出了「五善」。「五善」反映出了老子的高深智慧，也是他對自然無為精神的引申。

【譯文】善於行動的人，做事不留痕跡；善於言談的人，不留漏洞任人指責；善於計數的人，不用計數工具；善於關閉的人，不用栓梢而人不能打開；善於捆縛的人，不用繩索而沒人可以解開。因此，聖人善於救助人，所以沒有遺棄之人；聖人善於利用物，所以沒有廢棄之物。這就叫因循常道之理。善人可以做善人的老師，不善之人可以作善人的借鑑。不尊重善人的教導，不注重不善之人的借鑑，雖然自以為聰明，其實是糊塗。這就是精深微妙的道理。

闡道賞析

以德報怨

梁國有一位叫宋就的大夫，曾經做過一個邊境縣的縣令，這個縣和楚國相鄰。梁國的邊境兵營和楚國的邊境兵營都種瓜，各有各的方法。梁國戍邊的人勤勞努力，所以瓜長得很好；楚國士兵懶惰，所以瓜長得不好。楚國縣令就因此怒責楚國士兵。楚國士兵心裏嫉恨梁國士兵，於是夜晚偷偷翻動他們的瓜，以致梁國的瓜枯死。梁國士兵發現後，稟報了縣尉。縣尉請示宋就，宋就建議梁國士兵偷偷地澆灌楚國的瓜園，不讓他們知道。楚國士兵早晨去瓜園巡視，發現已經澆過水了，瓜一天比一天長得好。楚國士兵感到奇怪，經過查看，才知是梁國士兵幫忙澆水。楚國縣令聽說這件事很高興，於是把這件事報告給楚王，楚王聽了之後，又憂愁又慚愧，告訴主管官吏讓他拿出豐厚的禮物向宋就表示歉意，並請求與梁王結交。楚王時常稱讚梁王，認為他能守信用。

解讀

善人可以做善人的老師，不善之人可以作善人的借鑑。宋就對於楚國的惡劣行為抱持寬容的態度，不僅不進行報復，反而以德報怨，終於促成了梁楚兩國的友好關係。

五 善

老子順著道的理論，進一步提出了人們該如何展開自己的行動，主要提出了「五善」。「五善」反映出了老子的高深智慧，也是他對自然無為精神的引申。

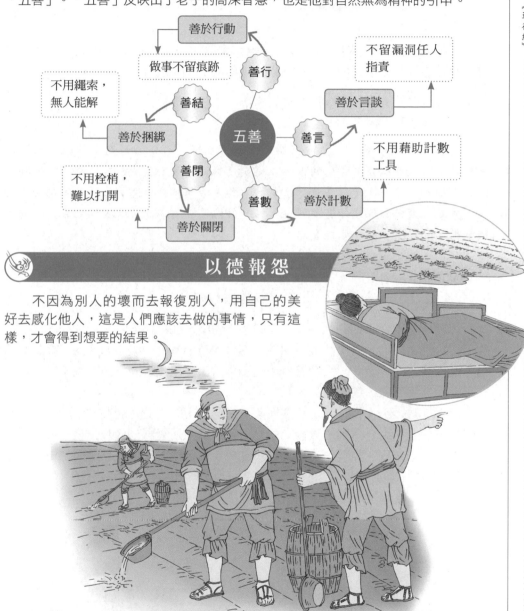

善於行動

做事不留痕跡

善行

不留漏洞任人指責

善於言談

不用繩索，無人能解

善結

善言

善於捆綁

五善

不用藉助計數工具

善閉

善數

善於計數

不用栓梢，難以打開

善於關閉

以 德 報 怨

不因為別人的壞而去報復別人，用自己的美好去感化他人，這是人們應該去做的事情，只有這樣，才會得到想要的結果。

宋就曾經擔任一個邊境縣區縣令的時候，邊界上梁國和楚國的士兵們都種了瓜。梁國士兵聽從宋就的建議，從言行感動了楚國士兵，進而促成楚梁兩國的友好關係。

見素抱樸、絕學無憂

【原文】絕聖棄智，民利百倍；絕仁棄義，民復孝慈；絕巧棄利，盜賊無有。此三者以為文不足，故令有所屬。見素抱樸，少私寡欲，絕學無憂。

在這裏老子主要提倡人們不要運用聰明才智去猜疑、傷害他人。有道德的聖人，應該做到質樸淳厚、少私寡欲。

【譯文】杜絕智慧，拋卻巧辯，人民可以得到百倍的好處；杜絕仁慈，拋棄道義，人民可以恢復孝慈的天性；拋棄巧詐和私利，盜賊也就沒有了。智辯、仁義、巧利三者並不是容易分辨清楚的，作為治理社會病態的法則是不夠的。所以，要使人們的心理認知有所歸屬。保持純潔樸實的本性，減少私欲雜念，拋棄聖智禮法的浮文，才能免於憂患。

闡道賞析

不為五斗米折腰

陶淵明是東晉末期的大詩人、文學家。當時，他身處東晉末期，朝政日益腐敗，官場黑暗。陶淵明生性淡泊，關心百姓疾苦，有著「猛志逸四海，騫翮思遠翥」的偉大志向，懷著「大濟蒼生」的願望，出任江州祭酒。由於看不慣官場上的那一套惡劣作風，不久就辭職回家了。

陶淵明最後一次做官，是義熙元年。那一年，陶淵明在朋友的勸說下，再次出任彭澤縣令。到任八十一天後，碰到了潯陽郡派遣督郵來檢查公務，潯陽郡的督郵劉雲，以凶狠、貪婪而遠近聞名，他每年都會兩次以巡視為名向轄縣索要賄賂，每次都是滿載而歸，否則就栽贓陷害。陶淵明不肯以五斗米折腰，於是毅然辭去官職，與妻兒歸隱田園，怡情於山水之間。

解．讀

保持純潔樸實的本性，減少私欲雜念，拋棄聖智禮法的浮文，才能免於憂患。陶淵明原本可以享受榮華富貴，衣食無憂，但他拒絕以人格和氣節來換取榮華富貴，選擇了艱苦、寧靜、自由的田園生活。

絕聖棄智

老子主要提倡人們不要運用聰明才智去猜疑、傷害他人。有道德的聖人，應該做到質樸淳厚、少私寡欲。

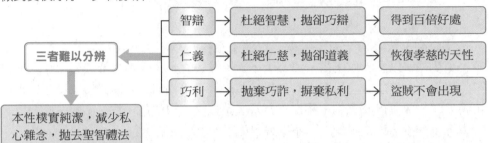

智辯	→ 杜絕智慧，拋卻巧辯	→ 得到百倍好處
仁義	→ 杜絕仁慈，拋卻道義	→ 恢復孝慈的天性
巧利	→ 拋棄巧詐，摒棄私利	→ 盜賊不會出現

三者難以分辨

本性樸實純潔，減少私心雜念，拋去聖智禮法

不為五斗米折腰

陶淵明因為不滿當時的時政，就掛印歸鄉，從事田園生活。

陶淵明是東晉末期的大詩人，他所處的那個時代，官場黑暗，朝廷日益腐敗。陶淵明生性淡泊。先後做過幾次官員，後來因為不滿貪官汙吏的作風，而棄官掛印離開。

道源於「一」、珞珞如石

【原文】昔之得一者：天得一以清；地得一以寧；神得一以靈；谷得一以盈；萬物得一以生；侯王得一以為天下正。其致之也，天無以清將恐裂；地無以寧將恐發；神無以靈將恐歇；谷無以盈將恐竭；萬物無以生將恐滅；侯王無以為正將恐蹶。故貴以賤為本，高以下為基。是以侯王自稱孤、寡、不穀。此非以賤為本邪？非乎？故致譽無譽，不欲琭琭如玉，珞珞如石。

老子強調了「一」是萬物的最早起源。從普遍性的角度出發，說「一」是宇宙萬物產生並繁衍的共同起源；而從個別性上說，每個物種都是從「一」開始的，是他們唯一擁有的。然後說出得道的人應該擺脫欲望的支配，做一塊樸實的石頭。

【譯文】自古以來得到大道的東西：天得道而清明；地得道而寧靜；神得道而英靈；河谷得道而充盈；萬物得道而生長；侯王得道而成為天下的首領。推而言之，天不得清明，恐怕要崩裂；地不得安寧，恐怕要震潰；人不能保持靈性，恐怕要滅絕；河谷不能保持流水，恐怕要乾涸；萬物不能保持生長，恐怕要滅絕；侯王不能保持天下首領的地位，恐怕天下要傾覆。所以，貴以賤為根本，高以下為基

梅花圖（八大山人）

孤芳自賞，大多說的是梅花，它獨自盛放在寒冷的嚴冬，不畏嚴寒，盡力地綻放著自己的幽香，闡釋著生命的內涵。自古的君王喜歡以「寡」、「孤」自稱，有道的聖君品格正如梅花一般，受盡苦難，才成就了自己。

大道為「一」

老子從普遍性的角度出發，説「一」是宇宙萬物產生並繁衍的共同起源；從個別性上説，每個物種都是從「一」開始的，是他們唯一擁有的。然後説出得道的人應該擺脱欲望的支配，做一塊樸實的石頭。

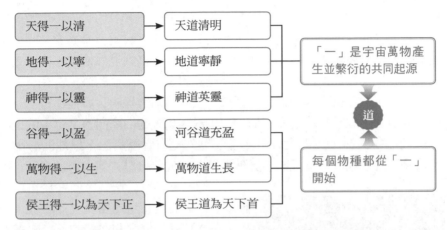

逆「道」的表現

逆道也就是違背了自然的規律，其結果一般都是不言而喻的，違背大道必然會招致死亡。

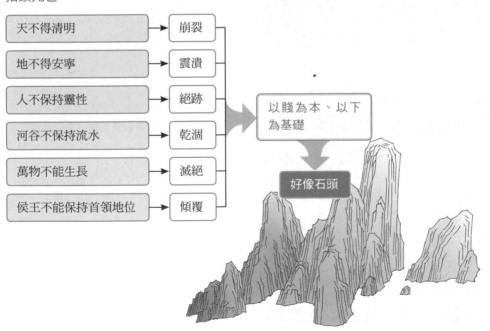

礎，因此侯王們自稱為「孤」、「寡」，這不就是以賤為根本嗎？不是嗎？所以，最高的榮譽無須讚美稱譽。不要求晶瑩像寶玉，而寧願珞珞堅硬如山石。

闡道賞析

不二法門

傳說古印度有位叫維摩詰的人，他是釋迦牟尼門下著名的居士，也是一位大家菩薩。維摩詰與其他菩薩不同的是，其他菩薩都沒有家室，而維摩詰卻不僅有嬌妻美妾，而且擁有大片的莊園田地，是當地的一位富翁。但他虔心侍佛，刻苦修行，同時也積極參加世俗的活動，他這種既出家又不出家的舉止實在令人捉摸不透。有一次，他聲稱生病，釋尊便派弟子文殊等前來探病，與他進行了一場佛法真理的大辯論，維摩詰以他高深的佛學底蘊和超人的口才回答了眾人的提問。他認為只要心中清淨，佛土也就清淨了。雖然他有眷屬良田，但他的心卻不為貪念所蒙蔽；雖然他的行為不同於其他菩薩，但他的確是在追求佛道真理。所以

一切都不必拘於形式，而在於自己內心如何把般若智慧運用於生活中去，於是他便證實了出家和在家的不二。談到最後，文殊菩薩又問維摩詰：「那麼，你認為到底什麼才是不二呢？」維摩詰聽後閉上了眼睛，什麼也不說。文殊讚歎道：「妙啊，沒有文字、言語者是真正的不二。」由此，我們可以了解到不二本身就是虛無，是絕對的真理。

解讀

老子強調了「一」是萬物的最早起源。從普遍性的角度出發，說「一」是宇宙萬物產生並繁衍的共同起源；而從個別性上說，每個物種都是從「一」開始的，是他們唯一擁有的。道教和佛教在一些理念上還是相似的，道家將萬物的起源看作「道」，而佛家認為「佛」也是萬物的衍生。

羅漢論經圖
眾羅漢聚集在一起，相互探討著佛法的精深和廣博。其意態閒適，悠然自得，顯示出一片祥和之氣。

不二法門

其實很多的時候，佛教和道教所追尋的都是心境的平和，以及心靈的寧靜。

傳說古印度有位叫維摩詰的人，他是釋迦牟尼門下著名的居士，也是一位大家菩薩。但是，維摩詰卻不僅有嬌妻美妾，而且擁有大片的莊園田地，是當地的一位富翁。他佛法精深，在一次論佛中，他證實了出家和在家的不二，也就是不二法門。

魯公寫經圖（陸恢）

本圖描繪了唐代書法家顏真卿（世稱顏魯公）寫經的故事。在竹林怪石之前置一長案，魯公坐於案前，面對水邊的孔雀垂目合掌，正欲寫經。怪石瘦勁通透，造型奇特。孔雀立於石上，回頭瞻望，設色濃豔，形象優美可愛。魯公坐姿端正，神情專注，衣紋線條細勁而宛轉，筆法高古，襯托出人物清高之志。土坡之外，霧氣彌漫，遠處峰巒依稀可見。

為學日益、為道日損

【原文】為學日益，為道日損。損之又損，以至於無為，無為而無不為。取天下常以無事，及其有事，不足以取天下。

老子在這裏主要講述了為學和為道的不同。提倡人們應該奉行無為所提倡的不妄為，合乎道的德性，合乎自然規律的不妄為也就是無所不為。「無為而無不為」貫穿於老子《道德經》的始終。

【譯文】求學的人，知識一天比一天增加；追求大道的人，其欲念則一天比一天減少。減少又減少，到最後以至於「無為」的境地。如果能夠做到無為，即不妄為，任何事情都可以有所作為。治理國家的人，要經常以不騷擾人民為治國之本，如果經常以繁苛之政擾害民眾，那就不配治理國家了。

闡道賞析

勤學不輟

王羲之五六歲的時候，就拜衛夫人為老師學習書法。他的書法進步很快，七歲的時候，便以寫字而在當地小有名氣了。在十一歲的時候，就讀了大人才能讀懂的《筆說》。他按照《筆說》中所講的方法，天天堅持練字。一天，他的老師衛夫人看了後吃了一驚，對人說這孩子將來的成就一定不凡，將會超越自己。王羲之並沒有因老師稱讚而沾沾自喜，驕傲自滿，他臨帖更用心、更刻苦了，甚至達到了廢寢忘食的地步。

有一次吃午飯，書童送來了他最愛吃的蒜泥和饅頭，幾次催他快吃，他仍然連頭也不抬，像沒聽見一樣，專心致志地看帖、寫字。饅頭都涼了，書童沒有辦法，只好去請王羲之的母親來勸他吃飯。母親來到書房，只見羲之手裏正拿著一塊沾了墨汁的饅頭往嘴裏送呢，弄得滿嘴烏黑。原來王羲之因為太過專心，錯把墨汁當蒜泥吃了。母親看到這一情景，憋不住放聲笑了起來。王羲之聽到母親的笑聲，他還稱讚今天的蒜泥真香！王羲之後來成為歷史上最著名的書法大家。

解讀

求學的人，知識一天比一天增加；追求大道的人，其欲念則一天比一天減少。減少又減少，到最後以至於「無為」的境地。追求大道就好比求學，只有勤學不輟才能夠收到效果。就好像王羲之，因為他喜歡練字，並不是為了追求什麼名譽，所以他從不知倦，正是他無為的追求才成就了他的盛名。

為學與為道

老子在這裏主要講述了為學和為道的不同，提倡人們應該奉行無為所提倡的不妄為，合乎道的德性，合乎自然規律的不妄為也就是無所不為。

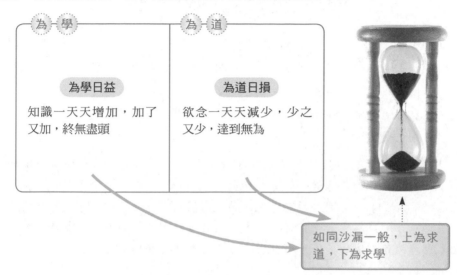

為 學 ／ 為 道

為學日益
知識一天天增加，加了又加，終無盡頭

為道日損
欲念一天天減少，少之又少，達到無為

如同沙漏一般，上為求道，下為求學

勤學不輟

「為學日益，為道日損」，求學和求道本質上是一致的，但在形式上卻是相反的。求學是知識不斷累積，求道卻是欲望不斷減少。

王羲之的書法

篇一 《道德經》

上善若水、利物不爭

【原文】上善若水。水善利萬物而不爭，處眾人之所惡，故幾於道。居善地，心善淵，與善仁，言善信，正善治，事善能，動善時。夫唯不爭，故無尤。

老子將水作為人格的最高寫照和完美表達，他諄諄告誡世人言談舉止要行雲流水，循循善誘，悠然灑脫。統治者施政就要和水一樣，採取低姿態，採用懷柔政策，以柔克剛。

【譯文】最高的德性就好似水的德性。水善於滋潤養育萬物而不與萬物相爭，水停留在眾人都不喜歡的地方，所以它最接近於「道」。最善的人，總是把自己居於眾人之下，心胸沉靜而明澈，待人真誠、友愛且無私，言談恪守信用，從政善於處理，把國家治理得很好，處事善於發揮所長，行動善於把握時機。最善的人因為擁有不爭的美德，所以沒有過失，也就沒有怨咎。

闡道 賞析

鎮以和靖

東晉內部士族之間相互爭權奪利，而前秦日益強壯，在這種情況下，謝安積極奉行王道緩和士族衝突，穩定政局的政策。同時奉行「鎮以和靖，御以長算，不存小察，弘以大綱」的方針，團結異己，共同維護晉室。在桓溫死後，謝安不僅沒有打擊排抑桓氏家族，還讓桓溫的弟弟桓沖接替了他哥哥的權位。西元379年，襄陽被前秦苻堅攻陷後，桓沖因戰守無方，引咎辭職。謝安也未懲辦他，仍讓他繼續領兵扼守中游。他不計前嫌、寬宏大量的胸懷深深感化了桓氏兄弟。

除了均衡士族勢力、化解集團衝突之外，謝安作為宰相，還特別注意選拔英才，進行制度改革。在他選拔的優秀人才之中，有文才、有武將，最有代表性的莫過於謝玄、桓伊、徐邈、范寧四人。他用人唯才，不避親故。

解讀

最善的人，心胸沉靜而明澈，待人真誠、友愛且無私，言談恪守信用，從政善於處理，把國家治理得很好，處事善於發揮所長，行動善於把握時機。謝安作為東晉的丞相，他對於自己的政敵寬宏大量，薦才能夠做到不避親故，並且減輕百姓的負擔，雖然處於戰爭年代，但是百姓也能安居樂業，以至於一些前秦的有識之士也不得不承認，東晉雖然衰微，但不曾「喪德」。

上善若水

篇一　《道德經》

老子將水作為人格的最高寫照和完美表達，他諄諄告誡世人言談舉止要行雲流水，循循善誘，悠然灑脫。統治者施政就要和水一樣，採取低姿態，採用懷柔政策，以柔克剛。

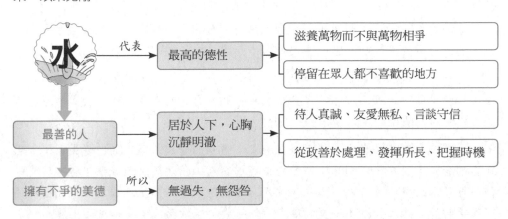

水 ──代表──→ 最高的德性 ──→ 滋養萬物而不與萬物相爭
　　　　　　　　　　　　　　 停留在眾人都不喜歡的地方

最善的人 ──→ 居於人下，心胸沉靜明澈 ──→ 待人真誠、友愛無私、言談守信
　　　　　　　　　　　　　　　　　 從政善於處理、發揮所長、把握時機

擁有不爭的美德 ──所以──→ 無過失，無怨咎

泛舟江上

一片孤舟，綠水環繞著遠山，在雲煙的掩映之中，他們泛舟江上，怡情於山水之間。在幽遠曠大的天地之間，人又是何其渺小，只有謙卑處下，才會順應自然。

聖人為腹、去目存之

【原文】五色令人目盲，五音令人耳聾，五味令人口爽，馳騁畋獵令人心發狂，難得之貨令人行妨。是以聖人為腹不為目，故去彼取此。

老子以「是以聖人為腹不為目」這句話點出了聖人的生活方式。他警醒人們追求享受要懂得適可而止，不可無限制地去滿足自己的欲望，保持內心的清淨滿足，才能自在快樂地生活。

【譯文】繽紛的色彩，讓人眼花繚亂；嘈雜的音調，讓人的聽覺失靈；太過豐盛的食物，讓人舌不知味；縱情狩獵可以讓人心情放蕩甚至發狂；稀有珍貴的物品導致人出現不軌行為。因此，聖人只求吃飽肚子而不追逐聲色之娛，所以應該摒棄物欲的誘惑和華而不實的虛名，保持簡單樸素而又安定知足的生活。

闡道賞析

鐵面無私

包拯是歷史上最有名的清官。他從青少年時代起，就勤奮讀書，立志為國家出力，成就一番事業。包拯最早曾擔任知縣，後來任知府、轉運使等地方行政長官；擔任過監察御史等監察大臣，戶部副史等掌理國家財政的高級官員，都部署等軍事要職；當過外交使節出使遼邦；最有名的是做過天章閣待制、龍圖閣大學士，所以後人稱他為包待制、包龍圖、包學士。他在開封任知府雖僅一年多的時間，但死後，開封百姓卻在開封府署旁邊建了一座包公祠，以紀念和供奉他。

包拯一生清廉簡樸，從不講究排場，即使做了大官，穿著仍與布衣時一樣。他對貪汙深惡痛絕，在給仁宗的奏疏《乞不用贓吏》中說：「廉者，民之表也；貪者，民之賊也。」 他一生嚴於律己，身體力行，他在端州任知州，整頓吏治，打擊貪汙，深受百姓歡迎，離任時當地精製一好硯相送，他都婉言謝絕，「不持一硯歸」。他一生鐵面無私，不避權貴，執法如山，得到百姓的擁戴。

解讀

聖人只求吃飽肚子而不追逐聲色之娛，所以應該摒棄物欲的誘惑和華而不實的虛名，保持簡單樸素而又安定知足的生活。作為有德之士，身具治國之才，不貪汙，不受賄，這也是聖人一世所遵循的準則。包拯一生清正廉明，不畏強權，為民伸冤，得到統治者的肯定，受到百姓的擁護。他並不追求聲名，而聲名卻不求而至。

聖人為腹

老子以「是以聖人為腹不為目」這句話點出了聖人的生活方式。他警醒人們追求享受要懂得適可而止，不可無限制地去滿足自己的欲望，保持內心的清淨滿足，才能自在快樂地生活。

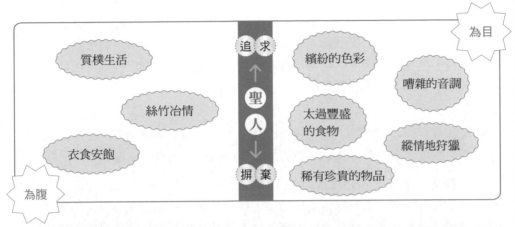

追 求

聖 人

↑

擁 棄

為目

為腹

質樸生活

絲竹冶情

衣食安飽

繽紛的色彩

嘈雜的音調

太過豐盛的食物

縱情地狩獵

稀有珍貴的物品

鐵面無私

包拯被當時宋朝的老百姓稱為「包青天」，因為他為人正直，不懼權貴，一心為民謀福祉，做好事。

包拯是歷史上最有名的清官。他一生清廉簡樸，從不講究排場，即使做了大官，穿著仍與布衣時一樣。他對貪汙深惡痛絕，在給仁宗的奏疏《乞不用贓吏》中說：「廉者，民之表也；貪者，民之賊也。」

善為士者、蔽不新成

【原文】古之善為士者，微妙玄通，深不可識。夫唯不可識，故強為之容：豫兮若冬涉川，猶兮若畏四鄰，儼兮其若容，渙兮若冰之將釋，敦兮其若樸，曠兮其若谷，渾兮其若濁。孰能濁以靜之徐清？孰能安以久動之徐生？保此道者不欲盈，夫唯不盈，故能蔽不新成。

老子在本章主要講到了領悟「道紀」之人的情貌特徵。也就是得道之人有良好的人格修養和心理素質，有很強的鎮定功夫。表面上清淨無為，實質上卻蘊藏著極大的潛能，極富創造性但不顯山露水，靜謐幽深而難以測探。

【譯文】古時候善於行道的人，他們的見解微妙通達，深刻玄遠，並不是一般人可以理解的。正因為不能認識他，所以只能勉強地形容他說：他行事小心謹慎，就好像是冬天光腳踩著水過河；他憂慮謀劃，就好像防備著四方鄰國前來圍攻；他恭敬鄭重，就好像要去赴宴做客；他行動灑脫可親，好像正在消融的冰塊；他淳樸厚道，猶如沒有加工過的原料；他曠遠豁達，好似幽深的山谷；他渾

山水圖（張大千）

虛虛實實，實中有虛，虛中有實。煙雲環繞著群山，群山在煙雲的掩映下，形成了一副人間仙境。但是在山腳下卻露出了房屋的一角，藉著這山水，人們不難想像居住在其間的人應該也是如仙人般超凡脫俗。

善為士者的特徵

老子在本章主要講到了領悟「道紀」之人的情貌特徵。也就是得道之人有良好的人格修養和心理素質，有很強的鎮定功夫。表面上清淨無為，實質上卻蘊藏著極大的潛能，極富創造性但不顯山露水，靜謐幽深而難以測探。

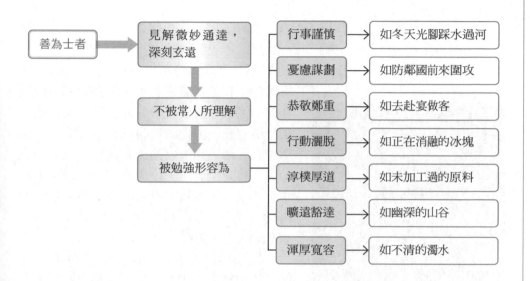

善為士者的品性

古時候，善於為道的人，待人平和謹慎，做事細致認真，從來不會自大自滿。這也是老子所提倡的人們的秉性。

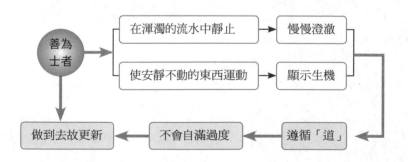

厚寬容，就像不清的濁水。誰能在渾濁的流水中靜止下來，靜止後再慢慢澄澈？誰能使安靜不動的東西運動起來，使其慢慢顯出生機？保持這個「道」的人從來不會自滿過度。正因為他從不自滿，所以能夠去故更新。

闡道賞析

吳起掩兵計

春秋末期，齊國攻打魯國，吳起是魯國的將領。吳起是一個愛護士兵的將軍，他與士兵同吃同住，行軍路上一樣步行、一樣幫體弱的士兵扛武器。因此，他很受官兵們的愛戴。吳起見齊軍來勢凶猛，乾脆命令部隊紮營，堅守不戰。齊軍大將田和見魯軍閉營不出，派將領張邱以和談的名義，前去魯營探聽虛實。吳起明白張邱的意圖，於是讓精銳的部隊隱蔽，再讓軍中老、弱、病、殘的士兵故意展現在張邱面前。吳起又裝出一副卑躬屈膝的樣子，請求與齊軍講和休戰。張邱回去，把所看到的情形告訴田和，田和聽說魯軍士氣不振，就漸漸地放鬆了警戒。

吳起斷定齊軍有輕敵、戰備鬆懈的意圖，深夜時分，親自率領一隊精悍的軍士突襲齊營，混亂之中點燃大火，齊軍營地頓時一片慘狀，魯軍趁勢掩殺過去，齊軍死傷慘重。齊軍將領田和、張邱等只能倉皇逃走。正是吳起巧妙地隱匿了自己的實力和作戰的真實意圖，而給敵方造成一種錯誤的軍事判斷，使敵軍麻痺大意、輕敵懈怠，從而使得弱勢的魯軍最終大勝強悍的齊軍。

解讀

古時候善於行道的人，他們的見解微妙通達，深刻玄遠，並不是一般人可以理解的。吳起深知自己的缺陷，所以他為了鬆懈敵軍的防備，故意讓敵兵的使者被假象所迷惑，不僅放鬆警惕，而且大意輕敵，以至於在驕傲自滿的狀態下承受了致命的一擊。

吳起的計謀

　　吳起是春秋末期魯國的將領，因為他愛護士兵，所以很受士兵的擁戴。在一次齊魯大戰中，吳起巧用瞞天過海的計謀，使齊軍大敗。

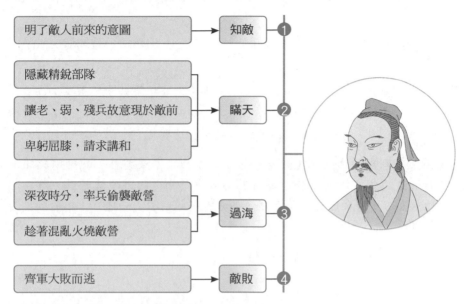

| 明了敵人前來的意圖 | → | 知敵 | ① |

隱藏精銳部隊			
讓老、弱、殘兵故意現於敵前	→	瞞天	②
卑躬屈膝，請求講和			

| 深夜時分，率兵偷襲敵營 | → | 過海 | ③ |
| 趁著混亂火燒敵營 | | | |

| 齊軍大敗而逃 | → | 敵敗 | ④ |

玄門十子圖之老子（元・華祖力）

　　老子端坐在蒲團上，一手指天，謙恭自得，他被稱為道教的祖師。

弗見而名、弗為而成

【原文】不出戶，知天下；不窺牖，見天道。其出彌遠，其知彌少。是以聖人弗行而知，弗見而名，弗為而成。

老子一再強調道的德性是無欲無求而不爭，只要聖人做到了不爭、無為，即使不出門，也可以知道天下萬物。「不出戶，知天下；不窺牖，見天道」並非一種唯心的觀點，而是一種內在修為所能達到的至高境界。

【譯文】不出門戶，就能夠推知天下的事理；不望窗外，就可以認識日月星辰運行的自然規律。他向外奔逐得越遠，他所知道的道理就越少。所以，有「道」的聖人不出行卻能夠推知事理，不窺望而能明瞭「天道」，不施加妄為而可以有所成就。

道的德性

老子一再強調道的德性是無欲無求而不爭，只要聖人做到了不爭、無為，即使不出門，也可以知道天下萬物。

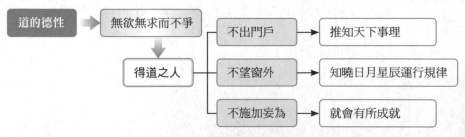

解讀

有「道」的聖人不出行卻能夠推知事理，不窺望而能明瞭「天道」，不施加妄為而可以有所成就。張良擁有別人所不及的才略，他幫助劉邦建立了大漢的江山，在功成名就之後，他急流勇退，免去了殺身之禍。

賞道賞析

運籌帷幄

　　西漢初年，天下已定，漢高祖劉邦在洛陽南宮舉行盛大的宴會，喝了幾輪酒後，他向群臣提出一個問題：「我為什麼會取得勝利？項羽為什麼會失敗？」高起、王陵認為高祖派有才能的人攻占城池與戰略要地，對立大功的人加官進爵，所以能夠成就大業。而項羽恰恰相反，放著有能力的人不去用，別人立功後也不嘉獎，在他那裏的賢德之士會受到他的猜疑，所以他才會失敗。漢高祖劉邦聽了，認為他們說的很有道理，但是最重要的取勝原因是自己知人善用。他稱讚張良說：「夫運籌帷幄之中，決勝千里之外，吾不如子房。」也就是說，張良雖然坐在軍帳中，但是他謀略過人，可以決定千里之外戰鬥的勝利。後來人們就用「運籌帷幄」表示善於策劃用兵，指揮戰爭。

運籌帷幄

　　西漢初年，當時天下已定，劉邦設宴款待眾臣。酒酣之時，劉邦大為感嘆自己獲得天下的不易，並詢問眾大臣自己勝過項羽的原因。

聖人猶難、故終無難

【原文】為無為，事無事，味無味。大小多少。圖難於其易，為大於其細；天下難事必作於易，天下大事必作於細。是以聖人終不為大，故能成其大。夫輕諾必寡信，多易必多難。是以聖人猶難之，故終無難矣。

老子在本章主要闡述了自然無為思想的含義。無為是指做任何事情的時候都不要摻雜自身的主觀意志，不要妄圖憑藉自己的主觀意志去改變事物的客觀屬性，也就是順應自然。

【譯文】以無為的態度去有所作為，以不滋事的方法去處理事物，以無味的心境去品嘗滋味。大生於小，多起於少。處理問題要從容易的地方入手，做大事從細微的方面入手。凡是天下的難事，一定從簡易的地方做起；凡是天下的大事，一定從細微的地方做起。因此，有道的聖人始終不貪圖大貢獻，所以才能做

五柳先生

有德的人，會用無為的方式去有所作為，陶淵明因為為人正直廉潔而被調至偏遠的地方，成為那裏的小小縣令。但是，他卻不因為官小而自怨自艾，他不僅將小小縣城管理得民風淳樸，而且自己也沉浸在田園生活的悠然自得當中。

聖人為事

本章主要闡述了自然無為思想的含義。無為是指做任何事情的時候都不掺雜自身的主觀意志，不妄圖憑藉自己的主觀意志去改變事物的客觀屬性。

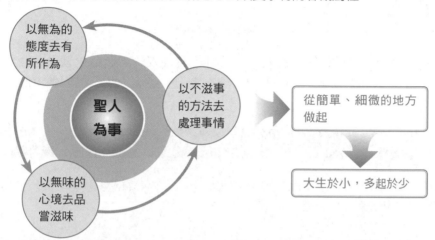

以無為的態度去有所作為

聖人為事

以不滋事的方法去處理事情

從簡單、細微的地方做起

大生於小，多起於少

以無味的心境去品嘗滋味

聖人無難

老子所説的得道之人，他總是謹小慎微，不會輕易許下諾言，但是言出必行。

反而沒有困難

常常違背諾言

真誠對待困難

輕易許下諾言

得道

人

失道

不貪圖大的貢獻

將事情看得過於簡單

可以做成大事

遭受更多困難

圖解《道德經》

成大事。那些輕易許下諾言的人，必定很少能夠兌現，把事情看得太容易，勢必遭受更多的困難。因此，有道的聖人總是認真對待困難，所以反而就沒有什麼困難了。

賞析

驕兵必敗

大漢時期，漢朝的軍隊經常在周邊地區和匈奴的軍隊發生戰爭。西元前68年，又發生了一次戰爭。在戰爭中，漢軍奪走了邊境上的一個叫做車師的小地

驕兵必敗

漢宣帝時期，匈奴總騷擾漢國的邊境。當時，丞相魏丞卻反對帶兵攻打匈奴，而是提議先整治國內，「攘外必先安內」！

匈奴近年來老是侵犯我國邊境，這次竟然為了一個小小的車師而陳兵想向，眾愛卿看應該如何應對？

大漢仗著國大人多而出兵攻打邊境小國，以此炫耀武力，這樣的軍隊就是驕橫的軍隊，而驕橫的軍隊一定會滅亡。

漢朝的時候，軍隊經常在周邊地區和匈奴的軍隊發生戰爭。西元前68年，在一次戰爭中漢軍奪走了邊境上的一個叫做車師的小地方，匈奴十分生氣，於是派騎兵襲擊車師。漢宣帝趕忙召集群臣商量對策。

方，匈奴十分生氣，於是派騎兵襲擊車師。

聽到這個消息，漢宣帝趕忙召集群臣商量對策。在群臣中有兩種意見：將軍趙充國主張攻打匈奴，借此消除禍患，使他們不再騷擾西域。而丞相魏丞則不以為然，他告訴漢宣帝，近年來匈奴並沒有真正侵犯漢朝的邊境。並且生活在邊境上的老百姓十分困難，無論如何也不能為了一個小小的車師去攻打匈奴。況且，在國內還有許多重要的事情要做，不但有天災還有人禍。官吏需要治理，違法亂紀的事情也在逐漸增多。現在擺在眼前的事情不是去攻打匈奴，而是整頓朝政，治理官吏。

接著，魏丞又指出了攻打匈奴的弊端：如果漢朝出兵攻打匈奴，即使打了勝仗，也會帶來無窮的後患。大漢仗著國大人多而出兵攻打邊境小國，以此炫耀武力，這樣的軍隊就是驕橫的軍隊，而驕橫的軍隊一定會滅亡。漢宣帝認為魏丞說的有道理，便採納了他的意見。

解讀

以無為的態度去有所作為，以不滋事的方法去處理事物，以無味的心境去品嘗滋味。把事情看得太過簡單，勢必會遭致災禍。大漢本來就是一個大國，匈奴對於它來說簡直就是不堪一擊。但是在大漢國內還存在著很多問題，這些問題看似微小，卻足夠動搖國本。魏丞勸誡宣帝不可以自我炫耀，崇尚武力。應該注意到細微的國內問題，這樣才能夠長治久安。

小連結　漢宣帝

劉詢（前91年－前49年）即漢宣帝，本名劉病已，字次卿，即位後改名詢，西漢第十位皇帝，西元前74年至西元前49年在位。他是漢武帝劉徹的曾孫，戾太子劉據的孫子，幼年時流落民間，於西元前74年被朝臣迎立為帝。去世後，廟號為中宗，諡號孝宣。

聖人無敗、無執無失

【原文】其安易持,其未兆易謀。其脆易泮,其微易散。為之於未有,治之於未亂。合抱之木,生於毫末;九層之臺,起於壘土;千里之行,始於足下。為者敗之,執者失之。是以聖人無為,故無敗;無執,故無失。民之從事,常於幾成而敗之。慎終如始,則無敗事。是以聖人欲不欲,不貴難得之貨;學不學,複眾人之所過。以輔萬物之自然,而不敢為。

老子在本章對於日益沉迷的人類提出了「未雨綢繆」的建議,告誡人們注意觀察事物的發展進程,在一些大事處於萌芽階段的時候就對其採取防禦措施,這樣也就不至於後來會無法收場。

【譯文】局面安定時容易保持和維護,事情沒有出現跡象的時候容易籌謀劃策;事物脆弱時容易消解;事物細微時容易散失。處理事情要在它尚未發生以前就解決;治理國政,要在禍亂沒有產生之前就早做準備。合抱的大樹,生長於細小的根芽;九層的高臺,是由一筐筐的泥土壘起來的;千里的遠行,是一步一步走出來的。主觀妄為將會招致失敗,太過執著就容易失

芭蕉高士圖

強大是由許多的弱小聚集在一起而形成的。高士坐在岩石上觀看著面前的兩棵芭蕉樹,這兩棵樹的大小差別很明顯,但是沒有小的累積,怎麼會有大的存在呢?由物及人,再至萬物,可知許多東西應該從細小之處著手去處理。

防患於未然

老子對於日益沉迷的人類提出了「未雨綢繆」的建議，告誡人們注意觀察事物的發展進程，在一些大事處於萌芽階段的時候就對其採取防禦措施，也就不至於後來會無法收場。

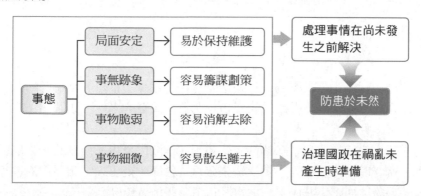

執著易失

「九層高臺起於壘土，千里之行始於足下」，沒有量的累積，怎麼會有質的變化？

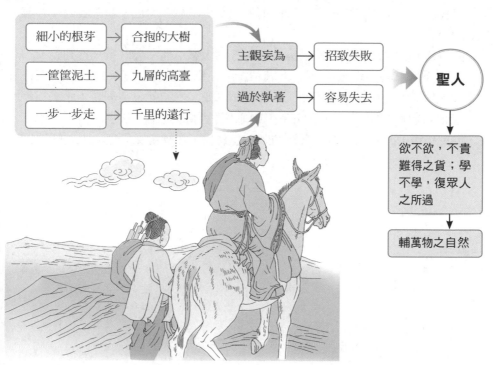

去。因此，聖人不恣意妄為所以也不會招致失敗，無所執著所以也不會失去。人們做事情，總是在快要成功的時候失敗，所以當事情快要完成的時候，也要像開始時那樣慎重，就沒有辦不成的事情。因此，有道的聖人追求人所不追求的，不稀罕難以得到的貨物，學習別人所不學習的，補救眾人常犯的過錯。這樣遵循萬物的自然本性而不妄加干預。

闡道 賞析

一錢誅吏

宋朝時，有個叫張乖崖的人，在崇陽縣擔任縣令。當時，崇陽縣的社會風氣很差，盜竊成風，甚至連縣衙的錢庫也經常發生失竊的事件。張乖崖決定趁機好好制止一下這股歪風。

有一天，他終於找到了一個機會。這天，他閒來無事在衙門的周圍巡行，忽然看到一個管理縣行錢庫的小吏慌慌張張地從錢庫中走出來。張乖崖看他鬼鬼祟祟的，於是急忙把庫吏喊住：「你這麼慌慌張張地做什麼？」

「沒什麼。」那庫吏慌慌張張地回答。張乖崖聯想到錢庫經常失竊，判斷庫吏可能是監守自盜，便讓隨從對庫吏進行搜身。結果，在庫吏的頭巾裏搜到一枚銅錢。張乖崖下令把庫吏押回大堂審訊，問他一共從錢庫偷了多少錢，庫吏死活也不承認另外偷過錢，張乖崖便下令拷打。庫吏不服，怒沖沖地道：「偷了一枚銅錢有什麼了不起，你竟這樣對我嚴刑逼訊？但是最多你也只能打我罷了，難道你還能殺我嗎？」

張乖崖聽到庫吏竟敢這樣頂撞自己，不由大怒，他拿起硃筆，宣判說：「一日一錢，千日千錢，繩鋸木斷，水滴石穿。」意思是說，一天偷盜一枚銅錢，一千天就偷了一千枚銅錢。用繩子不停地鋸木頭，木頭就會被鋸斷；水滴不停地滴，能把石頭也滴穿了。判決完畢，張乖崖吩咐衙役把庫吏押到刑場，斬首示眾。從此以後，崇陽縣的偷盜之風被張乖崖止住了，社會風氣也大大地好轉了。

解 讀

合抱的大樹，生長於細小的根芽；九層的高臺，是由一筐筐的泥土壘起來的；千里的遠行，是一步一步走出來的；水滴不停息地滴，也會將石頭滴穿。無論做什麼事情，都不可以恣意妄為，恣意妄為就會招致禍患。就好像故事中的庫吏，認為自己拿了一文錢是微不足道的，可是每天一文錢，日積月累，就會變成一筆較大的積蓄。如果每個人都每天偷一文錢，那麼長期下去庫房也就虧空了，而民風也會變得更加敗壞。

一錢誅吏

「莫以惡小而為之，莫以善小而不為」，雖然是微不足道的事情，可是累積多了也就會變成致命的傷害。

一日一錢，千日千錢，繩鋸木斷，水滴石穿。按律當斬！

偷了一枚銅錢有什麼了不起，你竟這樣對我嚴刑逼訊？但是最多你也只能打我罷了，難道你還能殺我嗎？

宋朝的張乖崖是崇陽縣的縣令。當時，崇陽縣的社會風氣很差，盜竊成風，甚至連縣衙的錢庫也經常發生失竊的事件。張乖崖決定借機好好制止這股歪風。

小連結　張乖崖除惡僕

有個士人在外地做了小官，因為虧空公款，受到了悍僕的挾制，說如果不將長女嫁給自己，便要去告發。全家都無計可施，深夜的時候聚在一起痛哭。張乖崖聽到了哭聲，於是敲門上前詢問，那小官剛開始只說沒事，後來在張乖崖的再三詢問下，才將實情相告。當下張乖崖不動聲色，只是向士人借那個僕人一用，騎了馬和他一起來到郊外。到了樹林中無人的地方，張乖崖揮劍便將惡僕殺了，回來後告訴小官，說僕人不會再回來，並告誡他以後千萬不可貪汙犯法。

篇一　《道德經》

285

以其病病、是以不病

【原文】知不知，上矣；不知知，病矣。夫唯病病，是以不病。聖人不病，以其病病，是以不病。

在本章，老子談到了人性的弱點之一：自以為是，主要表現為剛愎自用。告誡人們要始終秉承「謙虛使人進步，驕傲使人落後」的原則，要明白萬事萬物都處於不斷的變化之中，只有根據事物的變化來調整自己，才會處於不敗之地。

【譯文】知道自己還有所不知，這是很高明的。不知道卻自以為知道，這就是很糟糕的。正是因為承認自己不知道，所以就沒有這樣的缺點。有道的聖人沒有缺點，因為他把缺點當作缺點對待。正因為他把缺點當作缺點，所以他就沒有缺點。

聖人不病

老子主要談到了人性的弱點之一：自以為是，表現為剛愎自用。告誡人們要始終秉承「謙虛使人進步，驕傲使人落後」的原則，要明白萬事萬物都處於不斷的變化之中，只有根據事物的變化來調整自己，才會處於不敗之地。

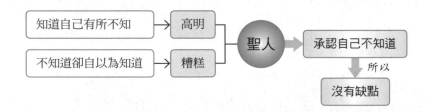

知道自己有所不知 → 高明
不知道卻自以為知道 → 糟糕
聖人 → 承認自己不知道
所以
沒有缺點

解讀

有道的聖人沒有缺點，因為他把缺點當作缺點對待。正因為他把缺點當作缺點，所以他就沒有缺點。張曜意識到了自己目不識丁的缺點，所以他虛心求教於妻子，並刻印章以此告誡自己。他能夠認真對待自己的缺點，並透過行動改正了缺點，所以他才會成為一個文武雙全的官員，榮譽也不招自來。

張曜

張曜是光緒年間著名的官員，他拜妻為師的故事流傳千古。

張曜（1832—1891），字亮臣，號朗齋，順天大興（今北京市）人，祖籍浙江上虞，光緒十一年（1885年）授河南布政使。第二年，調補山東巡撫。妻張李氏閨名雪如，是一個才女，張公不恥下問，拜師於妻。

闡道賞析

拜妻為師

清代光緒年間有個武官名叫張曜，他因為苦戰有功，被皇帝提拔為河南的布政使。但是，他在小時候沒有上過學，為此常常受到那些朝臣的歧視，御史劉毓楠說他「目不識丁」，為此還將他改任為總兵。

張曜經此羞辱立志要好好讀書，讓自己能文能武。張曜想到自己的妻子曾經讀了好多書，是個很有知識見地的人，於是回到家要求妻子教他念書。妻子答應教他是可以，不過有一個條件，就是要行拜師之禮，恭恭敬敬地學習。張曜滿口應承，馬上穿起朝服，讓妻子坐在孔子的牌位前，對她行三拜九叩的拜師之禮。

從此以後，凡是忙完公務後的閒餘時間，都由妻子教他讀經史。每當妻子擺出老師的架子時，他就躬身蕭立在前虛心聽訓，不敢稍有怠慢。與此同時，他還請人刻了一方「目不識丁」的印章，經常佩在身上警告自己。幾年之後，張曜終於成為一個很有學問的人。後來，他在山東做巡撫時，又有人參他「目不識丁」。於是，他就上書請皇上親自面試。面試成績使皇上和許多大臣都大為吃驚。張曜在山東任職期間，築河堤，修道路，開廠局，精製造，做了不少利國利民的事。因為他勤奮好學，死後皇帝諡他為「勤果」。

知者不言、天貴玄同

【原文】知者不言，言者不知。塞其兌，閉其門，挫其銳，解其紛，和其光，同其塵，是謂玄同。故不可得而親，不可得而疏；不可得而利，不可得而害；不可得而貴，不可得而賤。故為天下貴。

老子在本章展示了一個真正智者的形象，他絕不會誇誇其談以顯示自己的高明睿智，也不會高談闊論來炫耀自己的才識。並且與那些毫無學識的人進行了比較，不僅批判了當時的統治者，也對普通的世人提出警示。

【譯文】真正有知識、有智慧的人從來就不會誇誇其談，而到處說長論短的人就不是聰明的智者。塞堵住嗜欲的孔竅，關閉住嗜欲的門徑。不露鋒芒，消解紛爭，挫去人們的鋒芒，解脫他們的紛爭，收斂他們的光耀，混同他們的塵世，

玄 同

本章展示了一個真正智者的形象，他絕不會誇誇其談以顯示自己的高明睿智，也不會高談闊論來炫耀自己的才識。並且與那些毫無學識的人進行了比較，不僅批判了當時的統治者，也對普通的世人提出警示。

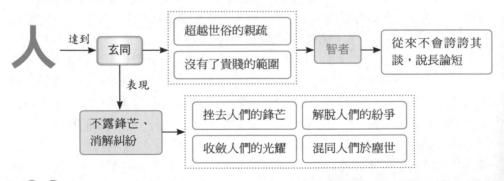

人 —達到→ 玄同 →
- 超越世俗的親疏
- 沒有了貴賤的範圍

智者 → 從來不會誇誇其談，說長論短

玄同 —表現→ 不露鋒芒、消解糾紛 →
- 挫去人們的鋒芒
- 解脫人們的紛爭
- 收斂人們的光耀
- 混同人們於塵世

解讀

人的道德涵養不足，福報必定不足以讓其盡享榮華。鋒芒畢露就容易招致災禍。這也應驗了古人的告誡：「傲不可長，欲不可縱，志不可滿，樂不可極。」年羹堯即使有莫大的功勞，和雍正的關係再好，可是他忽略功高震主，犯了擁兵自重的錯誤，更忘記了伴君如伴虎的古訓。

這就是深奧的玄同。達到「玄同」境界的人，也就超越了世俗的親疏、利害以及貴賤的範圍。所以，「玄同」的境界就為天下人所尊崇。

闡道賞析

德不勝威

清朝雍正年間的大將軍年羹堯鎮守西安之時，他廣求天下有德之士，花重金讓他們成為自己的幕僚。那時候有一位名叫蔣衡的孝廉，他前往應徵。年羹堯很喜歡他的才能，於是對他說：「下科狀元一定是你的。」年羹堯依仗他自己的功勞以及與皇帝的特殊關係，說話語氣甚大。蔣衡見他威福自用，驕奢之極，就對他的一個同僚說：「年羹堯德不勝威，當今萬歲英明神武，年底大禍必至，我們不可久居於此。」他的同僚不以為然，因為年羹堯的權勢正如日中天，多少人巴不得投奔他的門下呢。

蔣衡不顧同僚的勸阻，執意稱病回家。年羹堯見挽留不住，於是取出1000兩黃金贈予他，蔣衡堅持不受，最後在年羹堯的堅持下，迫不得已只接受了100兩。蔣衡回家不久後，年羹堯果然出事了，同時不少人也受到了牽連。但是年羹堯一向奢華，送人錢財不滿500兩黃金的，他從來不會登記。蔣衡因為只接受了100兩的惠贈，所以他沒有被受到牽連，保全了自己的性命。驕橫之人必不能長久，最好不要跟隨這樣的人，以免禍及自身。

小連結　年羹堯致死的原因

1　擅作威福

年羹堯自恃功高，驕橫跋扈之風日甚一日。

2　結黨營私

當時在文武官員的選任上，凡是年羹堯所保舉之人，吏、兵二部一律優先錄用，號稱「年選」。他還排斥異己，任用私人，形成了一個以他為首，以陝甘四川官員為骨幹，包括其他地區官員在內的小集團。

3　貪斂財富

年羹堯貪贓受賄、侵蝕錢糧，累計達數百萬兩之多。而在雍正朝初年，整頓吏治、懲治貪贓枉法是一項重要的改革措施。

蜀山徐貴為易道禪師寫贈

杣松上鶴吾生漂泊竟何之
看書燈照夜棋若羨雲
時不惜雨柳慘春夢且
禪定後水邊高閣莫鑱
狂吟索賦詩楊上諸僧
遠花峰下簡禪師半醉

篇 二
《道德經》的影響

　　老子在繼承遠古文化傳統的基礎上進一步開拓了文化發展的新方向，在中國歷史上首次創立了以「道」為本體論的哲學體系，為中國文化發展奠定了哲學基礎。《道德經》一書，不僅為中國的文化、建築帶來了深厚的影響，甚至一些企業的管理方法都取經於它。

　　《道德經》涉及的範圍很廣，有治國策略、養身之道、軍事謀略、修道之法，無論人們從哪個角度出發去研習它，都能受益匪淺。可以說，《道德經》不僅是中華民族的瑰寶，也是世界上的聖經寶典。

第 **1** 節 **《道德經》對中國傳統文化的影響**

　　《道德經》的核心思想是「道」。在中國文化史上，「道」最初的含義就是人們所走的路。《說文解字》中曾說：「道，所行道也。」後來，它的含義逐漸擴大，將自然萬物以及人類所遵循的路徑（規律）也稱其為道，於是出現了「天道」、「人道」的說法。直至老子，他則將「道」提升到一個最高的哲學範疇。老子所說的「道」，將宇宙的本原、萬物存在的根據、自然界和人類社會所應遵循的規律等結合在一起。自從老子將如此至高無上的地位賦予「道」以後，「道」就成了中國文化中最重要的概念之一。

　　老子的思想所以能夠產生如此巨大的歷史影響，一方面是由於它對遠古以來的文化傳統作了比較有系統的概括和總結，蘊含著極其深厚的思想文化基礎；另一方面是老子在繼承的基礎上又進一步開拓了文化發展的新方向，在中國歷史上首次創立了以「道」為本體論的哲學體系，為中國文化發展奠定了哲學基礎。老子的思想對中國文化產生了全方位的影響，並對現代文化發展具有非常積極的意義。老子在中國哲學史上最大的貢獻，就是指出作為宇宙萬物本原及其存在的根

「道」的含義

　　老子在繼承遠古文化傳統的基礎上進一步開拓了文化發展的新方向，在中國歷史上首次創立了以「道」為本體論的哲學體系，為中國文化發展奠定了哲學基礎。

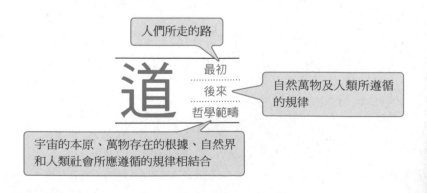

老子所說的人的行為準則

老子從人與自然、人與社會以及自我完善這三個方面展開論述，闡釋了道的重要性。

老子推演圖

人與自然

人具有主觀性，自然具有客觀性，人應該順應自然，不可以掠奪自然

個人與他人、群體

處世「無爭」，挫脫解紛，和光同塵，不追求功名利祿，人與人，人與社會和諧相處

個體生命的自我完善

深根固柢，長生久視之道

老子思想影響巨大的原因

① 有系統地概述和總結了遠古的文化傳統 → 蘊含著深厚的思想文化基礎

② 在繼承的基礎上開拓了文化發展的新方向 → 首創以「道」為本體的哲學體系

據的形上之「道」，創立了以「道」為核心，包括本體論、辯證法、認識論和人生哲學等內容的系統的哲學思想體系。老子的本體思考和方法思考，使「道」真正成為中國思想中最崇高的概念和最基礎的原動力。從先秦道家、兩漢黃老學、魏晉玄學、隋唐佛學、宋明理學對老子道論的繼承和對老子提出的諸如「道」、「德」、「有」、「無」、「動」、「靜」、「無極」等範疇的使用中可以看出，老子的哲學是中國傳統哲學的基礎。由於老子思想是一個概念豐富的思想體系，對自然、社會和人的本身都有比較深入而準確的洞察，因此，它擁有了某種特殊的理論品德，蘊藏著許多理論生長點和不同的思想體系。所以，現代中國哲學的發展，仍需要借鑑老子的哲學思想。老子的智慧對於解決現代人類所面臨的種種問題具有很大的啟迪意義。他提出了作為人生價值根源和基礎的「道」的範

疇。老子的「道」既是宇宙萬物的根源，又是萬物存在和發展的根源。形而上的「道」落實到人與自然的關係、人與社會的關係、人與自身的關係上，就成為人的行為方式和處世準則。在人與自然的關係上，老子強調人的主體性和自然規律的客觀性，主張人應順應自然，反對人對自然的掠奪。在個人與他人、與群體的關係上，老子提出「無爭」的處世原則，主張挫脫解紛、和光同塵，反對追求功名利祿，達到人與人、人與社會的和諧相處。在個體生命的自我完善上，老子提出了「深根固柢」的「長生久視之道」。老子思想不僅對中國傳統文化的形成和發展產生了重大影響，而且對人類目前和未來的文化及生活提供著積極的智慧。可以說，《道德經》是中國文化史上的一座豐碑。兩千多年來，哲學家、政治家、軍事家、文學家、科學家乃至普通老百姓，紛紛從《道德經》中汲取智慧。《道德經》一書，在中國歷史上產生了重大而深遠的影響。

荷花圖

「出淤泥而不染，濯清漣而不妖」，這正是荷花所象徵的高潔品德。不爭不搶，就好像是老子的無為處世觀點，他所著的《道德經》也如他的品行，不爭搶、不炫耀，但是卻流傳至今，成為世界上的聖經寶典，被世人所借鑑觀摩。

老子的哲學思想體系

老子的哲學思想體系，對於後世文學的影響很深，許多著名的學派都與其有關。

形成

道

人生哲學

認識論

本體論

辯證法

哲學思想體系

影響

先秦道家

兩漢黃老學

魏晉玄學

隋唐佛學

宋明理學

藉助

本體及方法思考

變為

思想中最崇高的概念，最基礎的原動力

第 **2** 節　《道德經》對中國哲學的影響

　　《道德經》首先應是一部哲學著作，它比較集中地反映了中國古代的哲學思想。老子的思想產生於春秋末期，當時社會正處於奴隸社會向封建社會轉變的過渡階段。政治上，周天子已經失去統治天下的權勢，出現了不貴而富的新興階級；經濟上，賦稅制度已經發生改變，刑書、刑鼎等一類反映階級利益的法律也隨之出現；生活上，所謂的尊卑有序觀念、準則和倫常等也發生了變化，並逐漸走向破裂；特別是由於階級爭鬥、生產技術的發展和進步，人們的思想觀念發生了很大的變化。這種大的變動和變革，迫使一些先哲賢達之人，開始了先注意「身外之物」，然後再認識自己的有利本階級利益的哲學思考。古今中外，哲學的產生發展，大都是從「天道觀」開始，而後「天人合一」，各抒己見，導致當時的各種學派林立，他們之間的爭鬥也日益激烈化。老子的「天道觀」，也客觀地說明了萬物起源產生、變化更新以及相互轉化等一系列哲學的基本問題，沉重地打擊了「天道有知」的神鬼迷信思想，這也就是老子哲學思想的本源，即他所說的「道」。所以，老子的「道」和「德」都屬於哲學的範疇。

　　老子是人，但要從宗教文化去研究他，他又是神，是道教的教主，群眾尊稱其為老君爺。老子由人而神有一個歷史衍化過程。唐代封老子為「太上玄元皇帝」並非突然而來，蓋早有「太上玄元」之名。從司馬遷講「蓋老子百六十餘歲，或言二百餘歲，以其修道而養壽也」，說明西漢時已流傳著老子修道養壽，他已是活了幾百歲的活神仙了。東漢邊韶《老子銘》曰：「老子先天地而生」；又曰：「老子離合於混沌元氣，與三光為始」。在後漢時期，老子已經完全被神化，成為尊神、教主，所以漢桓帝於宮中產黃老浮屠之祠，把黃老與浮屠並列，前者是道教的教主，後者是佛教的教主。這裏所謂的「黃老」，即指老子而言。因此，漢桓帝在延熹八年（165年）命中常侍左官到苦縣（鹿邑）祭祀老子。延熹九年（166年），桓帝在濯龍宮親祠老子。可見，老子已經成為神聖的教主。現在全國各地都有道教宮觀，鹿邑的太清宮始建於漢延熹八年，老君臺始建於唐初，香火久盛不衰，老子以太上老君受到群眾的尊奉。

　　三國、兩晉時期，玄學興起，玄學將道家和儒家思想學說綜合起來，形成獨特的哲學思潮，通常也稱之為「魏晉玄學」。玄學是魏晉時期取代兩漢經學思

老子思想產生的背景

《道德經》首先應是一部哲學著作，它比較集中地反映了中國古代的哲學思想。

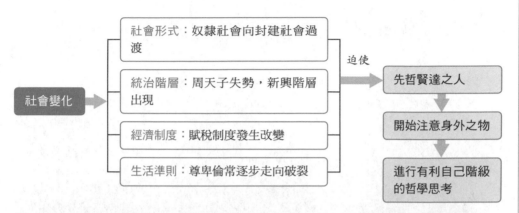

社會變化 →

- 社會形式：奴隸社會向封建社會過渡
- 統治階層：周天子失勢，新興階層出現
- 經濟制度：賦稅制度發生改變
- 生活準則：尊卑倫常逐步走向破裂

迫使 →

先哲賢達之人

↓

開始注意身外之物

↓

進行有利自己階級的哲學思考

老子的宗教地位——太上老君

老子被視為道教的祖師，具有很高的宗教地位，他的《道德經》也被奉為道教的聖經。

太上老君是道教的教主，為三清之第三位，又稱「道德天尊」、「混元老君」、「降生天尊」、「太清大帝」等。在道教宮觀「三清殿」，其塑像在大殿居左，手執扇子，相傳其原型為老子。

道教的「三清祖師」

　　道教開創以後，人們依照自己的想像，創立了道教的眾位神仙，其中三清祖師最受百姓的愛戴。

靈寶天尊

元始天尊

　　三清，即玉清元始天尊（神像在大殿居中間）、上清靈寶天尊（神像在大殿居右）、太清道德天尊（太上老君，神像在大殿居左）。三清為道家哲學「三一」學說的象徵。

潮的思想主流。玄學也就是「玄遠之學」，它以「祖述老莊」，將儒學和道學綜合起來，提出新的言論，把《周易》、《老子》、《莊子》稱作「三玄」。玄學之「玄」，出自老子「玄之又玄，眾妙之門」的思想。玄就是天地萬物的一般規律「道」，它體現了萬物無窮奧妙的變化作用。玄學家們用他們改造過了的老、莊思想來注解儒家的《論語》、《周易》，對已經失去維繫人心作用的兩漢經學作了改造，建立起了「以無為本」的哲學本體論。儒家的「禮法」、「名教」、「天道」、「人道」等思想，雖然也是玄學所討論的內容，但其主旨卻是道家的，即強調崇高的是「無」、「自然」和「無為」。玄學所探討的中心問題儘管仍可歸結為天人關係問題，但在形式上，它已經擺脫了兩漢經學章句箋注的繁瑣破碎；在內容上，則拋棄了經學思潮「天人感應」的粗俗的目的論證。玄學家在多方面論證了道家的「自然」與儒家的「名教」，二者是一致的，他們一改漢代「儒道互黜」的思想格局，主張「儒道兼綜」，孔子依然是最高的「聖人」。玄學所提出的或著重關注的有無、本末、體用、言意、一多、動靜、自然與名教等一系列具有思辨性質的概念範疇，都是原始儒學和兩漢經學所不具備或不重視的，玄學的出現大大推動了中國哲學的發展。

　　老子留下的五千言《道德經》，博大精深，是中國文化的大寶藏，也是中

玄學的形成

玄學也就是「玄遠之學」，它以「祖述老莊」，將儒學和道學綜合起來，提出新的言論。

道學 → 結合形成玄學 → 三玄：《周易》、《老子》、《莊子》

儒學 → 結合形成玄學 → 討論內容：禮法、名教、天道、人道

建立 → 以無為為本的哲學概念

一種獨特的哲學思潮

主旨強調「無」、「自然」、「無為」

國哲學本體論的第一部名著。其內容涉及哲學、文學、兵學、美學、醫學、社會學、倫理學、天文學、養生學，被譽為「百科全書」。他的清靜無為學說，一物兩項的轉變率的辯證理論，深邃的天人之際的哲理，兩千五百多年來一直影響著中國人民的思想和行為。同時，《道德經》也受西方思想家的重視，成為世界哲學寶典之一。

第 **3** 節 《道德經》對中國古代文學的影響

　　《道德經》對中國古代文學也有深遠的影響。老子在《道德經》中提倡崇尚自然，遵循自然的客觀規律，並任其自然發展，不加干涉。後代的文人們受老子崇尚自然思想的影響，在魏晉南北朝時期的文壇上出現了一批著名的山水田園詩人。他們將淳樸的自然與喧囂的社會相比較，在詩歌中熱情地讚揚返歸自然、忘情物外的田園生活。

 老子思想對中國古代文學的影響

　　《道德經》對中國古代文學也產生了很大的影響。後代的文人們受老子崇尚自然思想的影響，在魏晉南北朝時期的文壇上出現了一批著名的山水田園詩人。

老子思想

崇尚自然，遵循自然的客觀規律，並任其自然發展，不加干涉

↓ 影響

山水田園詩人

將淳樸的自然與喧囂的社會相比較

↓ 產生

讚揚返歸自然、忘情物外的田園生活的詩歌

↓ 代表

陶淵明，自然、忘情物外的田園生活詩歌

著名的山水田園詩人——「王、孟、韋、柳」

唐朝比較出名的山水田園詩人主要有四個人，他們並稱為「王孟韋柳」，他們的詩傳頌千古。

王維 （701年-761年），字摩詰，祖籍山西祁縣，唐朝詩人，外號「詩佛」。王維在詩歌上的成就是多方面的，無論邊塞詩、山水詩、律詩還是絕句，都有流傳千古的佳篇。他在描寫自然景物方面，有其獨到的造詣。

孟浩然 唐代詩人，襄州襄陽（今湖北襄陽）人。字浩然，世稱「孟襄陽」，與王維合稱為「王孟」。以寫田園山水詩為主。他的詩不事雕飾，清淡簡樸，感受親切真實，生活氣息濃厚，富有超妙自得之趣。

韋應物 （737年-792年），唐代詩人。長安（今陝西西安）人。因做過蘇州刺史，世稱「韋蘇州」。詩風恬淡高遠，以善於寫景和描寫隱逸生活著稱。

柳宗元 唐朝著名的文學家，字子厚，世稱「柳河東」。他的敘事詩文筆質樸，描寫生動；寓言詩形象鮮明，寓意深刻。

其間，比較著名的詩人有陶淵明，他不畏強權，對於仕途的黑暗腐敗極度厭惡，所以情願辭官隱居在家鄉，種地飲酒，作詩以自娛。他辭官後，曾在《歸園田居》裏說道：「久在樊籠裏，復得返自然」。他流連於田園山水中，享樂於自然風光下，「采菊東籬下，悠然見南山」。陶淵明還根據老子關於「小國寡民」的思想，在他的文章《桃花源記》中描述了一個民風淳樸，不受禮法約束，沒有刑政桎梏的理想所在。在那裏，人們自食其力，相互團結，民風淳樸，沒有戰爭，也沒有欲望。

著名的唐代大詩人李白也受到老子思想的影響。李白從少年時起，常去戴天山尋找道觀的道士談論道經。後來，他與一位號為東巖子的隱者隱居於岷山，潛心學習，多年不進城市。他們在自己居住的山林裏，飼養了許多奇禽異鳥，做了動物飼養員。這些美麗而馴良的鳥兒，由於飼養慣了，定時飛來求食，好像能聽懂人的語言似的，一聲呼喚，便從四處飛落階前，甚至可以在人的手裏啄食穀粒，一點都不害怕人。這件事被遠近傳作奇聞，最後竟使綿州刺史親自到山中觀看鳥兒們的就食情況。這位刺史見他們能指揮鳥類的行動，認定他們有道術，便想推薦二人去參加道科的考試。可是，二人都婉言謝絕了。當時有名的縱橫家趙蕤也是李白的好友，此人於開元四年（716年）就著成了《長短經》十卷。那時李白才十六歲。趙蕤這部博考六經異同、分析天下形勢、講求興亡治亂之道的縱橫家式的著作引起了李白極大的興趣。他以後一心要建功立業，喜談王霸之

道，也正是受到這部書的影響。後來，他仕途失意，天寶三年（744年）的秋冬之際，李白到齊州（今山東濟南一帶）紫極宮清道士高天師如貴授道籙，從此他算是正式履行了道教儀式，成為道士。

歸來圖

一柄鐵鋤，一個斗笠，一身蓑衣，一抹淡然，行走在山水之間的人，顯示出他的滿足和快樂。清靜無為，無欲無求，醉心於山水之間，寄情於春耕秋收，也可以得到山水詩人們追求的境界。

詩仙——李白

唐代詩人李白，有「謫仙人」的美稱，他的詩詞清奇優美，具有鮮明的浪漫主義色彩。

李白（701年—762年），字太白，號青蓮居士，又號「謫仙人」。唐朝詩人，有「詩仙」、「詩俠」之稱。李白成功地在詩歌中塑造自我，強烈地表現自我，突出抒情主人公的獨特個性，因而他的詩歌具有鮮明的浪漫主義特色。他喜歡採用雄奇的形象表現自我，在詩中毫不掩飾，也不加節制地抒發感情，表現他的喜怒哀樂。

李白醉酒

李白喜歡喝酒，有一天，皇帝又召見李白，請他起草一份很重要的詔書。恰巧李白剛剛喝完酒，東倒西歪地走到大殿上。他瞇著眼往四周看了看，看見高力士站在皇帝身邊。高力士深受皇帝的寵愛，連皇帝的兒子們也稱呼他「阿哥」，王公大臣們稱他「老爹」。高力士因為皇帝喜歡李白，一直想找機會整整他。李白早就討厭這個欺軟怕硬的太監了，於是趁著酒性告訴皇帝自己有個小小的要求。皇上因為急著要李白寫詔書，於是直接讓他講。李白說自己剛喝了點酒，無法像平常那樣很恭敬地寫文章。希望皇上准許他穿戴隨便一點，這樣對寫詔書也很重要。皇上想了想，摸著鬍子答應了李白的要求。於是，李白伸了個懶腰，告訴皇帝自己想換一雙輕便點的鞋子。皇帝便立即叫人取鞋來給他換。李白趁機把腳伸向站在一旁的高力士，讓他脫鞋。高力士在完全沒有心理準備的情況下，便自然而然地跪了下去，替李白把靴子脫了。

第 **4** 節　《道德經》對中國建築的影響

　　雖然「天人合一」四字成語出現得較晚，但是在中國傳統文化中，「天人合一」的思想卻由來已久。在影響建築發展的諸多因素中，天人合一的觀念是根本性的。「天」是一個歷史範疇，起源於遠古人類對無法預測的蒼茫太空的敬畏。夏商以後，「天」被認為有意志、有人格的最高主宰。對這種主宰的崇拜就構架起以天人關係為基礎的宇宙觀。西周以後，「天人合一」就是人們強調天與人的關係緊密相聯、不可分割的一種觀點。

　　中國古代的先哲以樸素的系統觀念觀察整個宇宙。《莊子》云：「天地與我並存，萬物與我為一」，是莊子「天人合一」的基本思想。《樂記》提出「樂者天地之和，禮者天地之序」，認為在整個宇宙中天地處於「流而不息，合同而化」的狀態之中。意思是宇宙之氣永遠處於整齊、和諧、有序的運化之中，這與莊子所謂「通天下之氣」是一個意思。《周易大傳》云：「夫天人者，與天地合其德，與日月合其明，與四時合其序，與鬼神合其吉凶，先天而天弗為，後天而奉天時。」這種承天命、順天意的心理被統治者所利用，他們將其作為統治人民的合法基礎。《周易》又有「仰則觀象於天，俯則觀法於地」的原則。這些思想一直影響著中國建築的發展。

　　《老子章句》曰：「天道與人道間，天人相通，精氣相貫。」《道德經》曰：「人法地，地法天，天法道，道法自然。」這些都指明了人與自然的共同根源。古代中國人講究「天人合一」，就是說自然環境和人居環境可以互相交流，和諧共生，這在中國古代建築中有所反映。比如北京城的建設就是按照天上的星象來建造的，紫禁城正對著紫微星，建築與環境得到融合和滲透。中國古建築的特點也體現在「天人合一」的建築觀上，它所展現的是「自然與精神的統一」。中國古建築在建築類型上豐富多彩，主要包括：宮殿、宗廟、公府、館榭、地下宮室、離宮、壇、祠、警鼓臺、舞臺、觀景樓閣等。它們的種類和使用功能雖不相同，但始終流露著「天人合一」的思想。這基於與自然高度協同的文化精神——熱愛自然、尊重自然，建築鑲嵌在自然中，彷彿是自然的一個有機組成部分。

　　中國古建築注重與自然高度協同的觀念，表現在城市、村鎮、宮殿、陵墓的選址和布局及命名上，都力圖體現「天人合一」的追求。

雖然「天人合一」四字成語出現得較晚，但是在中國傳統文化中，「天人合一」的思想卻由來已久。

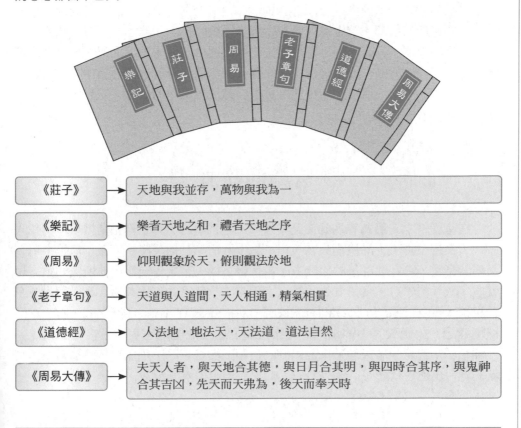

《莊子》	→	天地與我並存，萬物與我為一
《樂記》	→	樂者天地之和，禮者天地之序
《周易》	→	仰則觀象於天，俯則觀法於地
《老子章句》	→	天道與人道間，天人相通，精氣相貫
《道德經》	→	人法地，地法天，天法道，道法自然
《周易大傳》	→	夫天人者，與天地合其德，與日月合其明，與四時合其序，與鬼神合其吉凶，先天而天弗為，後天而奉天時

◎ 城市的建設 ◎

伍子胥設計建造吳都闔閭城，在《吳越春秋》中記載：「子胥乃使相土嘗水，象天法地，造築大城，周迴四十七里。陸八門，以象天八門；水八門，以法地八聰。築小城，周十里。陵門三。不開東面者，欲以絕越明也。立閶門者，以象天門通閶闔風也。立蛇門者，以象地戶也。」隋大興城建造時，宇文愷不僅有斟酌地勢，將太極宮置於乾位，且又以承天、朱雀等命名。漢之長安城，「城南為南斗形，北為北斗形，至今人呼漢京城為斗城，是也」。

◎ 村落的建設 ◎

　　村是聚落的一種形態，古人注重追求人和自然關係的和諧。安徽歙縣棠樾村為一個典型的例子。棠樾選址，符合風水所謂「枕山、環水、面屏」的原則。它以富亭山為屏，面臨沃野，源自黃山的豐樂河由西而東穿流而過，周圍樹木茂盛。正是陶淵明所描寫的世外桃源。棠樾人把自己置身於大自然當中，彷彿自己就是當中的一分子。這種利用自然、尊重自然注重風水的做法，正是古人「天人合一」建築觀的體現。

◎ 宮殿的建設 ◎

　　在宮殿當中，最為有名的便是紫禁城。紫禁城的「紫」是指紫微星垣。我國古代天文學家將天上的星宿分為三垣、二十八宿和其他星座。紫微星垣是中垣，又稱紫微宮，它在北斗星的東北方。古代帝王以天帝之子自居，他所處的地方也就成了天下的中心。紫禁城的「禁」字用來強調皇宮的無比尊嚴。太微垣南有三顆星被人視為三座門，即端門、左掖門、右掖門。午門和太和門之間，有金水河蜿蜒穿過，象徵天宮中的銀河。皇帝及皇后居住的乾清宮與坤寧宮，「乾」、「坤」二字就意味著天地。東西兩側的日精門與月華門，則象徵日月爭輝。紫禁城的建設，把古代建築「天人合一」的思想表現得淋漓盡致。

◎ 陵墓的建設 ◎

　　古代帝王陵墓中有採用天宮、天象、星宿圖的情況，意在達到「天人合一」、「魂歸北斗」的效果。現已發掘的河南洛陽與南陽的漢墓中都畫有天象圖，它們都顯示著窺天通天、與天同構的目標。明孝陵布局就是呈「北斗星」圖。中國古建築始終是「天人合一」與「禮法、宗法制度」的聯合體現。

古代建築與自然協同的表現

中國古建築注重與自然高度協同的觀念，表現在城市、村鎮、宮殿、陵墓的選址和布局及命名上，都力圖體現「天人合一」的追求。

城市的建設

按照天上的星象來建造。漢朝的長安城，「城南為南斗形，北為北斗形，至今人呼漢京城為斗城，是也」。

村落的建設

村是聚落的一種形態，古人注重追求人和自然關係的和諧。安徽歙縣棠樾村為一個典型的例子。棠樾選址，符合風水所謂「枕山、環水、面屏」的原則。

宮殿的建設

在宮殿當中，最為有名的便是故宮，又稱為紫禁城。紫禁城的「紫」是指紫微星垣。古代帝王以天帝之子自居，他辦理朝政與日常居住的地方也就成了天下的中心。

陵墓的建設

古代帝王陵墓中有採用天宮、天象、星宿圖的情況，意在達到「天人合一」、「魂歸北斗」的效果。現已發掘的河南洛陽與南陽的漢墓中都畫有天象圖，它們都顯示著窺天通天、與天同構的目標。

小連結 ｜ 星相學說

星相學，或稱占星術，是星相學家觀測天體，日月星辰的位置及其各種變化後，作出解釋來預測人世間的各種事物的一種方術。星相學認為，天體，尤其是行星和星座，都以某種因果性或非偶然性的方式預示人間萬物的變化。

第 **5** 節 　**《道德經》對中國教育的影響**

　　眾所周知，《道德經》是古代道家哲學的主要經典。作為一本偉大的哲學著作，其思想曾以各種方式滲透到中國社會和中國文化的各個角落，對中國文化和中國歷史產生過巨大而深遠的影響，在中國文化和中國歷史乃至世界歷史上都占有極其重要的地位，被學術界稱為中國哲學的主根、東方文化的瑰寶，被公認為學習中國文化特別是中國哲學的一本好教材，是了解中國歷史特別是許多重大歷史事件如「文景之治」等文化背景的關鍵，並受到世界各國人民的推崇。據說《道德經》是世界上除《聖經》外被譯成文字種類最多的一本書，是世界人民共同的精神財富。

　　《道德經》是善人的哲學，學習《道德經》可以淨化心靈，提高道德修養。它是一部專門提倡和指導人們修道修德，以提高人們的道德修養為目的的哲學著作。它以大部分內容勸告人們要慈善儉樸、謙虛處下、忍讓不爭、公正無私、淡泊名利、知足常樂；教導人們要誠實守信、和藹可親、和平相處、互相幫助、寬容大度、以德報怨、先人後己、捨己為人；鼓勵人們無為守靜、順其自然、清心寡欲、修道修德；告誡人們不要發動戰爭，不要干預自然；引導人們正確地認識

 　善 人 的 哲 學　

《道德經》是善人的哲學，學習《道德經》可以淨化心靈，提高道德修養。

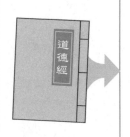

勸告人們	慈善儉樸、謙虛處下、忍讓不爭、公正無私、淡泊名利、知足常樂
教導人們	誠實守信、和藹可親、和平相處、互相幫助、寬容大度、以德報怨、先人後己、捨己為人
鼓勵人們	無為守靜、順其自然、清心寡欲、修道修德
告誡人們	不要發動戰爭，不要干預自然
引導人們	正確認識世界，積極面對人生

作用及目的
淨化心靈，指導人們修道修德，提高人們的道德修養。

《道德經》包含的內容

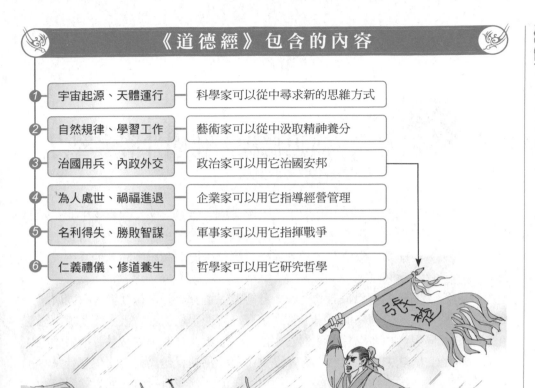

①	宇宙起源、天體運行	科學家可以從中尋求新的思維方式
②	自然規律、學習工作	藝術家可以從中汲取精神養分
③	治國用兵、內政外交	政治家可以用它治國安邦
④	為人處世、禍福進退	企業家可以用它指導經營管理
⑤	名利得失、勝敗智謀	軍事家可以用它指揮戰爭
⑥	仁義禮儀、修道養生	哲學家可以用它研究哲學

世界，積極地面對人生。《道德經》處處都閃耀著人類智慧的光芒，句句都包含著豐富的人生哲理。

　　《道德經》儘管只有短短數千言，但其思想博大精深，內容全面豐富，涉及宇宙起源、天體運行、生態平衡、環境保護、治國用兵、內政外交、為人處世、禍福進退、名利得失、勝敗智謀、自然規律、學習工作、仁義禮儀、修道養生等眾多方面。哲學家可以用它研究哲學，政治家可以用它治國安邦，軍事家可以用它指揮戰爭，企業家可以用它指導經營管理，科學家可以從中尋求新的思維方式，藝術家可以從中汲取精神養分。

第 **6** 節　　《道德經》在國外的影響力

　　《道德經》不僅是中國文化史上的一座豐碑，也是人類文明寶庫中的一顆智慧明珠。近代以來，《道德經》已被翻譯成數十種文字，在世界各國流傳。許多外國哲學家、科學家、政治家、企業家都對老子的思想深感興趣，並從中受到啟發。

　　20世紀德國著名哲學家海德格就十分喜歡《道德經》，並曾與人共同研讀、翻譯《道德經》。美國物理學家卡普拉撰有《物理學之道》一書，認為道家思想在許多方面同現代物理學有著深刻的相似性。他還在《非凡的智慧》一書中說：「在偉大的諸傳統中，據我看，道家提供了最深刻並且是最完美的生態智慧。」諾貝爾獎得主、日本物理學家湯川秀樹對老子的哲學情有獨鍾，他對科學技術的發展造成人與自然越來越疏遠的現狀深感憂慮。他認為：「早在一千多年前，老子就已經預見到了今天人類文明的狀況，甚至已經預見到了未來人類文明所將達到的狀況。」

　　20世紀最偉大的理論物理學家愛因斯坦也喜歡讀《道德經》。據著名數學家陳省身教授的回憶，他去愛因斯坦家作客的時候，在他的書架上發現的書並不是很多，但是有一本書卻吸引了他的注意力，那就是德文譯本的《道德經》。據說在1988年的時候，美國總統雷根在國情咨文中引用了《道德經》中「治大國，若烹小鮮」的話。1993年，《紐約時報》刊載了一篇題為《老子的忠告致柯林頓》的文章，這篇文章僅僅有576個字，但是在這篇短文裏竟然引用了13句老子的經文來點評這位新上任總統的言行，約占整個篇幅的三分之一。

　　老子思想在外國企業家那裏也受到了格外的重視。正當中國的企業界加快學習西方先進管理技術的時候，西方的企業家們也加速了吸納中國傳統文化精華的步伐。《老子》所講述順其自然、無為而治的管理思想和有無相生、虛實相資、禍福依伏的辯證思維被許多企業家靈活應用於領導藝術和經營之道中。此外，老子的「道法自然」思想所蘊含的生態智慧、老子的反戰思想等，也受到了世界各國有識之士的普遍重視。

《道德經》在國外的影響力

《道德經》不僅是中國文化史上的一座豐碑，也是人類文明寶庫中的一顆智慧明珠。近代以來，《道德經》已被翻譯成數十種文字，在世界各國流傳。

愛因斯坦擁有德文譯本的《道德經》

海德格與人共同研讀、翻譯《道德經》

卡普拉認為道家提供了最深刻並且是最完美的生態智慧

湯川秀樹對老子的哲學情有獨鍾，認為老子早在一千多年前就已經預見了人類文明的狀況

雷根在國情咨文中引用了《道德經》中「治大國，若烹小鮮」的話

老子觀道

老子將自己的思維環繞在天地的陰陽之氣上面，思索著宇宙萬物的起源。

傳說老子出關後，便找了一處清淨的場所隱居起來，每天只是在修道養生。在他160多歲的時候，壽滿而逝，升天成仙。

第 **7** 節　從《道德經》看國際關係

　　《道德經》闡釋宇宙自然的規律，涉及哲學、政治、軍事、文化，以及倫理道德、修身養性等等，可以說無所不包。當前掀起了國學熱潮，許多有識之士開始研究《道德經》，這也與國家提倡的精神文明建設相得益彰。

◎ 大國與小國共同發展的相處原則 ◎

　　首先來看《道德經》的第61章：「大國者下流也。天下之牝，天下之交。牝常以靜勝牡，以靜為下。故大國以下小國，則取小國。小國以下大國，則取於大國。故或下以取，或下而取。大國不過欲兼畜人。小國不過欲入事人。夫兩者各得所欲，大者宜為下。」本章最後一句，「夫兩者各得所欲，大者宜為下」，既說明了兩者需要共同發展，又得出了「大者宜為下」的結論，也就是說大國在國際關係中必須遵守處下的原則，才能保證國際關係的有序化。這是為什麼呢？老子從宇宙自然的高度，總結自然界的客觀規律，首先指出「大國者下流」。自然界中，水是從高處往低處流的，電能從電勢高的一端向電勢低的一端流動，陽光是從高處照向低處的，這就是自然法則。那麼，這個「流」，就是能量的流動，用通俗的話說，就是大國的物質產品、技術發明、精神文化等各個方面都向小國流動。接下來，「天下之牝，天下之交。牝常以靜勝牡，以靜為下」，重點說明了兩個字，一個是「牝」，另一個是「靜」。牝牡本是雌雄的意思，牝是雌，屬陰；牡是雄，屬陽。牝本來是屬於從屬地位的，但其以靜則可勝牡。因為靜為主，動為客，遠道來者必然居於客位。所以，牝以靜是反客為主之道，從而使自己占據了有利位置。也就是說，小國必須守靜才能平衡大國的優勢。這個守靜，不是說不要向大國學習，而是安守本分，不在國際事務中主動挑起事端。「故大國以下小國，則取小國。小國以下大國，則取於大國。故或下以取，或下而取」，說明了大國與小國之間的互利轉化關係。其中，「故大國以下小國，則取小國」一句，說明大國若能處下，加上其自身強大的優勢，那麼小國則必然樂

《道德經》中所講述的國際關係

　　《道德經》闡釋宇宙自然的規律，涉及哲學、政治、軍事、文化，以及倫理道德、修身養性等等。當前掀起了國學熱潮，許多有識之士開始研究《道德經》，藉此來觀看國際之間的關係。

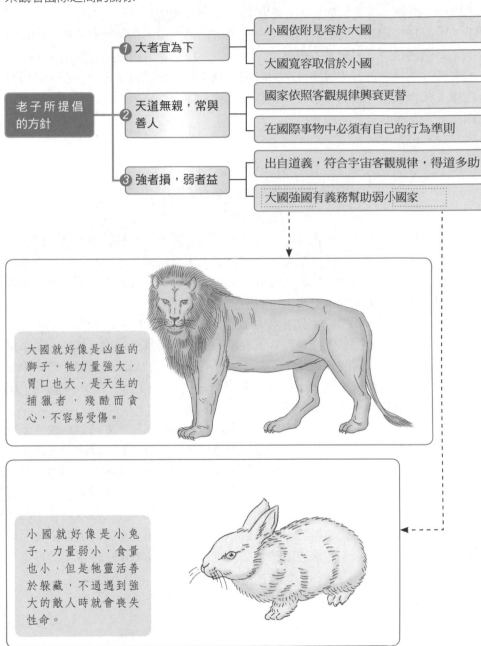

老子所提倡的方針

① 大者宜為下
- 小國依附見容於大國
- 大國寬容取信於小國

② 天道無親，常與善人
- 國家依照客觀規律興衰更替
- 在國際事物中必須有自己的行為準則

③ 強者損，弱者益
- 出自道義，符合宇宙客觀規律，得道多助
- 大國強國有義務幫助弱小國家

大國就好像是凶猛的獅子，牠力量強大，胃口也大，是天生的捕獵者，殘酷而貪心，不容易受傷。

小國就好像是小兔子，力量弱小，食量也小，但是牠靈活善於躲藏，不過遇到強大的敵人時就會喪失性命。

於依附。這樣大國既得到了鞏固，小國也從中獲得大國的倚靠，必然會得到充分的發展。「小國以下大國，則取於大國」一句，說明小國本來弱小，若不謙卑，或與大國為敵，是為以卵擊石，自然難以維繫長久。但小國若能安守本分，求教學習於大國，則可「取於大國」，即從大國中獲得益處。「故或下以取，或下而取。大國不過欲兼畜人。小國不過欲入事人」，說明大國與小國不過是「取」和「取於」的關係。「欲兼畜人」即接納、吸收別國加入自己的聯盟；「欲入事人」，則是加入別國的同盟。由此可見，遵守自然規律，則可以構建穩定的國際關係，其前提是：「夫兩者各得所欲，大者宜為下」。大國之所以要處下，是因為大國處於強勢，占有主導地位，對於國際關係是否健康有序負有責任。在現實世界裏，強權政治、霸權主義屢見不鮮，這種不遵守自然規律的行為，也就是造成國際關係緊張的重要原因。

◎ 調和國際爭端的原則 ◎

　　古人以為天、地、人三位一體，人身亦是一個國家，修身就像治理一個國家一樣。在道、儒、佛的經典裏都有這樣的論述。那麼反過來，治理國家與修養自身其理亦是相通的。儒學有修身、齊家、治國、平天下，就是古人認為要成為國家的有用之才，首先要修養自身，自身的道德修好了，然後可以齊家，也就是在家庭這個小的社會單元裏檢驗其道德的水平。然後才能參與治理國家和平天下。這裏要說明的是，道德不僅僅是現代人理解的「德」的狹義範疇。其中「道」是指人們掌握了自然宇宙的總規律，洞曉天文，明察地理，知興衰更替、過去未來等等。古人還認為：人，是一小宇宙；宇宙，一大人也。因此，古人所論的治國亦是講修身，講修身亦是講治國。

　　《道德經》第79章講：「和大怨，必有餘怨。報怨以德，安可以為善？是以聖人執左契，而不責於人。故有德司契，無德司徹。天道無親，常與善人。」中國的崛起，已被世人所公認。其實，一個國家的興衰更替有著客觀的規律。雖然歷朝歷代都喊萬歲，但沒有哪個朝代的皇帝獲得了萬歲，也沒有哪個朝代達到萬代。然而，是否有道，卻又有著本質的差異。為什麼周朝可以延續八百年，而後世卻難以匹敵？雖然現代的世界已不是封建帝王制，但興衰更替的道理卻是可以借鑑的。作為一個大國，在國際事務中必須有自己的行為準則，這樣才能得道多助。否則，無道不德，則會四面受敵，自然難以長久。

◎ 大國與小國的損益原則 ◎

　　大國應在國際事務中發揮更大的作用，並承擔相應的義務，這是大家的共識。不僅如此，大國在維護全球公共環境、抑制大氣汙染、控制地球「溫室效應」等方面應做出更大的貢獻，這亦是理所當然的。

　　《道德經》第77章講：「天之道，其猶張弓歟？高者抑之，下者舉之；有餘者損之，不足者補之。天之道，損有餘而補不足。人之道則不然，損不足以奉有餘。孰能有餘以奉天下？唯有道者。是以聖人為而不恃，功成而不處，其不欲見賢。」宇宙自然之道，即天道，總體上是趨於平衡的，而不是偏激一端的。因此，多者損，少者得；富者損，窮者補；強者損，弱者益。道德在國際關係上猶為重要。

小連結　秦王朝的滅亡

❶ **政治策略上的失誤**　秦之所以能在戰國七雄中勝出，最終統一天下，主要是因為採取了法家的治世手段，用嚴刑酷法來役使民眾。當時也沒有敢於作奸犯科，因為按照國家的法律，偷盜不但要斬首，而且會使家族連坐。但秦在統一天下之後，仍然用酷法來壓迫民眾，而不是與天下共同修養生息，這自然為今後的滅亡埋下了種子。

❷ **最高統治者內心的欲望與對民眾殘酷的壓迫**　秦始皇在滅亡了六國之後，不但將六國的財富全都運到了秦朝，而且大興土木與擴充後宮。並且遊興無度，這都需要大量的金錢來維持。因此，秦朝對民眾的賦稅與徭役也是沉重的，只是由於秦朝開始時的勢力還是比較強大，因此民眾並沒有真正武裝起來反抗。

❸ **接班人的失誤**　秦始皇死後，原本打算讓在外的兒子扶蘇來接管皇位，但是扶蘇卻被趙高與李斯害死。而繼位的秦二世比起秦始皇的統治更加殘酷。大澤鄉內陳涉起兵，不到五年秦就滅亡了，這難道不是「仁義不施，而攻守之勢異也」的原因嗎？

重陰覆林麓寒聲
下碧壚編衣高蓋
者於此意何如
丁巳長夏暑盛在西齋北窓桐陰
遠坐如水寫是寄懒
項德新

篇三
老莊二三事

　　莊子被看作老子學說的主要繼承人，莊子在沿襲老子哲學的基礎上進一步將無為思想深入闡明，歷史上將他和老子並稱為「老莊」，他們是道家的主要代表。道家重視人性的自由與解放，一方面解放了人們的知識能力，另一方面解放了人們的生活心境。前者提出了「為學日益、為道日損」的認識原理，後者提出了以「謙」、「弱」、「柔」、「心齋」、「坐忘」、「化蝶」來面對世界。道家講究「人天合一」、「人天相應」、「為而不爭、利而不害」、「修之於身，其德乃真」的境界，主張清靜無為，反對爭鬥。

第 **1** 節 　**老子軼事**

◎ 聰穎少年 ◎

老聃自幼聰慧，靜思好學，他常常纏著家將要聽國家興衰、戰爭成敗、祭祀占卜、觀星測象的事情。老夫人對老子寄予很大的希望，於是請了一位精通殷商禮樂的商容老先生教授老子。商容通天文地理，博古今禮儀，深受老聃一家人的敬重。

一天，商容教授道：「天地之間人為貴，眾人之中王為本。」老聃問道：「天為何物？」先生道：「天者，在上之清清者也。」老聃又問：「清清者又是何物？」先生道：「清清者，太空是也。」老聃問：「太空之上，又是何物？」先生道：「太空之上，清之清者也。」老聃問：「之上又是何物？」先生道：「清之清者之上，更為清清之清者也。」老聃又問：「清者窮盡處為何物？」先生道：「先賢未傳，古籍未載，愚師不敢妄言。」到了晚上，老聃回家後就問他

老聃「四問四思」

老聃自幼聰慧，靜思好學，他常常纏著家將要聽國家興衰、戰爭成敗、祭祀占卜、觀星測象的事情。老夫人對老子寄予很大的希望，於是請了一位精通殷商禮樂的商容老先生教授老子。

一問　清者窮盡處為何物？	一思　仰觀日月星辰，低頭思考徹夜不眠
二問　神之能何由而來？	二思　一看到物體就思考，三日不知食味
三問　神有變化之能，造物之功，何以不造聽命之君乎？	三思　遍訪鄉里有德之人，風雨無阻
四問　君不可自治，神何以不治？	四思　訪遍鄉里有識之人，讀遍鄉里所有書籍，不畏嚴寒酷暑

神為造物主

在遠古的神話傳說中，女媧用黃泥按照自己的樣子創造了人類，所以女媧被看作人類的始祖。

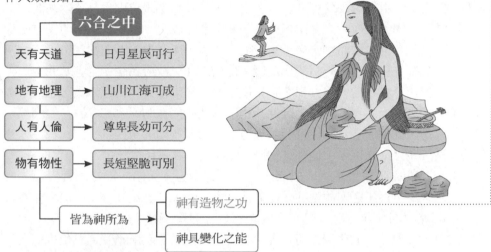

六合之中

- 天有天道 → 日月星辰可行
- 地有地理 → 山川江海可成
- 人有人倫 → 尊卑長幼可分
- 物有物性 → 長短堅脆可別

皆為神所為 →
- 神有造物之功
- 神具變化之能

小連結　女媧補天

女媧的兒女們在大地上幸福美滿地生活著。可是，「天有不測風雲」。有一年，水神共工和火神祝融打仗，共工被祝融打敗了，他氣得用頭去撞西方的不周山，結果將這座撐天的大柱撞塌了，半邊天便塌了下來，天上出了一個巨大的窟窿，大地也被震盪得多處破裂。裂口中爆發出的火焰燃燒著人們的房屋和農作物。洪水漫過兩岸，地下的水流也從其他縫隙中噴湧出來，淹沒了大地，人們生活的地方變成了一片汪洋大海。

女媧決心拯救她的孩子們，於是她到黃河邊，挑選了許多五彩繽紛的石頭，把它們放在熔爐裏熔化，再用這些熔化了的液體把天上的洞補起來。天補好了，她還是不放心，又從東海捉來一隻萬年的巨龜，斬下牠的四足，把它們用作擎天柱，分別豎在大地的四角，支撐住了天地的四方。接著，這位仁慈偉大的母親，又把大量的蘆葭燒成灰，填平了地上洪水泛流的溝壑。人們又可以在大地上愉快地生活了。

的母親同樣的問題，母親回答不上來，於是問家將，家將也都說不出來。於是，他仰頭觀看日月星辰，低頭思考天上之天為何物，徹夜不眠。

　　又一天，商老先生教授道：「六合之中，天地人物存焉。天有天道，地有地理，人有人倫，物有物性。有天道，故日月星辰可行也；有地理，故山川江海可成也；有人倫，故尊卑長幼可分也；有物性，故長短堅脆可別也。」老聃問道：「日月星辰，何人推而行之？山川江海，何人造而成之？尊卑長幼，何人定而分之？長短堅脆，何人劃而別之？」先生道：「皆神所為也。」老聃問道：「神何以可為也？」先生道：「神有變化之能，造物之功，故可為也。」老聃問：「神之能何由而來？神之功何時而備？」先生道：「先師未傳，古籍未載，愚師不敢妄言。」到了晚上，老聃又將老師回答不出的問題問他的母親和家將，他們都不知道。於是，老聃一看到物體就開始思考，接觸到不同的東西就拿來比較，因為太過專注，所以三天以來，他都不知道自己吃的食物是什麼味道。

　　後來，商先生教授道：「君者，代天理世者也；民者，君之所御者也。君不行天意則廢，民不順君牧則罪，此乃治國之道也。」老聃問道：「民生非為君也，不順君牧則其理可解。君生乃天之意也，君背天意是何道理？」先生道：「神遣君代天理世。君生則如將在外也；將在外則君命有所不受。君出世則天意有所不領。」老聃問道：「神有變化之能，造物之功，何以不造聽命之君乎？」先生道：「先聖未傳，古籍未載，愚師不敢妄言。」到了晚上，老聃將自己的疑惑說出來，他的母親和家將皆無言以對。於是，他就前去請教鄉裏的有德之人，他踏遍鄉里的每一寸土地，即使遇上陰雨或者大風天氣，也不懈怠。

　　商老先生教授道：「天下之事，和為貴。失和則交兵，交兵則相殘，相殘則兩傷，兩傷則有害而無益。故與人利則利己，與人禍則禍己。」老聃問道：「天下失和，百姓之大害也，君何以不治？」先生道：「民爭，乃失小和也；失小和則得小禍，然而君可以治也。國爭，乃失大和也；失大和則得大禍，大禍者，君之過也，何以自治？」老聃問：「君不可自治，神何以不治？」先生道：「先哲未傳，古籍未載，愚師不敢妄言。」到了晚上，老聃又將自己的疑問問母親和家將，他們依舊難以回答出來。於是，老聃再次訪遍鄉裏的有識之人，將鄉里所有的書籍都通讀了一遍。遇到暑天，他不覺得炎熱；冬寒之際，他也不覺得寒冷。

◎ 入周求學 ◎

　　商老先生教授了老聃三年，來向老夫人辭行道：「老夫識淺，聃兒思敏，今來辭行，非老夫教授無終也，非聃兒學之不勤也。實乃老夫之學有盡。聃兒求之無窮，以有盡供無窮，不亦困乎？聃兒，志遠圖宏之童也；相邑，偏僻閉塞之地

求學周都

商容教授老聃三年之後，他向老夫人辭行，並提議讓老聃入周都求學，因為只有在那裏，老聃才可以真正學到很多知識。

> 我兒這一去不知何時能再見，希望你在那邊用功勤學，也不辜負商容老師的一片舉薦之情！

> 母親勿須傷心，聃兒絕不負老師厚望，待我業成功就，定然早日來接母親！

老聃在商容的舉薦下，決定前去周都深造。當時只有十三歲的他，辭別了母親，跟著前來接他的僕人去了周都，後來因為學識淵博而名揚海內。

也。若欲剔璞而為玉，需入周都而求深造。周都，典籍如海，賢士如雲，天下之聖地也，非入其內而難以成大器。」老夫人聽完商容的話後，她心中開始為難：一是老聃現在只有十三歲，讓他去宋都難以順利返回，要是去了周都那豈不是好像登九天？二是她就只有這麼一個兒子，怎麼放得下心讓他一個人遠去求學呢？老夫人正左右為難之際，商先生已經猜到了她的顧慮，於是忙說：「以實相告，老夫師兄為周太學博士，學識淵博，心胸曠達，愛才敬賢，以樹人為生，以助賢為樂，以薦賢為任。家養神童數位，皆由民間選來。不要衣食供給，待之如親生子女。博士聞老夫言，知聃兒好學善思，聰慧超常，久願一見。近日有家僕數人路經此地，特致書老夫，意欲帶聃兒去周。此乃千載難逢之良機，務望珍惜！」老夫人聽後，不禁悲喜交集。高興的是有先生舉薦，讓聃兒有緣入周，登龍門有路；憂傷的是母子分別，也不知道何日再能相見？想到此處，就好像老聃已經身在千里之外，不由得心酸難耐，於是潸然淚下。老聃撲入母親懷中，哭泣著說：「母親勿須傷心，聃兒絕不負老師厚望，待我業成功就，定然早日來接母親！」說完之後，母子二人相互抱在一起哭泣。

漢武帝時期出現「罷黜百家，獨尊儒術」的盛況，當時太學的出現更是將儒學推到了巔峰。

太學是中國古代的大學。太學之名始於西周。漢代始設於京師。漢武帝時，董仲舒提出「天人三策」，「願陛下興太學，置明師，以養天下之士」的建議。漢武帝元朔五年，開創太學，它是中國當時最高學府。太學選聘學優德劭者任教授，稱為博士；招收學生，隨教授學習，稱為博士弟子。太學的課程以通經致用為主，學生分經受業，經考試及格，任用為政府官吏。太學以《詩》、《書》、《禮》、《易》、《春秋》等儒家經典為教材。

過了良久，母子二人才轉悲為喜，拜謝了先生的舉薦之恩。三天之後，全家與商老先生送老聃至五里之外。老聃一一拜別了家人和老師，上馬隨著博士的家僕向西走去。老夫人遙望老聃遠去的身影良久，才悶悶不樂地上車，返回家中。老聃入周之後，拜見了博士，然後進入太學讀書，天文、地理、人倫，他無所不學；《詩》、《書》、《易》、《曆》、《禮》、《樂》，他無所不覽；文物、典章、史書，他無所不習，三年之內就大有長進。博士又舉薦他做了守藏室的官吏。守藏室是周朝收藏典籍的地方，那裏聚集了天下的文章，收藏了天下的書，汗牛充棟，無所不有。老聃處於其中，就好像是蛟龍游入大海，海闊憑龍躍；好比雄鷹展翅藍天，天高任鳥飛。老聃如飢似渴，博覽泛觀，漸臻佳境，通禮樂之源，明道德之旨，三年後又遷任守藏室史，聞名遐邇，聲揚海內。

◎ 孔子問禮 ◎

老聃在周都居住的時間越久，他的學問就越深，聲名也越響。春秋時稱學識淵博者為「子」，表示尊敬，因此，人們都稱老聃為「老子」。西元前523年的一

四書五經

「四書五經」被奉為儒家的經典，古時候凡是讀書的人，都要學習「四書五經」。

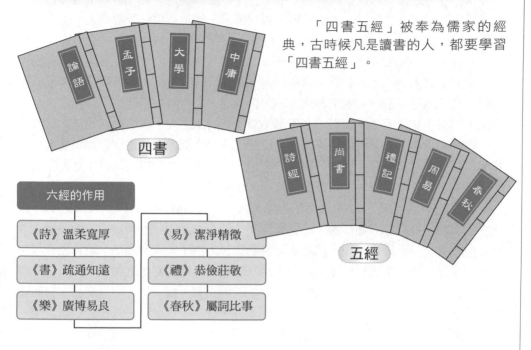

論語　孟子　大學　中庸

四書

詩經　尚書　禮記　周易　春秋

五經

六經的作用

《詩》溫柔寬厚	《易》潔淨精微
《書》疏通知遠	《禮》恭儉莊敬
《樂》廣博易良	《春秋》屬詞比事

小連結　鯉魚躍龍門

龍門在河東的界內。大禹鑿平龍門山，又開闢龍門，有一里多長。東海中的一群鯉魚，聽說禹王要挑選能躍上龍門的風流毓秀之才管護龍門，便成群結隊，沿黃河逆流而上。禹王一見大喜，說：「魚龍本是同種生，躍上龍門便成龍。」鯉魚們一聽，立即日夜苦練摔尾跳躍之功。大禹見鯉魚們肯苦練功夫，就點化牠們說：「好大一群魚！」有條鯉魚聽了禹王的話大有所悟，於是告訴夥伴相互幫助越過龍門。有條幫助眾魚先越過龍門的金背鯉魚，看著同伴們都躍上了龍門，於是決定借水力躍上龍門。牠猛地竄出水面，躍上浪峰，又用尾猛擊浪尖，魚身一躍而起，沒想到竟躍到藍天白雲之間。一會兒又輕飄飄地落在龍門之上，如同天龍下凡。大禹一見，讚歎不已，隨即在這條金背鯉魚頭上點了紅，一霎時，魚龍變化。金背鯉魚變成一條吉祥之物——黃金龍。大禹命黃金龍率領眾鯉魚管護龍門。

天，孔子對弟子南宮敬叔說：「周之守藏室使老聃，博古通今，知禮樂之源，明道德之要。今吾欲去周求教，汝願同去否？」南宮敬叔欣然同意，隨即報請魯君。魯君同意他們前去。於是派遣了一輛車、兩匹馬、一個書童和一個駕車人，由南宮敬叔陪著前往周都。老子見孔丘千里迢迢而來，非常高興，教授之後，又引孔丘拜訪了大夫萇弘。萇弘擅長樂，他向孔丘傳授了樂律、樂理；領著孔丘參觀了祭神的大典，考究了宣教的場所，觀看了廟會禮儀，讓孔丘感嘆不已，獲益匪淺。過了一段時間，孔丘向老子辭行。老聃將他送到館舍外邊，臨行贈言給他：「吾聞之，富貴者送人以財，仁義者送人以言。吾不富不貴，無財以送汝，願以數言相送。當今之世，聰明而深察者，其所以遇難而幾至於死，在於好譏人之非也；善辯而通達者，其所以招禍而屢至於身，在於好揚人之惡也。為人之子，勿以己為高；為人之臣，勿以己為上，望汝切記。」孔丘點頭答道：「弟子一定謹記在心！」

他們行到黃河邊上的時候，看見河水滔滔，濁浪翻滾，有萬馬奔騰之勢，聲如虎吼雷鳴。孔丘佇立在岸邊，不覺嘆曰：「逝者如斯夫，不舍晝夜！黃河之水奔騰不息，人之年華流逝不止，河水不知何處去，人生不知何處歸？」聽到孔丘這句話，老子道：「人生天地之間，乃與天地一體也。天地，自然之物也；人生，亦自然之物；人有幼、少、壯、老之變化，猶如天地有春、夏、秋、冬之交替，有何悲乎？生於自然，死於自然，任其自然，則本性不亂；不任自然，奔忙於仁義之間，則本性羈絆。功名存於心，則焦慮之情生；利欲留於心，則煩惱之情增。」孔丘解釋道：「吾乃憂大道不行，仁義不施，戰亂不止，國亂不治也，故有人生短暫，不能有功於世，不能有為於民之感嘆矣！」

老子道：「天地無人推而自行，日月無人燃而自明，星辰無人列而自序，禽獸無人造而自生，此乃自然為之也，何勞人為乎？人之所以生、所以無、所以榮、所以辱，皆有自然之理、自然之道也。順自然之理而趨，遵自然之道而行，國則自治，人則自正，何須津津於禮樂而倡仁義哉？津津於禮樂而倡仁義，則違人之本性遠矣！猶如人擊鼓尋求逃跑之人，擊之愈響，則人逃跑得愈遠矣！」稍停片刻，老子手指浩浩黃河，對孔丘說：「汝何不學水之大德歟？」孔丘曰：「水有何德？」老子說：「上善若水：水善利萬物而不爭，處眾人之所惡，此乃謙下之德也；故江海所以能為百谷王者，以其善下之，則能為百谷王。天下莫柔弱於水，而攻堅強者莫之能勝，此乃柔德也；故柔之勝剛，弱之勝強堅。因其無有，故能入於無間，由此可知不言之教、無為之益也。」孔丘聽後，恍然大悟道：「先生此言，使我頓開茅塞也：眾人處上，水獨處下；眾人處易，水獨處險；眾人處潔，水獨處穢。所處盡人之所惡，夫誰與之爭乎？此所以為上善也。」老子點頭說：「汝可教也！汝可切記：與世無爭，則天下無人能與之爭，此乃效法水德。水幾於道：道無所不在，水無所不利，避高趨下，未嘗有所逆，善處地也；空處湛靜，深不可測，善為淵也；損而不竭，施不求報，善為仁也；圓必旋，方必折，塞必止，決必流，善

孔子問學於老子

孔子帶著南宮敬叔前往周地求學，當老子聽說孔子來到周地時，前往拜訪。

孔子

三歎

- 一歎：逝者如斯夫，不舍晝夜
- 二歎：人生短暫，不能有功於世，不能有為於民
- 三歎：水有何德

- 一釋：人生天地之間，乃與天地一體也。天地，自然之物也；人生，亦自然之物
- 二釋：人之所以生、所以無、所以榮、所以辱，皆有自然之理、自然之道也
- 三釋：水利萬物而不爭

三釋

老子

與世無爭，則天下無人能與之爭

孔子對老子的評價

孔子曾經兩次向老子問學，他給予老子很高的評價，將老子比作天上的神龍。

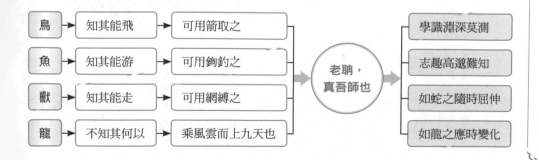

鳥	知其能飛	可用箭取之		
魚	知其能游	可用鉤釣之		學識淵深莫測
獸	知其能走	可用網縛之	老聃，真吾師也	志趣高邈難知
龍	不知其何以	乘風雲而上九天也		如蛇之隨時屈伸
				如龍之應時變化

守信也；洗滌群穢，平準高下，善治物也；以載則浮，以鑑則清，以攻則堅強莫能敵，善用能也；不捨晝夜，盈科後進，善待時也。故聖者隨時而行，賢者應事而變；智者無為而治，達者順天而生。汝此去後，應去驕氣於言表，除志欲於容貌。否則，人未至而聲已聞，體未至而風已動，張張揚揚，如虎行於大街，誰敢用你？」孔丘道：「先生之言，出自肺腑而入弟子之心脾，弟子受益匪淺，終生難忘。弟子將遵奉不怠，以謝先生之恩。」說完，他告別了老子，與南宮敬叔上車，依依不捨地向魯國駛去。

回到魯國，眾弟子問道：「先生拜訪老子，可得見乎？」孔子道：「見之！」弟子問：「老子何樣？」孔子道：「鳥，我知牠能飛；魚，吾知牠能游；獸，我知牠能走。走者可用網縛之，游者可用鉤釣之，飛者可用箭取之，至於龍，吾不知其何以？龍乘風雲而上九天也！吾所見老子也，其猶龍乎？學識淵深而莫測，志趣高邈而難知；如蛇之隨時屈伸，如龍之應時變化。老聃，真吾師也！」

◎ 高論生死 ◎

老聃自從擔任周守藏室史之後，曾經數次歸家省親，想勸母親隨他一起去

老聃悼母

老聃轉眼已離開母親三十餘年，老夫人因為眷念故鄉，所以不肯隨老聃去周都。老聃面對母親的死亡並沒有傷心欲絕，因為生死並無區別。

面對茫茫大地上一堆黃土，老子想念著九泉之下母親的靈魂，回憶母親慈祥的容貌，感激母親的養育之恩。

老子的情智論和生死觀

老子認為感情的存在與否，是以人是否存在來判斷的。人在的時候，感情就存在；人亡了，感情也就消失了。

| 人昏庸而事顛倒 |
| 以情通智 |
| 人倫諧和相溫相暖 |

| 沒有母子之情 |
| 無聃之母及聃 |
| 由有返回無 |

母亡，悲不自勝

情

情智論

死

生死觀

母亡母子之情斷，合乎自然之理

智

生

腹飢而食、體倦而睡

| 明理通達理事不亂 |
| 以智統情 |
| 人聰慧而事合度 |

| 由無而至有 |
| 有聃之母及聃 |
| 存在母子之情 |

小連結　舐犢情深

主要是指父母對於兒女的愛。老虎是很凶猛的動物，但是牠都不捨得傷害自己的子女，更何況是人？東漢末年，曹操進攻劉備，在斜谷界口駐紮，陷於進退兩難境地之時，部將夏侯惇詢問夜間口令，曹操隨口說雞肋。楊修認為是曹操退兵的意思，於是叫士兵打點行裝，曹操藉口殺了楊修。後來曹操見到了骨瘦如柴的楊修父親楊彪，問他為何如此憔悴？楊彪說自己有舐犢之愛，因為懷念楊修，才會成為如此模樣。

周。他的母親在陳國相邑住久了，熟悉那裏的人和土地，所以不願遠遷。日月如梭，轉眼間已過三十餘年。有一天，老聃忽然得到家裏的消息，說是母親病危，於是他報請天子，歸家省視。待回到家時，母親已經辭世。面對茫茫大地上一堆黃土，老子想念著九泉之下母親的靈魂，回憶母親慈祥的容貌，感激母親的養育之恩，老聃悲痛欲絕，寢食俱廢，席地而坐，沉思冥想，忽然發現自己何其愚鈍，順理追索，恍然大悟，於是如釋重負，愁苦也消解了大半，頓時覺得肚子飢餓難耐且渾身疲倦。於是飽餐了一頓之後，倒頭大睡。

家將、侍女們都感到很奇怪，等他睡醒之後，就問他為何如此。老聃答道：「人生於世，有情有智。有情，故人倫諧和而相溫相暖；有智，故明理通達而理事不亂。情者，智之附也；智者，情之主也。以情通智，則人昏庸而事顛倒；以智統情，則人聰慧而事合度。母親生聃，恩重如山。今母辭聃而去，聃之情難斷。情難斷，人之常情也。難斷而不以智統，則亂矣，故悲而不欲生。今聃端坐而沉思，忽然智來，以智統情，故情可節制而事可調理也。情得以制，事得以理，於是腹中飢而欲食，體滋倦而欲睡。」

家將問道：「智何以統情？」老聃答道：「人之生，皆由無而至有也；由無至有，必由有而返無也。無聃之母及聃之時，無母子之情也；有聃之母及聃，始有母子之情也；母去聃留，母已無情而子獨有情也；母聃皆無之時，則於情亦無也。人情未有之時與人情返無之後不亦無別乎？無別而沉溺於情、悲不欲生，不亦愚乎？故骨肉之情難斷矣，人皆如此，合於情也；難斷而不制，則背自然之理也。背自然之理則愚矣！聃思至此，故食欲損而睡可眠矣。」眾人聽他說完之後，內心都感覺一下子豁達起來。

◎ 函谷著書 ◎

周敬王二年（西元前518年），老聃守喪期滿後返回周都。周敬王四年（西元前516年），周王室發生內亂，王子朝率兵攻下劉公的城邑。周敬王受到迫害。當時晉國強盛，出兵救援周敬王。王子朝勢單力孤，於是和舊僚攜帶了周王室的典籍逃往楚國。老聃有失責之過，受到牽連被迫離職，決定離開周宮後歸隱。他騎著一頭青牛，想從函谷關出去，到西邊出遊秦國。離開周王朝洛邑不遠，但見四野一片荒涼。斷垣頹壁，井欄摧折，阡陌錯斷，田園荒蕪，枯草瑟瑟。田野裏不見耕種之馬，大道上卻戰馬奔馳不息，有的馬還拖著大肚子艱難地尾追其後。目睹此景，老聃心如刀絞，心想：「夫兵者，不祥之器也，非君子之器。不得已而用之，適可而止，恬淡為上。勝而不必自美，自美者乃樂殺人也。夫樂殺人者，不可以得志於天下矣！以道佐人主者，不以兵強天下。兵之所處，

老子在函谷關，應了關令尹喜的請求，於是開口洋洋灑灑留下五千言之後，出關而去。

道可道，非常道；名可名，非常名。

先生乃當今大聖人也！聖人者，不以一己之智竊為己有，必以天下人智為己任也。今汝將隱居而不仁，求教者必難尋矣！何不將汝之聖智著為書？

尹喜將老子引到自己的官舍，請老子上坐，焚香行完弟子之禮後，懇求老子留下自己的智慧。

荊棘生焉；大兵之後，必有凶年。天下有道，卻走馬以糞；天下無道，則戎馬生於郊。戎馬生於郊，則國亂家破矣。」

函谷關的守關官員叫尹喜，他年少的時候就喜歡夜觀天文、讀古籍，具有很高的修養。一天夜晚，他單獨站在樓上凝視星空，忽然見到東方紫雲聚集，大約三萬里之長，形狀好像飛龍，由東向西滾滾而來，自語道：「紫氣東來三萬里，聖人西行經此地。青牛緩緩載老翁，藏形匿跡混元氣。」尹喜早就聽聞了老聃的大名，心想莫非是老子將來。於是派人清掃道路四十里，夾道焚香歡迎聖人。

七月十二日午後，夕陽西斜，光華東射。尹喜正想下關查看，忽然看到關下稀落行人中有一位老者，他倒騎青牛徐徐而來。老者白髮如雪，其眉垂鬢，其耳垂肩，其鬚垂膝，紅顏素袍，簡樸潔淨。尹喜仰天而歎道：「我生有幸。得見聖人！」三步併作兩步，奔上前去，跪於青牛前拜道：「尹喜叩見聖人！」老子見叩拜自己的人方臉、厚唇、濃眉、端鼻，威嚴而不冷酷，柔慈而無媚態，早知他不是一般常人，於是故意試探道：「關令大人叩拜貧賤老翁，非常之禮也！老夫不敢承當，不知有何見教？」尹喜道：「老丈，聖人也！務求留宿關舍以指修行之道。」老子道：「老夫有何神聖之處，受你如此厚愛？慚愧慚愧，羞殺老夫矣！」尹喜道：「尹喜不才；好觀天文略知變化。見紫氣東來，知有聖人西行，

見紫氣浩蕩，滾滾如龍，其長三萬里。知來者至聖至尊，非通常之聖也；見紫氣之首白雲繚繞，知聖人白髮，是老翁之狀；見紫氣之前有青牛星相牽，知聖人乘青牛而來也。」

老子聽罷，哈哈大笑：「過獎、過獎！老夫亦早聞你大名，特來拜會。」尹喜聞言大喜，叩頭不已。之後，尹喜將老子引到自己的官舍，請老子上坐，焚香行完弟子之禮後，懇求道：「先生乃當今大聖人也！聖人者，不以一己之智竊為己有，必以天下人智為己任也。今汝將隱居而不仁，求教者必難尋矣！何不將汝之聖智著為書？尹喜雖淺陋，願代先生傳於後世，流芳千古，造福萬代。」老聃允諾，以王朝興衰成敗、百姓安危禍福為鑑，溯其源，著上、下兩篇，共五千言。上篇起首為「道可道，非常道；名可名，非常名」，故人稱《道經》。下篇起首為「上德不德，是以有德；下德不失德，是以無德」，故人稱為《德經》，合稱《道德經》。《道經》言宇宙根本，含天地變化之機，蘊陰陽變幻之妙；下篇《德經》，言處世之方，含人事進退之術，蘊長生久視之道。尹喜得之，如獲至寶，終日默誦，如飢似渴。

◎ 點化陽子居 ◎

一日，老聃騎牛行至梁（今河南開封）之郊外，正閉目養神，忽然聽到有人大呼「先生」。老聃睜開雙目，發現是弟子陽子居。陽子居是魏國人，他曾經入周太學，聽到老子學識淵博，曾經私底下拜老子為師。沒想到在梁會與老子相遇，陽子居慌忙從高頭大馬上翻身而下，掀起錦綠長袍，跪拜於老聃所乘的青牛前。老聃下來，扶起陽子居，與他並肩同行。老聃問道：「弟子近來忙於何事？」陽子居施禮道：「來此訪先祖居，購置房產，修飾梁棟，招聘僕役，整治家規。」老聃道：「有臥身之地、飲食之處則足矣，何需如此張揚？」陽子居道：「先生修身，坐需寂靜，行需鬆弛，飲需素清，臥需安寧，非有深宅獨戶，何以能如此？置深宅獨戶，不招僕役，不備用具，何以能撐之？招聘僕役，置備用具，不立家規，何以能治之？」

老聃笑道：「大道自然，何須強自靜。行無求而自鬆，飲無奢而自清，臥無欲而自寧。修身何需深宅？腹飢而食，體乏而息，日出而作，日落而寢。居家何需眾役？順自然而無為，則神安體健；背自然而營營，則神亂而體損。」陽子居才知道自己見識淺陋，慚愧地說：「弟子鄙俗，多謝先生指教。」老聃問：「安居何處？」陽子居道：「沛（今江蘇沛縣）。」老聃說：「正好相伴同行。」陽子居很高興，欣然與老師結伴向東而行。行到難水，兩人乘船渡江。老聃牽著青牛先登上船，陽子居引著馬隨後跟上。老聃慈容笑貌，和一起渡江的乘客談笑融

師生再會

陽子居是魏國人，他曾經入周太學，聽到老子學識淵博，曾經私下裏拜老子為師。

有臥身之地、飲食之處則足矣，何需如此張揚？

先生修身，坐需寂靜，行需鬆弛，飲需素清，臥需安寧，非有深宅獨戶，何以能如此？……

老子騎在牛背上正在閉目養神，忽然聽到有人在喊「先生」，睜眼一看，原來是自己早期的弟子陽子居，他騎著一匹高頭大馬。

老子贈言陽子居

老子有一次遇到自己在周都時的弟子陽子居，看到陽子居一副孤高自傲的神態，於是出言點化他。

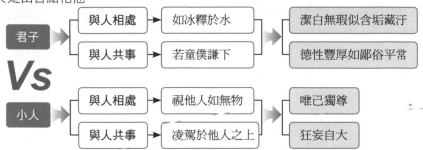

君子
- 與人相處 → 如冰釋於水 → 潔白無瑕似含垢藏汙
- 與人共事 → 若童僕謙下 → 德性豐厚如鄙俗平常

Vs

小人
- 與人相處 → 視他人如無物 → 唯己獨尊
- 與人共事 → 凌駕於他人之上 → 狂妄自大

陽子居一改原來的高傲，他的外表不驕傲自大也不畏畏縮縮，他的言行不驕橫奪人，也不阿諛奉承。

融；陽子居則昂首挺胸，客人見了他都把座位讓給他，船主見了連忙殷勤地拿來毛巾，端上茶水。過了灘水之後，兩人繼續前行。老聃歎道：「剛才觀你神態，昂首挺胸，傲視旁人，唯己獨尊，狂妄自大，不可教也。」陽子居面帶愧色，懇言道：「弟子習慣成自然，一定改之！」老聃道：「君子與人處，若冰釋於水，與人共事，如童僕謙下；潔白無瑕而似含垢藏汙，德性豐厚而似鄙俗平常。」陽子居聽了以後，一改原來的高傲，他的外表不驕傲自大也不畏畏縮縮，他的言行不驕橫奪人，也不阿諛奉承。老子贊曰：「小子稍有進！人者，生於父母之身，立於天地之間，自然之物也。貴己賤物則背自然，貴人賤己則違本性，等物齊觀，物我一體，順勢而行，借勢而止，言行不自然，則合於道矣！」

◎ 論養生經 ◎

　　老聃隱居於宋國沛地，他自耕而食，自織而衣。但是他的名聲，卻無足自行，四方慕名而來的人多不可數。他們有的前來求問修道的方法，有的來學習知識，有的來詢問處世的要點，於是他的弟子遍布天下。

　　他有個弟子名叫庚桑楚，深得老子之道，住在北部畏壘山上。他在那住了三年，畏壘之地的民風大變：男耕而有粟可食，女織而有衣可穿，各盡其能，童叟無欺，百姓和睦，世間太平。眾人想要推舉庚桑楚為君主。庚桑楚聽後，心中大為不悅，於是想要遷走。他的弟子難以理解他的想法，庚桑楚道：「巨獸張口可以吞車，其勢可謂強矣，然獨步山林之外，則難免網羅之禍；巨魚張口可以吞舟，其力可謂大矣，然躍於海灘之上，則眾蟻可以食之。故鳥不厭天高，獸不厭林密，魚不厭海深，兔不厭洞多。天高，鳥可以飛矣；林密，獸可以隱矣；海深，魚可以藏矣；洞多，兔可以逃矣。皆為保其身而全其生也。保身全生之人，宜斂形而藏影也，故不厭卑賤平庸。」庚桑楚的弟子中有一個叫南榮的，他年過三十，聽到庚桑楚的養生高論之後，想求養生之道。庚桑楚道：「古人曰：土蜂不能孵青蟲，越雞不能孵鴻鵠，各有所能，各有所不能也。桑楚之才有限，不足以化汝，汝何不南去宋國沛地求教老聃先生？」南榮聽後，於是辭別了庚桑楚，冒著風雪，行了七天七夜，終於到達了老聃的住處。

　　南榮拜見老聃後，說：「弟子南榮，資質愚鈍難化，特行七日七夜，來此求教聖人。」老聃道：「汝求何道？」南榮道：「養生之道。」老聃曰：「養生之道，在神靜心清。靜神心清者，洗內心之汙垢也。心中之垢，一為物欲，一為知求。去欲去求，則心中坦然；心中坦然，則動靜自然。動靜自然，則心中無所牽掛，於是乎當臥則臥，當起則起，當行則行，當止則止，外物不能擾其心。故學道之路，內外兩除也；得道之人，內外兩忘也。內者，心也；外者，物也。內

庚桑楚拒絕君位

老聃隱居於宋國沛地，他自耕而食，自織而衣。但是他的名聲，卻無足自行，四方慕名而來的人多不可數。庚桑楚就是其弟子之一。

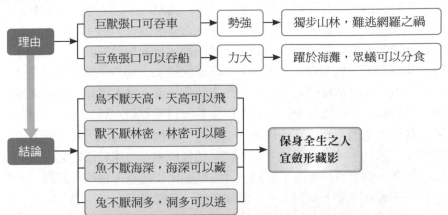

```
理由 ┬→ 巨獸張口可吞車 → 勢強 → 獨步山林，難逃網羅之禍
     └→ 巨魚張口可以吞船 → 力大 → 躍於海灘，眾蟻可以分食

結論 ┬→ 鳥不厭天高，天高可以飛
     ├→ 獸不厭林密，林密可以隱
     ├→ 魚不厭海深，海深可以藏  → 保身全生之人
     └→ 兔不厭洞多，洞多可以逃      宜斂形藏影
```

老子的養生論

老子的養生論是建立在無欲的基礎上的，只要不過分執著，就不會有所丟失。

養生論

❶	養生之道，在神靜心消	洗心中塵垢
❷	得道之人，內外兩忘	內去欲求，外除物誘
❸	養生之經，要在自然	其動若水，其靜若鏡，其應若響
❹	完美之境	與禽獸共居於地而不以為卑，與神仙共樂於天而不以為貴
❺	至高之境	禍福皆無，苦樂皆忘

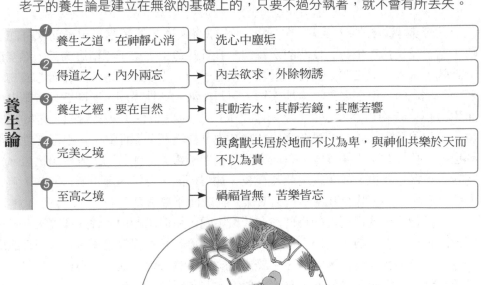

外兩除者，內去欲求，外除物誘也；內外兩忘者，內忘欲求，外忘物誘也。由除至忘，則內外一體，皆歸於自然，於是達於大道矣！如今，汝心中念念不忘學道，亦是欲求也。除去求道之欲，則心中自靜；心中清靜，則大道可修矣！」南榮聽後，頓時打消了苦心求道的念頭。他如釋重負，身心已變得清涼爽快、舒展曠達、平靜淡泊。於是拜謝老聃道：「先生一席話，勝我十年修。如今榮不請教大道，但願受養生之經。」老聃道：「養生之經，要在自然。動不知所向，止不知所為，隨物卷曲，隨波而流，動而與陽同德，靜而與陰同波。其動若水，其靜若鏡，其應若響，此乃養生之經也。」南榮問道：「此乃完美之境界乎？」老聃道：「非也。此乃清融己心，入於自然之始也。倘入完美境界，則與禽獸共居於地而不以為卑，與神仙共樂於天而不以為貴；行不標新立異，止不思慮計謀，動不勞心傷神；來而不知所求，往而不知所欲。」南榮問道：「如此即至境乎？」老聃道：「未也。身立於天地之間，如同枯枝槁木；心居於形體之內，如同焦葉死灰。如此，則赤日炎炎而不覺熱，冰雪皚皚而不知寒，劍戟不能傷，虎豹不能害。於是乎禍亦不至，福亦不來。禍福皆無，苦樂皆忘也。」

◎ 再授孔丘 ◎

孔丘與老聃相別，至五十一歲，仍未學得大道。於是攜了弟子前來拜訪老聃。老子見到孔丘來訪，便問前來為何？孔丘拜道：「弟子雖精思勤習，然空游十數載，未入大道之門。故特來求教。」老子曰：「欲觀大道，須先游心於物之初。天地之內，環宇之外。天地人物，日月山河，形性不同。所同者，皆順自然而生滅也，皆隨自然而行止也。知其不同，是見其表也；知其皆同，是知其本也。舍不同而觀其同，則可游心於物之初也。物之初，混而為一，無形無性，無異也。」孔丘問：「觀其同，有何樂哉？」老子道：「觀其同，則齊萬物也。齊物我也，齊是非也。故可視生死為晝夜，禍與福同，吉與凶等，無貴無賤，無榮無辱，心如古井，我行我素，自得其樂，何處而不樂哉？」

孔丘聽後，覺得自己的身體沒有什麼用處，所追求的功名就好像糞土一般。想自己來到世上之前，是什麼形狀，有什麼榮譽名聲；想自己死後，有沒有肌膚的存在，有沒有貴賤貧困的區分。於是他的求仁義、傳禮儀的決心頓時消失。老子接著說：「道深沉矣似海，高大矣似山，遍布環宇矣而無處不在，周流不息矣而無物不至，求之而不可得，論之而不可及也！道者，生育天地而不衰敗、資助萬物而不匱乏者也；天得之而高，地得之而厚，日月得之而行，四時得之而序，萬物得之而形。」孔丘聽後，身體一會兒好似騰飛在雲中，一會兒又覺得潛在海底，如虎豹進入山林，覺得自己的身體能夠沁入到物體中，天我已經合為一體，

孔子悟道

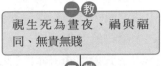

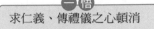

孔丘與老聃相別，轉眼便是十數年，至五十一歲，仍未學得大道。聞老聃回歸宋國沛地隱居，所以攜了弟子前來拜訪。

老子四教

一教　視生死為晝夜、禍與福同、無貴無賤

二教　道者，生育天地而不衰敗、資萬物而不匱乏

三教　有德之人，調和而順應；得道之人，隨勢而順應

四教　人死乃回歸原本，故生不以為喜、死不以為悲

孔子四悟

一悟　求仁義、傳禮儀之心頓消

二悟　自己和萬物本為一體

三悟　君子性非異也，善假於物也

四悟　順本性而變化，順道而行，道在吾心

道的真諦——順自然本性變化

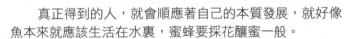

真正得到的人，就會順應著自己的本質發展，就好像魚本來就應該生活在水裏，蜜蜂要採花釀蜜一般。

為鵲則如鵲飛在枝頭

為魚則如魚游蕩江湖

為蜂則如蜂採蜜百花間

如人則如己正求教於老子

自己就是萬物，萬物也是自己，不禁讚歎道：「闊矣！廣矣！無邊無際！好生暢快，再講！再講！」老子見孔丘已入大道之門，侃侃而談道：「聖人處世，遇事而不背，事遷而不守，順物流轉，任事自然。調和而順應者，有德之人也；隨勢而順應者，得道之人也。」孔丘聽後，走起來就感覺像是雲在飄動，遇著風就可以行走；像水一樣能自由流轉，順著時勢就能夠隨意遷移，喜道：「悠哉！閒哉！進則同進，止則同止，何須以己之力而代舟車哉？君子性非異也，善假於物也！再講！再講！」老子又道：「由宇宙本始觀之，萬物皆氣化而成，氣化而滅也。人之生也，氣之聚也；人之死也，氣之散也。人生於天地間，如白駒過隙，忽然而已矣。萬物之生，蓬蓬勃勃，未有不由無而至於有者；眾類繁衍，變化萬千，未始不由有而歸於無者也。物之生，由無化而為有也；物之死，由有又化而為無也。有，氣聚而可見；無，氣散而不可見。有亦是氣，無亦是氣，有無皆是氣，故生死一氣也。生者未有不死者，而人見生則喜，見死則悲，不亦怪乎？人之死也，猶如解形體之束縛，脫性情之裏挾，由暫宿之世界歸於原本之境地。人遠離原本，如遊子遠走他鄉；人死乃回歸原本，如遊子回歸故鄉，故生不以為喜，死不以為悲。得道之人，視生死為一條，生為安樂，死為安息；視是非為同一，是亦不是，非亦不非；視貴賤為一體，賤亦不賤，貴亦不貴；視榮辱為等齊，榮亦不榮，辱亦不辱。何故哉？立於大道，觀物根本，生死、是非、貴賤、榮辱，皆人為之價值觀，亦瞬時變動之狀態也。究其根本，同一而無別也。知此大道也，則順其變動而不縈於心，日月交替，天地震動、風吼海嘯、雷鳴電擊而泰然處之。」

孔丘聽後，感覺自己就是那飛在枝頭上的鵲，游蕩在江湖之間的魚，采蜜於百花叢中的蜜蜂，正在虛心求教的人。他不禁心曠神達，說：「吾三十而立，四十而不惑，今五十一方知造化為何物矣！造我為鵲則順鵲性而化，造我為魚則順魚性而化，造我為蜂則順蜂性而化，造我為人則順人性而化。形不同，然順自然本性變化相同；順本性而變化，即順道而行也；立身於不同之中，游神於大同之境，則合於大道也。我日日求道，不知道即在吾身！」說完之後，就辭別老子離開。

◎ 老子出關 ◎

老子最後看到周王朝越來越衰弱了，衰敗得不像樣子了，他決定出走，遠走高飛。老子要到秦國去，到西域去，這就得經過函谷關。關令尹喜見一團紫氣從東方徐徐飄移過來，因為他是一個修養與學識極其高深的人，一看到這種氣象，心裏一頓，知道要有聖人來了！不多一會兒，就見到一位仙風道骨的人，騎著一

老子出關

老子出關是一個眾所周知的故事，傳說老子出關後就飛升成仙了。也有傳說老子出關後只是去了沛地隱居，傳授大道，並沒有成為神仙。

老子一路乘著青牛來到了函谷關，當時的守關官員是尹喜，他年少的時候就喜歡夜觀天文、讀古籍，具有很高的修養。一天夜晚，他單獨站在樓上凝視星空，忽然見到東方紫雲聚集，大約三萬里之長，形狀好像飛龍，由東向西滾滾而來。尹喜早就聽聞了老聃的大名，心想莫非是老子將來，於是派人清掃道路四十里，夾道焚香，歡迎聖人。

頭青牛慢慢向關口行來。原來是老子！關令尹喜知道他要遠走高飛了，於是讓他留下自己的智慧，作為後人借鑑的寶典。等老子著書完畢後，尹喜也隨著老子離開了。

　　現今在老子的家鄉河南省鹿邑縣城內的東北角上，還有一處高約13公尺的高臺，叫「老君臺」，又叫「昇仙臺」，臺上有座老子廟。廟前埋有一根碗口粗的鐵柱子，稱為「趕山鞭」。相傳老子50多歲時曾在這裏講學，此地離他的家有一段距離，來來往往都要經過一座山叫「隱陽山」。這座山很高，遮天蔽日，山北見不到太陽，冰天雪地，寸草不生；山南又烈日當空，莊稼枯死，老百姓受盡了苦難。老子目睹這一切，雖想解救百姓，但心有餘而力不足。如今老子騎青牛飛過了函谷關，知道自己已經成仙，青牛也會說人話了，於是和青牛一起飛回家鄉去治理那座山。到了家鄉，老子揮鞭打山，山頂削去了，並且飛到了山東，成了泰山。他又一鞭子打去，把山腰打到了河南，成了平頂山。這時鞭梢甩斷，甩斷的鞭子飛到了山西。老子一看手中的鞭子只剩下一個桿子，就順手插在地上，這就是這根鐵柱子的來歷。老子後來乘青牛飛走了，而那鞭子桿就永遠留在了那裏。百姓感謝老子前來趕走山，因為從那以後百姓就過著風調雨順的好日子。於是，百姓就把老子揮鞭趕走山時站立的土臺叫「昇仙臺」，將地上的鐵柱子稱「趕山鞭」。唐高祖李淵尊老子為「太上老君」，又把這個臺稱為「老君臺」，還修了廟，進行祭祀。

◎ 聖人辭世 ◎

　　老聃長壽，在他一百六十餘歲的時候仙逝，鄰裏都來弔唁。老人們哭他，就好像是自己的兒子死了；年輕的人哭他，就好像是自己的父母死了。他們懷念老子順民之性、隨民之情、與世無爭、柔慈待人的大德大恩，都悲不自勝。老聃的好友秦佚來弔唁，他來到老子靈旁，不跪不拜，拱手致意，哭號三聲後就不再哀傷。等他轉身要回去的時候，鄰人攔住他問道：「汝非老子好友乎？」秦佚答道：「當然。」鄰人道：「既為老子好友，如此薄情少禮，可乎？」秦佚道：「有何不可？」鄰人聽後，不禁由悲轉怒，大聲地責問他：「其理何在？」秦佚笑道：「吾友老聃有言，生亦不喜，死亦不悲。汝可聞乎？昔日老聃之生也，由無至有，聚氣而成，順時而來，合自然之理，有何喜哉？今日老聃之死也，由有歸無，散氣而滅，順時而去，合自然之理也。有何悲哉？生而喜者，是以為不當喜而喜也；死而悲者，是以為不當悲而悲也，放生時貴生，死時怕死，皆是以己之意願而強求生來、強求死去也，皆背自然之理而任己之情也。如安時而處順，則哀樂不能入也。而背自然、違天理，合於道乎？不合於道，可為老聃好友乎？

秦佚不悲的緣由

　　老子過世之後，他的好友秦佚前來弔唁，他深知老子的為人，於是哭號三聲僅僅表示自己來過。

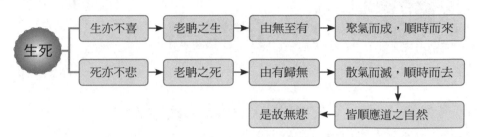

三 號 之 意

　　當老子的鄰居責備秦佚的時候，秦佚就告訴他，自己為何哭號三聲卻毫無悲傷的原因。鄰居聽後，就請求他主持老子的喪葬儀式。

> 一號：言其生而應時，合自然之理

> 二號：言其死而應時，合自然之理

> 三號：言其在世傳自然無為之道，合自然之理

老聃好友者，遵其言而動、順於道而行者也。吾既為老聃之友，故能以理化情，故不悲。」

　　鄰人聽了，似乎有所感悟，於是又問：「汝既不悲，何以哭號三聲？」秦佚笑道：「吾哭號三聲，非因悲也，是與老聃辭別也。一號，言其生而應時，合自然之理也。二號，言其死而應時，合自然之理也。三號，言其在世傳自然無為之道，合自然之理也。老聃舉足而應時，動止而合道，吾有何悲哉？」眾鄰聽後，都說秦佚是老聃的真朋友，於是推選他主持葬禮。合土之時，秦佚頌悼文道：「老聃大聖，替天行道，遊神大同，千古流芳。」

第 **2** 節　莊子軼事

◎ 視權貴如腐鼠 ◎

　　惠施在梁國作了宰相，莊子想去見見這位好朋友。有人急忙報告惠子，說：「莊子來，是想取代您的相位。」惠子很慌恐，想阻止莊子前來，於是派人在國都中搜了三日三夜。哪料莊子從容而來拜見他道：「南方有隻鳥，其名為鵷鶵，您可聽說過？這鵷鶵展翅而起。從南海飛向北海，不是梧桐不休息，不是竹子的果實不吃，不是甜美如醴的泉水不喝。這時，有隻貓頭鷹剛抓到一隻腐鼠，恰好鵷鶵從頭頂飛過。貓頭鷹急忙護住腐鼠，發出『嚇』的怒斥聲。現在您也想用您的梁國來嚇我嗎？」惠子聽後，慚愧不已。

　　有一天，莊子正在濮水垂釣。楚王想請莊子出山幫助自己治理天下，於是派出兩位大夫前來聘請他道：「吾王久聞先生賢名，欲以國事相累。深望先生欣然出山，上以為君王分憂，下以為黎民謀福。」莊子只是拿著自己的魚竿，對於那兩個人視而不見。良久才淡然說道：「我聽說楚國有隻神龜，被殺死時已三千歲了。楚王將牠珍藏在竹箱裏，上面覆蓋著華麗的錦緞，供奉在廟堂上。請問二大夫，這隻龜是寧願死了之後將屍體留下，被當作顯貴之物受人膜拜，還是寧願生活在泥水中自由自在四處游呢？」二大夫道：「自然是願活著在泥水中搖尾而行啦。」莊子說：「二位大夫請回去吧！我也願在泥水中自由自在。」

　　莊子和惠子在橋上遊玩，莊子說：「鰷魚游得從容自在，這是魚的快樂呀。」惠子說：「你不是魚，怎麼知道魚的快樂呢？」莊子說：「你不是我，怎麼知道我不知道魚的快樂呢？」惠子說：「我不是你，本來就不知道你快樂。而你也不是魚，那你肯定不知道魚的快樂。」莊子說：「從最初的話題說起。你說『你怎麼知道魚的快樂呢』，既然你知道我知道魚的快樂還問我？我是在橋上知道的。」

視梁相為腐鼠

莊子淡泊名利，視權貴如腐鼠。楚王曾經以厚禮聘請他去輔佐自己，結果被莊子婉言拒絕了。

惠施在梁國作了宰相，莊子想去見見這位好朋友。有人急忙報告惠子，說：「莊子來，是想取代您的相位。」惠子很慌恐，想阻止莊子前來。

是啊，我現在不是以前的惠子了，我一定要阻止他的行為！

莊子前來，是要取代您的梁相職位啊！您不得不防啊！

魚之樂

有一天，莊子和惠子站在橋上遊玩，當莊子看到魚在水裏自由自在遊玩的時候，不禁感嘆，魚兒是多麼地快樂啊！

莊子和惠子在橋上遊玩，莊子說：「鯈魚游得從容自在，這是魚的快樂呀。」惠子說：「你不是魚，怎麼知道魚的快樂呢？」莊子告訴自己是在橋上知道魚的快樂的。

◎ 巧論三劍，一言興邦 ◎

　　戰國時代，趙國的趙文王特別喜歡劍術。投其所好的劍士們紛紛前來獻技，以至宮門左右的劍士達三千人之多。他們日夜在趙文王面前相互拚殺。每年為此而死傷的人數以百計，但趙文王仍興趣不減，好之不厭。於是，民間尚劍之風大盛，俠客蜂起，遊手好閒之徒日眾，耕田之人日益減少，田園荒蕪，國力漸衰。其他諸侯國意欲乘此機會攻打趙國。

　　太子趙悝為此憂慮不已，召集左右大臣商量，他們左右異口同聲說：「莊子可擔此任。」於是，太子便派使者帶著千金去請莊子。莊子見了使者，聽明來意，說道：「此事何難，竟值千金之賞？」於是堅持不收千金，而偕同使者一道去見太子，問太子道：「太子賜我莊周千金大禮，不知有何指教？」太子道：「聞先生神明，特奉上千金作為您的學生們一路上來的開銷。先生不收下，我趙悝還敢說什麼呢？」莊子說：「聽說太子想要用我莊子的地方，是欲絕棄大王的癖好。倘若臣上勸大王而逆大王之意，則下有負太子，我也會受刑而死，要千金何用？假使臣既能上討大王之歡心，下又使太子稱心，我在趙國何求而不得呢？」

　　三天後，莊子身穿儒服來見太子。太子便帶他去見趙文王。文王長劍出鞘，白刃相待。莊子氣宇軒昂，神色蕭然。入殿門不趨，見大王不拜。莊子說自己擅長劍術，趙王問他的劍術有何特長，莊子說自己的利劍鋒利無比，劍技天下無雙，可十步殺一人，千里不留行。文王聽了，大為欣賞，讓他先休息幾天，在館舍待命，等自己安排好後，就請莊子獻技比劍。於是，趙文王以比劍選擇高手，連賽七天，死傷者六十餘人，得五六位佼佼者，便讓他們持劍恭候於殿下，請莊子來一決雌雄。莊子欣然前來，趙文王下令：「此六人都是高手，望您大顯身手，一試鋒芒。」莊子答道：「盼望好久了！」

　　趙文王問：「不知先生要持什麼樣的劍？長短何如？」莊子答：「臣持什麼劍都可以。不過臣有三劍，專為大王所用。請允許我先言後試。」大王點頭，道：「願聞三劍究竟何樣？」莊子道：「此三劍分別是：天子劍、諸侯劍、庶人劍。」大王好奇相問：「天子之劍何樣？」莊子道：「天子之劍，以燕溪、石城為鋒，齊國、泰山為鍔，以晉、衛兩國為背，以周、宋兩國為首，以韓、魏兩國為把，包以四夷，裹以四時，繞以渤海，繫以恆山，制以五行，論以刑德，開以陰陽，持以春夏，行以秋冬。此劍直之無前，舉之無上，按之無下，揮之無旁。上絕浮雲，下絕地維。此劍一出，匡正諸侯，威加四海，德服天下。此即我所謂天子劍也。」文王聽後，茫然若失，又問：「諸侯之劍何如？」莊子道：「諸侯之劍，以智勇之士為鋒，以清廉之士為鍔，以賢良之士為背，以忠聖之士為首，

莊子的「三劍」

戰國時期，趙文王沉迷於劍術，漸漸荒廢了朝政。太子趙悝無奈之餘，召集大臣商量對策，有人舉薦莊子。

天子之劍

構造：以燕溪、石城為鋒，齊國、泰山為鍔，以晉、衛兩國為背，以周、宋兩國為首，以韓、魏兩國為把。

功用：包以四夷，裹以四時，繞以渤海，繫以恆山，制以五行，論以刑德，開以陰陽，持以春夏，行以秋冬。

此劍一出，匡正諸侯，威加四海，德服天下。

諸侯之劍

構造：以智勇之士為鋒，以清廉之士為鍔，以賢良之士為背，以忠聖之士為首，以豪傑之士為把。

功用：上效法圓天，以順三光；下效法方地，以順四時；中和民意，以安四鄉。

此劍一用，如雷霆之震動，四海之內，無不賓服而聽從君命。

人之劍

構造：蓬頭突鬢垂冠，濃眉長鬚者所持也。他們衣服前長後短，雙目怒光閃閃，出語粗俗不堪。

功用：相擊於大王之前，上斬脖頸，下刺肝肺。

此庶人之比劍，無異於鬥雞，一旦不慎，命喪黃泉，於國事無補。

小連結　劍士——荊軻

荊軻，喜好讀書擊劍，為人慷慨俠義。後游歷到燕國，被稱為「荊卿」（或荊叔），隨之由燕國智勇深沉的「節俠」田光推薦給太子丹，拜為上卿。秦國滅趙後，兵鋒直指燕國南界，太子丹震懼，與田光密謀，決定派荊軻入秦行刺秦王。荊軻獻計太子丹，擬以秦國叛將樊於期之頭及燕督亢（今河北涿縣、易縣、固安一帶，是一塊肥沃的土地）地圖進獻秦王，相機行刺。太子丹不忍殺樊於期，荊軻只好私見樊於期，告以實情，樊於期為成全荊軻而自刎。西元前227年，荊軻帶燕督亢地圖和樊於期首級，前往秦國刺殺秦王。臨行前，許多人在易水邊為荊軻送行，場面十分悲壯。「風蕭蕭兮易水寒，壯士一去兮不復還」，這是荊軻在告別時所吟唱的詩句。荊軻來到秦國後，秦王在咸陽宮隆重召見了他。荊軻在獻燕督亢地圖時，圖窮匕首見，刺秦王不中，被殺。

以豪傑之士為把。此劍直之亦不見前，舉之亦不見上，按之亦不見下，揮之亦不見旁。上效法圓天，以順三光；下效法方地，以順四時；中和民意，以安四鄉。此劍一用，如雷霆之震動，四海之內，無不賓服而聽從君命。此乃諸侯劍也。」文王聽了，頻頻點頭，接著問：「庶人之劍又如何？」莊子道：「庶人之劍，蓬頭突鬢垂冠，濃眉長鬚者所持也。他們衣服前長後短，雙目怒光閃閃，出語粗俗不堪，相擊於大王之前，上斬脖頸，下刺肝肺。此庶人之比劍，無異於鬥雞，一旦不慎，命喪黃泉，於國事無補。今大王坐天子之位卻好庶人之劍，臣為大王深感遺憾！」趙文王聽了，馬上起身牽莊子雙手上殿。命廚師殺雞宰羊，好酒好菜款待莊子。趙文王繞桌三圈。莊子見了，道：「大王且請安坐定氣，臣劍事已奏完畢了。」文王坐下，沉思良久。趙文王自聽莊子暢論三劍後，三月未出宮門。自此戒絕好劍之痛，一心治理國家。那些劍士自覺再無出頭之日，個個心懷憂懼，不久都紛紛逃散了。

◎ 人生本如是迷茫嗎 ◎

一天，莊子靠著椅子而坐，仰天長嘆。弟子侍立在旁，說：「先生為何噓嘆？人之形體真可以使如槁木，而心固可使如死灰嗎？今之靠椅而坐者，不是昔之靠椅而坐者嗎？」莊子道：「問得好。而今我喪失了自我，你可明白？」弟子道：「自我是什麼？」莊子道：「天下萬物，都是彼此相對。故沒有彼就沒有此，沒有你就沒有我，這就是相反相成，但不知是誰使成這樣的？是冥冥之中的道嗎？道又是什麼樣子？骨骼、五臟六腑，遍存於一身，自我究是什麼？我與誰親近些呢？都喜歡它們，還是有所偏愛？如此，則百骨九竅、五臟六腑彼此有臣妾關係嗎？如果皆是臣妾，這些臣妾之間到底是相互制約呢，或是輪流為君臣呢？難道其中真有主宰者嗎？唉，人生一旦接受精氣，成就形體，不知不覺中精力就耗盡了。天天與外物爭鬥摩擦，精神耗盡像馬飛奔一樣，而自己卻不能制止，不亦太可悲了？終身忙碌而不見成功，頹然疲役而不知歸宿，可不哀邪！雖說身體不死，有何益處？心神也隨身體消亡，可不謂大哀乎！人之生時，本來就這樣茫然嗎？亦或只我獨覺迷茫而別人都不迷茫嗎？」

弟子問：「人與天地相比，誰大誰小，誰貴誰賤？」莊子道：「人成形於天地，受氣於陰陽，立於天地之間，猶如小石小木之在大山一般，實在太渺小了，計四海之位於天地之間，不似蟻穴之在大漠中乎？計中國之在海裏，不似小米粒之在大倉庫中嗎？天地萬物無數，人不過是其中之一；人與萬物相比，不似毫毛之在馬體乎？」弟子似有所悟，道：「先生是說山外有山，天外有天吧？」莊子說：「有這方面的意思。」弟子問：「那麼我可以以天地為大、以毫末為小

自 我

　　有一天，莊子的弟子看到老師一直在唉聲嘆氣，就上去問他為何愁苦，結果莊子告訴弟子，因為他發現自我是一片迷茫，因此嘆息。

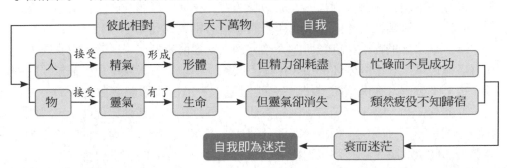

彼此相對 ← 天下萬物 ← 自我

人 →（接受）→ 精氣 →（形成）→ 形體 → 但精力卻耗盡 → 忙碌而不見成功

物 →（接受）→ 靈氣 →（有了）→ 生命 → 但靈氣卻消失 → 頹然疲役不知歸宿

自我即為迷茫 ← 衰而迷茫

小連結　　上古三皇

伏羲 是中華民族人文始祖，是我國古籍中記載的最早的王，所處時代約為新石器時代早期。他根據天地萬物的變化，發明創造了八卦，成了中國古文字的發端，也結束了「結繩記事」的歷史。

燧人 遠古人「茹毛飲血」，他鑽木取火，教人熟食，是人工取火的發明者。

（**神農**）即炎帝，三皇五帝之一，遠古傳說中的太陽神。傳說神農人身牛首，三歲知稼穡，長成後，身高八尺七寸，龍顏大唇。他是農業的發明者，醫藥之祖，有「神農嘗百草」的傳說。

嗎？」莊子道：「不可！萬物從度量上講無法窮盡，從存在的時間上講又無休無止，可以無限地分割下去，來無始，去無終。因此，大智大慧的人對待遠近的看法是：小而不以為少，大而不以為多，知量上各無窮也。遠古雖遙不可及，但不感困惑；近雖伸手可及，亦不踮腳去取，知時間上各無起止也。知天道有盈虛消長、得失存亡，故得而不喜，失而不憂。明白天道坦蕩，故生而不悅，死而無憾，知終始之變化也。計人之所知的東西，遠不如其所不知的東西多；其生之時，不如其未生之時長久。以其至小，求窮其至大之域，如此則迷亂而無所獲世。由此觀之，又怎能知道毫末就足以定為至小至細的界限呢？又怎能知道天地

就足以窮盡至大之域呢？」弟子道：「先生您是說，大中有小，不要以大為大；小中有大，不要以小為小。」莊子道：「不如說大上有大，小下有小。大無窮，小亦無窮。」弟子問：「那怎樣來分別貴賤，區別小大呢？」莊子道：「站在道的立場去看，萬物無貴無賤；站在物的立場來看，自貴而相賤；以世俗的觀點來看，貴賤不在自己本身，都以外在的榮辱毀譽作標準。以外在的差別去看，因其所大而大之，則萬物莫不大；因其所小而小之，則萬物莫不小。如果懂得天地如同珠米，毫末如同丘山，則無所謂大小之別也。貴賤有時，不一定常貴常賤。大柱可以撞破城門卻不能塞住洞口，用途不同也；騏驥一日奔馳千里，捕鼠不如狸貓，技能有別也；貓頭鷹夜能抓蚤，明察毫末，但白天即使雙目圓睜卻不見丘山，性能有限也。帝王禪接有不同的方式，或同姓相傳，或傳給他姓；三代間繼承的方式也不同，或父子相繼，或興兵討伐。但如不合時宜，有背世俗，則稱之為篡夫。如合其時，順其俗，則稱之為義士。可見貴賤有時，不由自主也。」

◎ 真人行世，入火不熱，沉水不溺 ◎

弟子問：「怎樣才算了解大道的人呢？」莊子道：「了解道的人必定通達於理，通達於理的人必定明白權變，明白權變的人才不會因外物而害累自己。有至德的人，入火不覺熱，沉水不能溺，寒暑不能害，禽獸不能傷。這是因為他能明察安危，安於禍福，謹於去就，故沒有什麼東西能損害他。」弟子問：「世上真有至德之人嗎？」莊子說：「孔子即是。」弟子問：「何以見得？」莊子道：

莊子論是非的標準

莊子認為了解道的人必定通達於理，通達於理的人必定明白權變，明白權變的人才不會因外物而害累自己。有至德的人，入火不覺熱，沉水不能溺，寒暑不能害，禽獸不能傷。

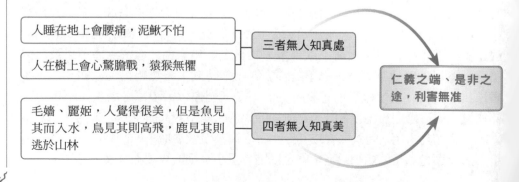

孔子的處世觀

「臨大難而不懼者，聖人之勇也」，這是孔子面對困苦的時候告訴弟子的話語，可見他是一個對待人生坦然自若的勇者。

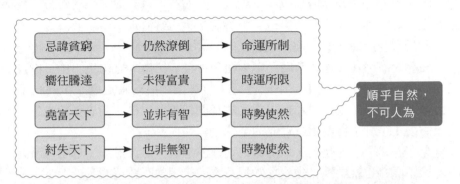

忌諱貧窮 → 仍然潦倒 → 命運所制

嚮往騰達 → 未得富貴 → 時運所限

堯富天下 → 並非有智 → 時勢使然

紂失天下 → 也非無智 → 時勢使然

順乎自然，不可人為

至 人

莊子所認為的至人也就是傳說中的神人，也是他一直在追求的最高形象。

至人為神 — 無懼生死

大澤焚而不能熱　河漢凍而不能寒

↓

乘雲氣、騎日月、而遊乎四海之外

「孔子周遊列國，推行仁義，雖到處碰壁，仍堅持不懈。其憂國憂民之心，可敬可佩、可歌可泣也。一次，孔子游說到匡地，被衛國人層層包圍時，仍彈琴高歌，毫不在乎。路由見孔子，問道：『老師您有什麼可樂的呢？』孔子說：『過來！我告訴你吧，我早就忌諱貧窮，仍難免潦倒，命運所制也；我也早就嚮往騰達，仍未得富貴，時運所限也。當堯舜之時而天下無窮人，非智得也；當繼紂之時而天下無通達者，亦非智失也。時勢使然也。行於水中不避蛟龍，此是漁夫之勇；行於陸上不避獅虎，此乃獵人之勇；白刃交於前，視死若生，此乃烈士之勇；知窮之有命，知通之有時，臨大難而不懼者，聖人之勇也！由，你且坐下。我的命運自有老天安排！』不一會兒，有身披銷甲的人走過來，向孔子道歉：『很對不起先生！我們以為是陽虎，故包圍起來。現在才明白誤認先生了，我們馬上撤退！』孔子可謂通達權變的至德之人啊！」

弟子又問：「先生說，以道觀之。無貴無賤，無大無小。那麼有沒有一定的是非標準呢？也就是說，先生您知道萬物有一個共同認可的真理嗎？」莊子說：「我怎麼知道？」弟子問：「那您知道您所不知道的原因嗎？」莊子說：「我怎麼知道？」弟子問：「那麼萬物就不可知了嗎？」莊子說：「我怎麼知道？即使如此，我不妨嘗試著說說。怎麼知道我所謂知不是不知呢？又怎麼知道我所說的不知不是知呢？我且試著問你幾個問題：人睡在濕地上則會腰痛，泥鰍會這樣嗎？人在樹上則心驚膽戰，猿猴會這樣嗎？這三者誰知真處？人喜歡吃蔬菜肉食，馬鹿吃草，蜈蚣愛吃蛇，貓頭鷹嗜鼠，人、獸、蟲、鳥這四者誰知真味？狙愛雌猿，麋愛與鹿交，鰍愛同魚游。毛嬙、麗姬，人認為美，但魚見之則深入於水，鳥見之則高飛於天，麋鹿見之則遠逃於野，這四者誰知真正的美色？在我看來，仁義之端，是非之途，或對我有利，或對彼有害，利害各有其標準，我怎能弄清其中的區別？」弟子問：「您不知利害，那至人也不知利害嗎？」莊子說：「至人可神了！大澤焚而不能熱，河漢凍而不能寒，疾雷破山、飄風振海而不能。像這樣的人，乘雲氣，騎日月，而遊乎四海之外，對待生死尚且無動於衷，何況利害之端呢？」

◎ 逞能辯論，終於徒勞 ◎

弟子問：「辯論可否確定是非？」莊子答道：「假使我與你辯論，你勝了我，你就當真是，我就一定非嗎？我勝了你，我就一定是，你就一定非嗎？我們有一個是，有一個非嗎？亦或都是，亦或都非嗎？我與你無法判斷，則人各執己見，有所不明也。那我們請誰來訂正呢？請意見與你相同的人來裁判，既與你相同了，怎能判定呢？請意見與我相同的人來裁決，既與我相同了，怎能判決呢？

誰是誰非

　　莊子說到事物皆有兩面。從彼方面看，無不是彼；從此方面看，無不是此。自彼方看問題看不清楚，自此方看問題則很明白。

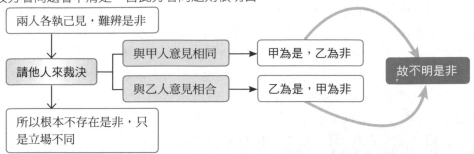

兩人各執己見，難辨是非

請他人來裁決

所以根本不存在是非，只是立場不同

與甲人意見相同 → 甲為是，乙為非

與乙人意見相合 → 乙為是，甲為非

故不明是非

以道言是非

　　莊子認為從道的角度來看是非，是沒有分辨的標準的，因為是非本來就是因為人的想法不同而作為依據的。

以道言之

無定是

無定非

以自然之明照之 → 不固執己見 → 無是非之說

故粗細、美醜、正斜皆為一 ← 是無窮、非無窮

伍子胥

　　伍子胥因為剛直不阿，因為反對吳王夫差收納西施，後來被吳王殺死。

伍子胥是春秋末期吳國大夫，伍子胥受封於申地，故又稱申胥。本為楚國人（家在今宿遷市來龍鎮一帶）。入吳後，輔佐吳王闔閭，修法制以任賢能，獎農商以實倉廩，治城郭以設守備。伍子胥與中國歷史上多位名人有關聯，如越王勾踐、孫武、范蠡、西施等。孫武精通兵法，是伍子胥舉薦為吳國將領，從而名聞天下的；中國歷史上的「四大美女」之一西施，與伍子胥的恩怨也很出名，當時伍子胥建議殺了越王勾踐，結果好色的吳王不聽，范蠡遂使出「美人計」，獻西施給吳王，離間吳王與伍子胥關係，導致伍子胥被殺。他死後，人們很可憐他，在當年伍子胥被丟入的江旁，立了一座廟，江邊的小山也被命名為胥山。隨後，吳國很快就滅亡了。

請意見與我你都不同的人來裁決，既與你我都不同，又怎能斷定你我究竟誰是誰非呢？請意見與你我都相同的人來裁決，既與你我都相同了，又怎能裁定？那麼，我與你與人都不能確定誰是誰非，再又靠誰來判定呢？」弟子深感困惑苦惱，問：「那怎麼對待是非問題呢？」莊子道：「事物皆有兩面。從彼方面看，無不是彼；從此方面看，無不是此。自彼方看問題看不清楚，自此方看問題則很明白。故彼出於此，因彼而有此，彼此並生也。既然這樣，那麼方生方死，方死方生；方可方不可，方不可方可；因是因非，因非因是。因此，聖人不拘泥於是非之途，而明照於天道。此亦彼也，彼亦此也。彼亦有一是非，此亦有一是非，果真有彼此嗎？果真無彼此嗎？如彼此俱空，是非兩幻，彼此不對立而互為偶，則道存於其中了。這就叫道樞。執道樞而立於環中，以應無窮。是亦一無窮，非亦一無窮。以道言之，是無定是，非無定非。照之以自然之明，而不固執我見，則無是非之說也。天地一指也，萬物一馬也。可乎可，不可乎不可。道行之而成路，物稱之而有名。物固有所然，物固有所可。無物不然，無物不可。因此，粗與細，醜與美，正與斜，道通為一。其分也，成也；其成也，毀也。凡物無成與毀，複通為一。唯有曠達者知通為一！」

　　一天，莊子偕弟子穿行在崇山峻嶺之中。時值秋冬之際，萬木凋零，枯草遍野，黃葉漫捲，烏鴉哀號。莊子破帽遮頭，舊衣裹身，腳穿爛麻草鞋，踩著崎嶇的山路，迎著蕭瑟的秋風，望著慘淡的夕陽，不禁仰天長嘯、放聲高歌道：「鳳兮鳳兮，何如德之衰也！來世不可待，往世不可追也。天下有道，聖人成焉；天下無道，聖人生焉！方今之時，僅免刑焉！福輕於羽，莫之知載；禍重於地，莫之知避。已乎，已乎！臨人以德。殆乎，殆乎！畫地而趨。迷陽迷陽，無傷吾行。吾行卻曲，無傷吾足。至樂無樂，至譽無譽！」弟子不解，問道：「先生一向樂觀大度，今日為何悲歌哀嘆？」莊子道：「天下有至樂的國土嗎？有可以養生全身的訣竅沒有？身處當今亂世，做什麼正當，不做什麼無凶？住在哪兒為安，逃向哪兒無險？依就什麼可靠，捨棄什麼無憂？喜歡什麼合理，厭惡什麼無禍？」弟子道：「天下人所尊崇的，是富貴、長壽、美麗；所喜好的，是身安、厚味、美色、美服、音樂；所鄙棄的，是貧賤、病夭、醜陋；所苦惱的，是身不得安逸、口不得厚味、身不得美服、眼不得好色、耳不得好音樂。以上不就是常人的好惡避就、養生全身的道理嗎？先生還有何高見？」莊子道：「倘若不能如願，則大憂而懼，其對待生命的態度，豈不是很愚蠢？想那貪富者，辛苦勞作，積財很多而不能用盡，其養身之法是知外而不知內；想那求責者，夜以繼日，思慮好壞，其養身之法是知疏而不知密。人之生也，與憂俱生，壽者昏昏，久憂不死，何苦呢？其養生之法是知遠而不知近。」弟子道：「先生之意，是說富貴、長壽等都是外在的東西，都不足以真正地養生。對吧？」莊子點點頭，又道：「烈士是為天下所稱讚的人，未足以保全己身。你說烈士是該稱善還是不該

稱善？若以為善，不能保全自己；若不以為善，卻能保全他人。古人道：忠諫不聽，則閉口莫爭。伍子胥忠諫強爭，結果被吳王害了性命；如不爭，伍子胥又難成忠臣之名。你說怎樣做才算善行？」弟子似有所悟：「先生是說名可害生，追求美名並非養生之道？」莊子未置可否，繼續說：「今世俗之所作與所樂者，我也不知其樂果真是樂，果真不樂？我看世俗之所樂，不過是舉世群起追趕時髦，蜂湧向前如被鞭之羊，洋洋自得而不知何求，都自以為樂，我也不知是否真樂。不過，我視無為恬淡方是真樂，而世俗卻不以為然，以為是大苦。」弟子道：「我明白了。先生認為至樂無樂、至譽無譽。」莊子道：「對，對！無樂方為至樂，無為方可保命。天下是非果未定也，不過，無為可以定是非。至樂活身，唯有無為可以保命。為何這麼說呢？你想：天無為而自清，地無為而自遠。此兩無為相合，萬物皆化生。恍恍惚惚，不知所由；恍恍惚惚，不知所出；萬物紛紜，皆從無為而生。因此，天地無為而無不為，人誰能體會到無為的益處呢？」

小連結　吳王夫差

春秋末期吳國國君。吳王闔閭之子。姬姓，吳氏，名夫差。先秦時期男子稱氏不稱姓，雖為姬姓，卻不叫姬夫差。只是理論上存在「姬夫差」這種說法。他繼父登位之初，勵精圖治，大敗勾踐，使吳國達到鼎盛。在位後期，生活奢華無度，對外窮兵黷武，屢次北上與齊晉爭鋒。湄池之會，勾踐趁虛攻吳，吳國一蹶不振。西元前473年，勾踐滅吳，夫差自縊。